高职高专经济管理类规划教材

证券投资理论与实务

Theory and Practice of Investment in Securities

主　编　唐学成

副主编　林晓梅 冯晓京 柴俊阳 陈灿辉 王 晖

浙江大学出版社

图书在版编目（CIP）数据

证券投资理论与实务 / 唐学成主编. —杭州：浙江大学
出版社，2009.9（2018.5 重印）
高职高专经济管理类规划教材
ISBN 978-7-308-06957-1

Ⅰ.证… Ⅱ.唐… Ⅲ.证券投资－高等学校：技术学校－
教材 Ⅳ.F830.91

中国版本图书馆 CIP 数据核字（2009）第 149913 号

证券投资理论与实务

唐学成　主编

责任编辑	余健波	
文字编辑	夏晓冬	
封面设计	卢　涛	
出版发行	浙江大学出版社	
	（杭州市天目山路 148 号　邮政编码 310007）	
	（网址：http://www.zjupress.com）	
排　版	杭州中大图文设计有限公司	
印　刷	杭州丰源印刷有限公司	
开　本	787mm×1092mm　1/16	
印　张	15.25	
字　数	371 千	
版 印 次	2009 年 9 月第 1 版　2018 年 5 月第 5 次印刷	
书　号	ISBN 978-7-308-06957-1	
定　价	32.00 元	

前　言

我国的证券市场起步较晚，正处在快速发展与亟待规范的过程中，各种政策措施和法规制度不断出台，股市波动较大，具有新兴市场的特征。目前从书市上能找到的参考资料不少，但很难找到适合高职生进行证券投资理论教学与实训教学所需的教材。为了尽可能把最新的证券知识传授给学生，达到普及证券知识、提高实用的证券投资技能以及培养证券从业人员的教学目的。编者联系我国近二十多年来的股市实践，遵循高职教学规律，收集国家发布并实施的有关政策规定，参考近期出版的一批证券书籍，以证券基础知识与基本投资技能为基础，以培养证券投资能力和证券职业能力为目标，发挥证券经营机构及专家的指导与咨询作用，实行校企合作开发与编写出版本教材。

全书分为证券投资理论篇和证券投资实训篇。证券投资理论篇共有 11 章，首先介绍证券投资的主要概念和基本知识，比如证券、股票、债券、投资基金、期货、期权、可转换债券、认股权证、投资、证券市场、证券机构、股票价格、股票价格指数、证券交易、证券投资等。其次，介绍证券（股票）投资有关理论知识，包括证券投资准备工作、资金管理、投资技巧与操作策略、投资风险控制、理性投资者的素质培养等内容。再次，介绍证券市场监管与法规，证券从业人员职业道德规范和职业资格证应考等有关内容。另外，还列举许多证券投资活动中的典型案例，联系投资实际开展教学活动，拓展学生视野，以提高学生对证券投资活动的理解能力。证券投资实训篇由 11 个单元组成，主要通过互联网技术，介绍网上证券委托系统、网上证券分析（交易）系统；掌握交易系统软件的下载、安装和使用，证券交易的交易流程，市价委托和限价委托，集合竞价与连续竞价过程，向学生展示证券交易实时行情，图形识别、图形分析、指标分析、大盘技术走势分析、个股技术走势分析以及投资分析方法和投资技术的应用等。通过证券投资实训教学活动，使学生提高证券投资综合分析能力和证券投资实战能力。

本书主要特点：一是体现证券知识性与教学性相结合，遵循高职教学特点和规律，规范教学内容格式，图文并茂，通俗易懂，方便教师有序教学，提高学生学习效果。二是理论教学与案例教学相结合，培养学生联系实际，独立思考，拓展思维，增长见识。三是体现理论教学与实训教学相结合。在介绍证券投资理论知识的同时,组织学生实施网络实时传输系统提供现场观摩、看盘分析、上网投资操作等强化投资技能实训,提高学生股市实操能力。四是学科教学与职业考证相结合。本书从内容体系上体现了证券投资学科教学的要求,同时融合了证券从业人员资格考试培训的内容与要求,以普及证券知识与提高投资技能的同时,提高学生证券从业能力。

本书由海南经贸职业技术学院唐学成(经济学副教授)全面负责策划和统稿工作,并负责编写证券投资理论篇(第一章至第九章),海南经贸职业技术学院林晓梅(金融学硕士)负责编写证券投资实训篇(实训一至实训十一),海南经贸职业技术学院冯晓京(金融学讲师)负责编写第十章第六节、第十一章和《证券市场基础知识》模拟试题及参考答案,海南师范大学柴俊阳负责第十章第一节至第五节和《证券交易》模拟试题及参考答案,联合证券有限责任公司海口营业部的陈灿辉(银证部经理)和王晖(投资经理)多次参加本书编写工作座谈会,发表许多建设性意见和建议,并提供证券公司管理文化和证券从业人员管理相关资料等。本书在编写过程中参考了国内外出版的有关著作、文章、资料,恕不能详尽列明,在此对相关作者致以诚挚的谢意。

本书适用作高职生的证券投资课程教材,对有一定文化基础的想学习证券投资知识与操作技能的读者来说,也是一本理想的自学指导书。由于水平有限,本书疏漏和不足之处在所难免,敬请读者提出宝贵意见,以便充实和完善。

编　者

2009 年 7 月

目 录

第二篇　证券投资实训篇

第一篇
证券投资理论篇

　　本篇是证券投资的理论部分，首先介绍证券投资的主要概念和基本知识，比如证券、股票、债券、投资基金、期货、期权、可转换债券、认股权证、投资、证券市场、证券机构、股票价格、股票价格指数、证券交易、证券投资等。其次，介绍证券(股票)投资的有关理论知识，包括证券投资准备工作、资金管理、投资技巧与操作策略、投资风险控制、理性投资者的素质培养等内容。再次，介绍证券市场的监管与法规、证券从业人员职业道德和职业资格证应考以及证券经纪人的管理等有关内容。另外，列举许多证券投资活动中的典型案例，以拓宽学生证券投资领域的视野，加深学生对证券投资实际活动情况的了解。通过学习，使学生了解和掌握证券投资的有关理论知识，提高证券投资理论知识水平、证券投资分析能力和证券从业工作能力，也为证券投资实训教学打下基础。

第一章

证券与证券投资概述

学习目标

本章主要介绍证券的定义和分类,有价证券的定义、分类、特征和功能,证券投资的基本概念及构成要素以及证券业的特点和作用。通过教学,让学生了解和掌握证券与证券投资的基本内容。

重点难点

1. 有价证券的定义、特征和分类;
2. 投资证券的构成要素;
3. 证券业的特点和作用。

学习内容

第一节 证券概述

一、证券的定义和分类

1. 证券的定义

证券(securities),从法律意义是指各类记载并代表一定权利的法律凭证的统称,用以证明持券人有权依其所持有证券记载的内容而取得应有的权益;从一般意义是指用以证明或设定权利所做成的书面凭证,它表明持有人或者第三者有权取得该证券拥有的特定权益或证明其曾经发生过的行为。证券主要有股票、债券、基金、权证、银行定期存单等。证券作为一种书面凭证,只是证明一种经济关系,即资金供需双方通过证券买卖所形成的借贷关系。凡根据国家有关法规发行的证券都具有法律效力,因而受法律保护。

2. 证券的特征

凡是证券均具有两个最基本的特征:一是法律特征,即它本身必须具有合法性,这样它所记载的特定内容才具有法律效力;二是书面特征,即不仅采用书面或与书面具有同等效力的其他形式,而且按照规定的格式载明全部必要事项。两者缺其一,都不能称之为证券。

3.证券票面的要素

证券票面的要素主要有四个:一是证券持有人;二是证券的标的物,即证券持有人权利所指向的特定对象;三是证券标的物的价值;四是证券持有人所享有的权利。

4.证券的分类

证券通常可分为有价证券和凭证证券两类。有价证券是一种能够证明合法持有人有权按期取得一定收入的可转让凭证。凭证证券又称无价证券,是指本身不能使持有人取得一定收入的凭证。本书所研究的证券是指有价证券。证券的分类如表1-1所示:

表 1-1　证券的分类

证券	有价证券	商品证券	运货单、提货单、仓库存单等
		货币证券	票据(本票、汇票、支票)等
		资本证券	股票、债券、基金认股权证、可转换债券等
	凭证证券	(不可转让)存款单、借据、收据	

二、有价证券的定义和分类

1.有价证券的定义

有价证券是指一种具有一定票面金额,证明持有人有权按期取得一定收入并可自由转让和买卖的所有权或债权证券。在日常生活中,人们通常把狭义的有价证券直接称为证券,它所包括的范围仅仅是资本证券(股票、债券等),本书所介绍的证券也是这种意义上的证券。

2.有价证券的分类

有价证券的种类很多,广义的有价证券包括商品证券、货币证券和资本证券。

(1)商品证券是证明持有人拥有特定种类和数量的商品所有权或使用权的证券,比如运货单、提货单、仓库存单等(见表1-1)。

(2)货币证券是证明持有人享有特定数量的货币索取权的证券,它又分为两大类:一类是商业证券,包括商业本票和商业汇票,另一类是银行证券,包括银行本票、银行汇票、银行支票等(见表1-1)。

(3)资本证券是指由金融投资或与金融投资有直接关系的活动而产生的证券,持有人可以据此获得一定的收入,比如股票、债券、基金及其衍生投资品种如金融期货、认股权证、可转换债券等(见表1-1)。

狭义的有价证券,也就是指资本证券,比较典型的有股票和债券,其中债券又包括政府债券、公司债券、金融债券等。这些有价证券又可以进一步划分为上市证券和非上市证券。

上市证券又称挂牌证券,即经过证券主管机关批准,在证券交易所注册登记,获得在证券交易所及其网点公开交易资格的证券。股份有限公司发行的股票或者债券要在证券交易所上市,必须符合证券交易所规定的上市条件。假如已经获得批准上市的公司,由于公司经营不善,导致连续三年亏损,证券交易所将按有关规定取消该公司证券挂牌上市的资格。

非上市证券也称非挂牌证券,是指已经公开发行但尚未获准在证券交易所挂牌(上市)

的证券。非上市证券虽然不能在证券交易所及其网点交易,但可以在指定的其他证券交易市场交易。目前在我国证券交易所公开发行的股票都安排在证券交易所上市交易,只有少量的债券品种主要在指定银行实行柜台交易。

三、有价证券的特征和功能

(一)有价证券的特征

1.收益性

证券的收益性是指持有证券本身可以获得一定数额的收益。这是投资者转让资本所有权或使用权的回报。由于证券资产的所有权属于证券投资者,投资者持有证券也就同时拥有取得这部分资产增值收益的权利,因此,证券本身具有收益性。有价证券的收益表现为利息收入、红利收入和买卖证券的差价收入。收益的多少通常取决于该资产增值数额的多少和证券市场的供求状况。

2.产权性

证券的产权性是指有价证券代表着一定的财产所有权,拥有证券就意味着享有其所载明的财产的占有、使用、收益和处置的权利。产权性是证券最具本质的特征。在现代经济社会里,虽然证券持有人并不实际占有财产,但可以通过持有证券,拥有有关财产的所有权或债权,可以把它作为自己的一项权利来进行让渡。

3.流动性

证券的流动性又称流通性或可变现性,是指证券持有人在不造成资金损失的前提下以证券换取现金的特性。证券的流动性可通过到期兑付、承兑、贴现、转让等方式实现。不同证券的流动性是不同的。流动性是证券的生命力所在,是证券最基本的特征,是证券交易的基础。流通性以变通的方式满足了投资者对资金的随机需求。正因为证券可以流通,其价格的波动就会给持有人带来更多经济收益抑或受到经济财产损失。

4.风险性

证券的风险性是指证券持有人面临着预期投资收益不能实现,甚至使投资本金也受到损失的可能。从整体上说,证券的风险与其收益成正比。通常情况下,风险越大的证券,投资者要求的预期收益越高;风险越小的证券,投资者要求的预期收益越低。由于影响证券价格波动的因素很多,有些因素是投资者可以预测的,而有些因素则无法预知。因此,投资者难以确定他所持有的证券将来能否取得收益和能获得多少收益,甚至所持有的证券因资产贬值、收益率下降或者证券交易价格的下跌,导致投资者经济损失。

5.期限性

证券一般有明确的还本付息期限,以满足不同筹资者和投资者对融资期限以及与此相关的收益率的需求。债券的期限具有法律约束力,是对融资双方权益的保护。股票没有期限,可以视为无期证券。

(二)有价证券的功能

有价证券是资本的运动载体,它具有以下两个基本功能。

1.筹集资金的功能

有价证券的出现使得社会化筹集资金成为可能。国家可以通过发行国债来筹措财政资金,企业可以通过发行股票或者债券等证券来筹措生产或经营资金,而筹集到的这些资金均广泛来源于社会公众而非少数特定个人,从而分散了投资风险,激发了投资热情,有利于政府或企业筹集资金目标的实现。

2.配置资本(资源)的功能

发行有价证券是国家或企业筹集资金的重要手段,是国家宏观调控的重要工具,可以促进资金的合理流动,促进信用体系的发育与完善,提供居民更多的投资渠道等。

第二节 证券投资概述

一、证券投资的含义及构成要素

(一)证券投资的含义

证券投资是指企业或个人使用积累起来的货币购买有价证券,在承担相应风险的前提下获得一定收益的行为。证券投资是一个比较复杂的经济活动,其中包括了证券投资信息收集、证券投资分析、证券投资绩效评价等关键环节。

1.证券投资信息收集

证券投资者了解与证券价格变动有关的国内外政治经济政策信息、股份公司基本信息及证券价格走势信息是证券投资的前提条件,也是证券投资过程中最初级、最基础的工作。一般来说,证券投资的信息主要来自以下三个方面:一是公开发布的信息资料。即主要指合法发行的书刊、报纸、杂志、广播电视等媒体公开发布的有关信息。二是计算机网页上存储的相关信息资料。即发布在各公司计算机互联网网页上或者证券交易所电脑网页上的有关信息。三是通过实地采访获得的信息资料。即证券投资者直接到有关的证券公司、上市公司、交易所、政府主管部门等机构去采访后,得到相关的信息资料。

2.证券投资分析

证券投资分析作为证券投资过程的一个重要环节,对投资的成败起着十分重要的作用。分析结论的可靠程度实际上取决于两个方面:一是分析者占有信息量的大小以及分析时所使用的信息资料的真实程度;二是所采取的分析方法、分析手段和分析过程的合理性和科学性。一般来说,证券投资分析通常分为以下四个步骤:

(1)资料的收集与整理。该阶段的主要工作包括证券投资信息资料的收集、分类、保管与使用。

(2)案头研究。利用证券投资分析的专门方法和手段,对占有的资料进行综合研究分析,从中获得理论上的分析结论。

(3)实地考察。这是指投资者针对自己的研究主题亲自到有关企业进行实地考察调研。

(4)形成投资决策。证券投资者通过上述详尽的理论和实证分析研究后,就可以作出相对客观可靠的证券投资决策了。当然,由于证券市场经常受到来自政治、经济、金融、社会、市场等诸多因素的影响,政府政策的突然调整或变更、社会信用体系的健全程度、投资大众非理性行为等都会导致证券价格波动。因此,证券投资者要确保自己所进行的投资分析工作一定能够带来收益是有很大难度的。

3.证券投资绩效评价

从主观愿望上说,投资者购买证券是为了获取更高投资收益。由于证券投资有风险性,因此,投资的实际结果不一定如投资者所愿。对证券投资结果进行总结和评价包括以下三方面的内容:

(1)证券投资阶段性收益计算。证券投资者经过某一时段的投资后,经过核算便可得知通过投资获得多少阶段性收益或者发生多少阶段性亏损。股票、债券或基金等证券投资工具各不相同,其投资收益的计算方法也不一样,(普通股)股票的投资收益比较容易计算,而债券、债券回购、可转债等投资品种的收益计算就繁琐一些。

(2)证券投资风险评估。不同的投资工具或者不同的投资品种以及不同的投资时段,所要承担投资风险的大小有所不同。相对而言,股票投资的获利大,但风险也比较大;而债券投资的获利小,但风险也相对要小一些。

(3)证券投资绩效综合评价。这是整个证券投资过程的最后一步,机构投资者(比如投资基金公司)常常用詹森指数、夏普指数或特雷诺指数等量化指数来衡量投资组合的综合效果。判断证券投资绩效的好坏,关键不在于收益率的绝对值,而是要在充分考虑通胀作用、风险代价的基础上将净收益水平与整个市场的平均收益水平进行比较,方能比出高低。作为个人投资者,也可以通过证券投资绩效综合评价,了解自己在证券投资的各个阶段的收益情况,以便不断总结经验,提升投资理念,驾驭投资活动,提高投资效益。

(二)证券投资的构成要素

证券投资由以下三个基本要素构成:

(1)收益。证券投资收益包括股息(利息)收入和资本利得收入(由于证券价格变动所致)两大部分。不同的投资工具性质不同,所以其收益的构成也不一样。比如投资债券的收益中利息占很大比重,而投资股票的收益中买卖价差的比重(资本利得)则显得更为突出。

(2)风险。风险较小的证券品种往往给投资者的回报相对也较少,高风险也不一定意味着高收益,不是所有证券的风险与收益都成正相关的,对这一点证券投资者要有清醒的认识。

(3)时间。投资者必须确切地回答自己究竟是投资于长期、中期还是短期证券。因为在证券投资中,时间直接与风险和收益相关。一般来说,投资的时间越长,累积的收益可能越高,但不确定的风险也越大。投资者要客观全面地看待这一规律,选择适合自己投资风格或理念的投资方式。

二、产业投资、创业投资与证券投资的比较

(1)产业投资是以某个基础产业甚至个别的基础设施项目为投资对象(一般不介入证券市场),如机电工业、化学工业、能源工业、交通工业、矿业等;创业投资的对象并非已上市公司发行的股票、债券,而是非上市的中小企业,甚至是一些尚在构思中的企业,它主要以股权的方式参与投资(一级市场参股),但通常并不取得控制权;投资基金则主要投向各类有价证券(二级市场购买)。

(2)产业投资以追求长期收益为目的,属成长及收益型投资。由于国家产业政策的支持,国家通过若干经济手段对某些项目(如电力、交通、能源等)的投资利润给予保证和支

持,其收益率往往维持在较高水平,但资产流动性较差,不容易退出;创业投资也通常属于长期投资,投资目标基本属于高风险、高成长和高收益的新创事业或风险投资计划,目的是期待所投资的事业发挥增值潜力和股票上市(股权增值)后,将股权转让,实现投资利益;证券投资以证券买卖业务为主,资产流动性好,变现能力强。

(3)从收益来源来看,产业投资的收益直接来源于产业利润;创业投资的收益来源于场外协议转让所获得的价差收入或者上市后的一、二级市场的价差回报;而证券投资的收益则来源于资本利得和二级市场的差价收入。

第三节　证券业的特点和作用

一、证券业的特点

1.证券业是一个高度市场化的行业

证券市场的参与者很多,无论是上市公司、中介机构还是投资者、监管者,都必须尊重市场规律。这是一个以虚拟经济物品(即证券)为交易对象的行业,证券可以流通,因而可以随时变现、处置,投资者可以赚取证券买卖过程中的差价利润,同时,只要投资者持有足够数量的股份,还可以参与公司的经营管理。因此,在权衡各种利弊之后,很多人还是选择了证券投资,尽管它有风险,但相对比较公平,也很能吸引人。

2.证券业是将投资与投机交织在一起的行业

不同风险偏好类型的人几乎都可以在证券市场中找到适合自己的位置,这正是证券业的魅力所在。适度的投机是证券行业的润滑剂,没有任何投机行为的证券市场将是没有活力的,也是不可能存在的。

3.证券流通价格的变动反映国民经济的发展状况

证券流通虽然一般不会直接大幅度增加社会资本总量,但它可以在持有人之间进行财富的公平再分配,从而间接刺激消费和投资,提高社会可支配的财富和经济总量。有价证券是一种虚拟资本,但它的价格具有代表性,能够折射出国民经济运行的状况,是一个国家经济景气与否的晴雨表。

二、证券业的作用

证券市场和证券行业的出现,为国家或企业提供了筹措资金的重要渠道;有利于引导资金流向国家产业政策扶持的重点行业和重要产业,调整产业结构和产品结构,优化社会资源配置;有利于竞争性企业加强管理,提高资金的使用效率和经济效益,促进现代企业制度的建立;为投资者实现金融资产多元化,实现资本增值提供了条件;增加了国家的税收收入。

加入世界贸易组织后,我国证券市场正逐渐对外开放,并与国际接轨,成为资本市场的组成部分。一个健康、稳定、发展的证券市场,有利于实现国民经济保持长期稳定发展,有利于增强我国金融业的竞争力,有利于应对入世后国际资本的冲击。

毫无疑问,我国的证券市场正处在迅速扩展时期。2008年末沪深两市上市公司超过1600家,总市值12.13万亿元,占GDP的比重48.6%。这种发展变化实际上是市场容量、质量和地位的提升,而这种提升从根本上说都是来源于国内经济发展的内在要求,同时我国经济与国际经济接轨所带来的动力,这样一种深刻的变革当然应该是渐进的、过渡性的,如此看来,我国愈加开放和透明的证券市场将为国内外证券投资者提供很好的投资机会。

思考题

1. 什么是证券?如何对证券进行分类?
2. 什么是有价证券?如何对有价证券进行分类?
3. 有价证券有哪些特征和功能?
4. 证券投资活动应该包括哪几个关键环节?
5. 证券投资由哪几个基本要素构成?
6. 证券投资与产业投资或创业投资有什么不同点?
7. 证券业有哪些特点和作用?

第二章

证券市场

〉〉〉　　〉

学习目标

本章主要论述证券市场及其特征,分别介绍证券发行市场和证券交易市场的特点及其基本情况以及证券机构的类型和有关业务。通过教学,让学生了解和掌握证券市场的相关知识内容。

重点难点

1. 证券市场的特征、分类和构成;
2. 证券发行市场的组成和类型;
3. 证券交易所的业务内容。

学习内容

第一节　证券市场概述

一、证券市场的含义

证券市场(securities market)是股票、债券、投资基金份额等有价证券发行和交易的场所。证券市场是市场经济发展到一定阶段的产物,是为解决资本供需矛盾和流动性而产生的市场。证券市场以发行与交易的方式实现了筹资与投资的对接,有效地化解了资本的供求矛盾和资本结构调整的难题。

证券市场包含证券发行市场(也称为一级市场)和证券交易市场(也称为二级市场)两个性质迥然不同的市场,两者共同构成,同时存在,相辅相成。进入证券市场进行交易的既有企业、也有个人;企业不仅有从事生产和流通的企业,还有银行和非银行金融机构。政府既可以以直接方式在证券市场内买卖证券,把这种经济行为当作国家调节信用的手段,也可以以间接方式通过证券市场来推行国家的经济政策,以便调控和影响国民经济活动。各种信息在这里交换传递,代表不同利益的各种力量汇集到证券市场里来,经济关系在这里呈现出纵横交错的复杂局面。

二、证券市场的特征

1.证券市场是价值直接交换的场所

有价证券都是价值的直接代表,它们本质上是价值的一种直接表现形式。虽然证券市场的对象是各种各样的有价证券,但由于它们是价值的直接表现形式,所以证券市场本质上是价值的直接交换的场所。

2.证券市场是财产权利直接交换的场所

证券市场上的交易对象是作为经济权益凭证的股票、债券、投资基金份额等有价证券,它们本身是一定量财产权利的代表,所以代表着对一定数额财产的所有权或债权以及相关的收益权。证券市场实际上是财产权利的直接交换场所。

3.证券市场是风险直接交换的场所

有价证券既是一定收益权利的代表,同时也是一定风险的代表。有价证券的交换在转让出一定收益权的同时,也把该有价证券所持有的风险转让出去。所以从风险的角度分析,证券市场是风险直接交换的场所。

三、证券市场与商品市场的区别

在证券市场中买卖交易证券与在普通商品市场中买卖商品有相似之处。但是,证券市场又不同于一般商品市场。证券市场与商品市场相比有所不同,如表 2-1 所示。

表 2-1 证券市场与商品市场的区别

	证券市场	商品市场
交易对象不同	股票、债券等有价证券	商品及服务
交易目的不同	为了筹资或者投资	为了获得使用价值或者取得经济效益
流动性强弱不同	流动性强	流动性较弱
价格决定因素不同	其实质是利润的分割,是预期收益的市场表现,与市场利率关系密切	由社会必要劳动时间所决定
经济运行的本质不同	金融经济	实体经济

1.交易对象不同

商品市场上的交易对象是各种具有不同使用价值的实物商品,是人类的劳动产品。而证券市场上的交易对象则是股票、债券等有价证券,不是人类直接劳动的实物商品。

2.交易目的不同

人们通过商品市场购买实物商品的目的是为了获得其使用价值,出售实物商品的目的是为了实现经济效益。而人们通过证券市场购买证券的主要目的是为了获取股息、利息和差价等经济收入,发售证券的主要目的是为了筹集生产或经营活动所需的资金。

3.流动性强弱不同

证券市场的流动性通常比商品市场要强得多。证券可以在证券市场上随时转让,而商品则要受消费速度和销售环节等因素制约,其流动性相对较弱。证券市场越发达,交易规模越大,投资者越多,其流动性越强。

4.价格决定因素不同

在一般商品市场上,商品价格是商品价值的货币表现。商品价值的大小及商品价格的高低,取决于生产该商品所花费的社会必要劳动时间。证券市场上的证券价格,其决定机制则相对比较复杂,它不但会受到证券发行人(比如股份公司)的资产状况、盈利能力的影响,还会受到经济形势、政治状况、供求关系及投资者心理预期等因素的影响。由于资金供求关系时常处在不断变化之中,使得各种证券价格也随着市场发生波动。

5.经济运行的本质不同

证券的出现使得同一资本取得双重形式的存在,即同一资本既存在于厂房、机器设备等实物资本上,又存在于证券的虚拟形式上。从经济运行的本质上看,一般商品市场的活动体现了经济流程中"实体经济"的运转,而证券市场的活动则体现了经济流程中"金融经济"或者"虚拟经济"的运转。当然,"金融经济"的运转促使实物资源的有效配置和利用,从而实现社会实物财富的增长。但证券市场的虚拟性也往往会使证券价格脱离实体经济而过度上涨,从而产生"泡沫",给实体经济的运行带来负面影响。可见,证券市场和一般商品市场既有明显区别又有紧密联系和相互影响。

四、证券市场的分类

证券市场是由不同的子市场组合而成的一个十分庞大而复杂的市场体系。按照不同的标准,可以从不同的角度或者不同的侧面,划分成多种不同的类型。

(一)按照市场的职能,证券市场可分为发行市场和流通市场(也称为交易市场)

证券发行市场和证券流通市场是相互依存、互为补充的整体。这是因为证券发行是证券流通的基础和前提,没有证券发行,证券流通就成了无本之木。

(二)按照交易的对象,证券市场可分为股票市场、债券市场和基金市场

股票市场是由股票发行和股票交易所形成的市场。我国股份公司发行股票必须经证券监管机构的批准,发行股票可直接到发行市场销售,也可委托有相应证券经营资质的证券商保荐或代理发行。如果是老公司增资发行股票,一般先向原股东招股,再向市场销售。债券市场是债券发行和买卖债券的市场。同样,基金市场是基金发行和买卖的市场。

(三)按照证券市场的组织形式,证券市场可分为场内交易市场(证券交易所内)和场外交易市场

1.场内交易市场

场内交易市场是指在证券交易所内,由证券交易所组织集中交易的市场,是证券流通市场的核心。场内交易市场的特点表现为:

(1)有集中和固定的交易场所,在规定的交易时间内公开进行。

(2)交易对象限定为符合特定标准在交易所上市的证券。

(3)交易者为具备一定资格条件的会员证券公司及特定的经纪人和证券商,普通投资者要通过委托经纪人及证券商间接地进行证券交易。

(4)证券交易所具有严密的组织和严格的管理制度。

2.场外交易市场

场外交易市场是场内交易市场的补充。场外交易市场(也是指证券交易所外)与场内交易市场相比,场外交易市场具有以下特点:

（1）它是一种分散的、无形的市场，通过遍布于各地的电话电传、电脑网络等连接起来，交易时间也比较灵活。

（2）交易对象众多，既包括大量未上市证券，也包括一部分上市证券。

（3）证券投资者可委托证券经纪商进行买卖，也可直接同经纪商进行交易。

（4）证券交易的管理规则比较宽松，但也必须在证券监管机构的监督下进行。

五、证券市场的构成

证券市场是由多种要素所构成的，这些要素主要是发行人、投资者、金融工具、交易所、中介机构、监管机构和自律组织等，在证券投资活动中都占据着重要地位，发挥着不可或缺的作用。

1. 发行人

证券发行者即发行人，是证券市场上的资金需求者和证券的供应者，他们发行股票、债券等各种证券，在证券市场上募集资金。发行人包括企业、金融机构和其他经济组织。

2. 投资者

证券投资者是证券市场上的资金供应者，也是证券的需求者和购买者。投资者从事证券交易活动，成为发展证券市场的推动力量。

证券投资者，按照投资主体的性质，可以分为个人投资者和机构投资者。个人投资者数量庞大，但就个体而言，资金实力较弱。而机构投资者主要是非银行金融机构、投资性企业、投资基金公司等，他们数量较少，但投资专业性强，资金实力雄厚，往往是证券市场稳定发展的中坚力量。

3. 金融工具

金融工具是指证券市场上的融资工具和交易品种。证券市场的活动，实质上就是发行和买卖这些金融工具。在我国证券市场上流通的金融工具主要是股票、债券和投资基金。

4. 交易场所

证券交易场所分为集中的场内交易市场和分散的场外交易市场两种形式。

5. 中介机构

证券中介机构主要是指证券经营机构，即证券公司、基金管理公司、会计师事务所、资产评估机构、律师事务所等。它们一般从事证券承销、证券经纪、资本管理等中介业务，也从事证券自营、策划、咨询等相关业务。

6. 监管机构和自律组织

我国对证券市场进行监管的机构是中国证券监督管理委员会（证监会）。经过授权，各省、市、自治区成立的证券管理办公室也在一定范围内行使监管职能。

我国证券行业的自律性组织主要有上海证券交易所、深圳证券交易所和中国证券协会。

六、证券市场的功能

1. 筹资与投资功能

筹资与投资是证券市场最显著的功能。从筹资的角度看，企业从外部筹措资金的方式有两种：一种是向银行借款，另外一种是发行股票和债券。向银行借款虽然简便，但通常只能短期使用,而且还受到贷款银行的种种限制;而企业发行股票和债券则能够迅速地把分散在社会上的闲置资金集中起来,形成巨额的可供长期使用的资本,用于扩大生产,实施规模生产或者规模经营。从投资的角度看,证券市场给广大投资者追求更大资本收益提供机会和场所。

2. 定价功能

证券市场具有灵敏的反映社会经济动向的信息功能,经济与金融形势可以通过证券市场上价格的变化反映出来。证券市场实质上是资金供需双方通过竞争以决定资金价格的场所。在证券市场上,投资者通过买卖证券向有关企业提供资金,资金的供求双方通过招标、拍卖等方式在规范和严格的管理下进行竞争,从而决定资金的价格。

3. 资本配置功能

证券市场的资本配置功能指证券市场能促使资本在各产业部门之间优化配置。这种功能源于证券在发行和买卖过程中所产生的对交易资金的导向性,即进入证券交易的资金会自发地流向优势企业和朝阳产业。在证券交易中能通过发行证券来直接筹集资金的公司,一般都是信誉好、效益好、有发展前景的公司。与此同时,投资者在证券市场上的资金会逐步从劣势企业转向优势企业,从夕阳产业涌向朝阳产业,这样一来,优势企业和朝阳产业因获得充裕的发展资金得到快速增长,而业绩不佳、发展前景暗淡的劣势企业和夕阳产业因资金缺乏而难以为继,不得不减产停产,最终消亡或被优势企业兼并重组。通过这样的"优胜劣汰"推动产业结构调整,资金流向不断趋于合理,资本配置效率不断提高。

七、发展我国证券市场的基本方针

1998 年 5 月江泽民同志在周正庆主编的《证券知识读本》[①]中指出:"实行社会主义市场经济,必然会有证券市场。建立发展健康、秩序良好、运行安全的证券市场,对我国优化资源配置、调整经济结构、筹集更多的社会资金、促进国民经济的发展具有重要的作用。"江泽民同志继而要求:各级党政领导干部、企业领导干部、证券工作者,务必勤学之、慎思之、明察之,务必在认真掌握其基本知识和有关法律法规的基础上,不断提高驾驭和正确运用证券手段的本领,要按照巩固成绩、随时警惕、谨慎小心、及时调整的方针,进一步发展和完善我国的证券市场。

由于我国证券市场起步较晚,还存在许多不规范的做法,市场有待发育成熟,证券价格波动过大,变化无常,必须采取各种有效措施,确保其健康发展,才能充分发挥证券市场促进国民经济发展的积极作用。发展我国证券市场的基本方针是"法制、监管、自律、规范"八个字。"八字方针"中的"法制"强调立法,就是要建立各种法律制度,完善各种规章制度,依法管理证券市场。"监管"强调执法,就是加强监督与管理力度,执行法制规定,打击各种违法乱纪行为,维护证券市场的健康发展。"自律"强调守法和自我约束,上市公司或投资者都应该自觉依法办事、合法经营、合法投资、严于律己、遵守法制,自觉维护证券市场的健康发展。"规范"强调证券市场需要达到的运行标准和运作状态,是证券市场运行机制和监管机制的完善和成熟,要规范投资者行为,规范上市公司的信息披露制度及方法等。"八字方针"完全符合我国证券市场发展的实际情况,是保证我国证券市场健康发展的长期指导方

---

① 周正庆:《证券知识读本》,中国金融出版社,1998.5。

针。它揭示了证券市场发展过程中各因素之间相互关系,其四个方面相辅相成,相互作用,缺一不可。其中,法制是基础,监管和自律是手段,规范是目的。也就是说,要使证券市场健康发展,必须依靠法制、监管和自律,法制、监管和自律要围绕实现规范化的目标来进行。

第二节 证券发行市场

一、证券发行市场的定义

证券发行市场是发行人向投资者出售证券的市场。证券发行市场通常无固定场所,是一个无形市场。证券发行市场又称为"一级市场"或者"初级市场",是指筹资者以发行证券的方式筹集资金的场所以及有关活动和相互关系的总和。

证券发行市场的基本功能表现在两方面:一方面为资金的需求者提供筹集资金的场所,使资金不足的企业通过证券发行筹集社会闲散资金;另一方面为闲置资金的供应者提供投资证券的机会。通过证券发行创造出新的金融工具,可以增加有价证券总量和社会投资总量。

二、证券发行市场的组成

证券发行市场由证券发行者、证券投资者和证券中介机构三部分组成。其三者之间的关系是:证券发行者根据有关的法律规定,依照一定的发行程序,通过证券中介机构将有价证券出售给投资者。证券中介机构处于发行市场的中心地位,是发行者与投资者之间联系的桥梁,这三者构成了证券发行市场。

1.证券发行者

证券发行者,也称证券发行主体,是指为筹集资金而发行证券的企业或金融机构,是证券的供应者和资金的需求者。发行主体的数目和发行证券的数量决定了发行市场的规模和发达程度。

2.证券投资者

证券投资者是指购买证券的个人投资者或机构投资者。它们将资金投资买进发行者所发行的证券,成为证券持有人,取得相应的权益,也承担相应的风险。投资者数目的多少和资金实力的大小制约着证券发行市场的规模。

3.证券中介机构

证券中介机构是指承担证券发行业务的专业金融机构,一般包括证券公司和金融机构的证券部等,它们代理证券发行,向投资者推销证券,发挥着联系发行者与投资者的作用。

三、证券发行的类型

依据不同的标准分类,证券发行有不同的类型:按发行对象可分为公募发行和私募发行;按发行种类可分为股票发行、债券发行和投资基金发行;按发行方式可分为直接发行和间接发行等。

(一)公募发行和私募发行

1.公募发行

公募发行也称为公开发行,是指发行人通过中介机构向不特定的社会公众广泛地发售证券。公募发行一般采用由股份公司支付一定发行费用,通过证券中介机构代理发售证券的方法,所有合法的社会投资者都可以参加认购。公募发行以众多的投资者为发行对象,筹集资金的潜力大,但发行过程比较复杂,所需时间较长,发行费用也较高。

2.私募发行

私募发行也称为内部发行或不公开发行,是指面向少数特定的投资者发行证券的方法。私募发行有确定的投资人,手续简单,发行费用极低。

公募发行和私募发行各有优缺点。一般来说,公募发行是证券发行中最基本、最常见的方式。但在国外成熟的证券市场中,随着养老基金、共同基金和保险公司等机构投资者的迅速增长,私募发行近年来呈现出逐渐增长的趋势。我国境内上市外资股(B股)的发行几乎全部都采用私募发行的方式进行。

(二)直接发行和间接发行

1.直接发行

直接发行又称直接募集或直接发售,是指股份公司自行组织发行工作,承担证券(股票)发行的一切事务和发行风险,直接向认购者推销证券的方式。

2.间接发行

间接发行又称委托发行,是指由发行者委托证券中介机构(承销商)承担发行工作,办理一切发行事务,承担发行风险,并向发行者提取一定的发行费。这是世界各国证券发行的主要方式。根据证券经营机构在承销过程中承担的责任和风险的不同,间接发行又分为代销、助销和包销等多种销售方式。

(三)股票、债券和投资基金发行

1.股票发行

目前我国发行新股票时,通常通过沪、深证券交易所采用上网定价(或上网议价)配售方法向市场投资者(在证券交易所买卖挂牌上市股票的投资者)进行发售。在实施新股发行时,根据深圳证券交易所规定以 500 股为申购单位或上海证券交易所规定以 1000 股为申购单位进行配号,然后在三个工作日内进行抽签确定中签者,从其申购资金中拨付现金,购得股票。申购者投入的申购资金额越大,获到的配号也越多,中签几率也越大。由于新股发行价格通常比较低,待新股上市后,其市场价格会比较高,能给有幸中签的投资者以丰厚回报,因而深受投资者青睐。

2.债券发行

目前我国债券一般通过银行或证券交易所面向广大投资者进行发售,但有的债券只定向卖给机构投资者,而有的只定向卖给个人投资者。合法投资者可以按照发行规定到指定地点购买,已经上市的债券可以到证券交易所进行买卖。

3.投资基金发行

投资基金发行一般也是通过银行或证券交易所面向广大投资者进行发售。投资者可以按照发行规定到指定地点购买,已经上市的投资基金可以到证券交易所进行买卖。

第三节　证券交易市场

一、证券交易市场的含义

证券交易市场,又称为二级市场或流通市场,是指对已经发行的证券,投资者把在发行市场上认购获得的有价证券进行转让交易的市场。有价证券在交易市场中流通,促进了短期闲置性资金转化为长期投资性资本,并调节资本供求关系,显示其流通性,赋予证券以活力和魅力。

二、证券交易市场的结构

(一)证券交易市场的构成

证券交易市场的构成要素有三个:证券交易的对象、证券交易的当事人和交易中介。

1.证券交易的对象

证券交易的对象是指股票、债券和投资基金等有价证券。

2.证券交易的当事人

证券交易的当事人是指按照证券交易制度规定,在证券市场上买进和卖出证券的买方和卖方。

3.证券交易中介

证券交易中介是指国家证券主管部门批准设立的证券经营机构,主要有上海证券交易所、深圳证券交易所以及遍布全国各地的证券营业部等。

比如联合证券有限责任公司成立于 1997 年 10 月,由 40 家实力雄厚的大型企业集团共同出资组建,注册资本 10 亿元,实收资本 11.18 亿元。公司总部位于深圳,有 48 家营业部,分布在 16 个大中城市,员工总数上千人,是我国一家大型综合券商。

(二)证券交易市场种类

证券交易市场可以根据交易的券种划分为股票交易市场、债券交易市场、基金交易市场等。也可以按照交易的地点划分为场内交易市场和场外交易市场。

(三)证券交易市场的功能

证券交易市场具有促进资本流动与转化、决定证券价格、传递经济信息和促进资本增值等功能。

三、证券上市与交易

证券上市是指证券在证券交易所挂牌买卖。证券上市包括两层含义:一是指证券经过证券管理机构批准,向社会公开发行,称发行上市;二是指证券经过证券交易所批准在交易所挂牌买卖,称交易上市。交易上市的证券必须是发行上市的证券,但发行上市的证券(如债券)不一定都能交易上市。某种有价证券一旦获准在证券交易所上市或挂牌买卖,就是上市证券。

证券发行公司一般都希望其证券能够上市,因为上市能给公司带来以下好处:一是有利于提高发行公司的声誉和名望,产生广告效应;二是有利于实现资本的大众化和股权的分散化;三是有利于证券流通和增发新股,增强融资能力等。当然,证券上市也会给发行公司带来一些负面影响,比如被迫公开财务状况和重大经营决策,这样可能给公司增加许多经营管理上的难度。证券上市也会给投资者带来好处:一是买卖便利;二是交易公平;三是信息公开与操作规范等。

(一)证券上市的基本流程

证券上市的基本流程有如下步骤:

发行公司提出上市申请→证券交易所上市委员会审批→订立上市契约→确定上市日期→上市公告书→发行公司缴纳上市费→按期在交易所挂牌交易。

(二)证券交易的基本程序

证券(股票)交易经过如下程序:

开立证券交易账户→办理资金账户(到指定银行开立银证结算账户)→存入资金→选择投资证券品种→发出证券买卖指令→交易所(代理券商)申报→证券买卖成交→证券清算与交割→证券过户。

证券(股票)交易是指投资者对已发行的证券(股票)进行买卖的活动。股票交易的法定地点是在各个证券交易所内。非上市股票的交易按证券主管部门指定的地点进行。证券交易所规定:证券交易的时间是在星期一至星期五正常工作日早上 9:30(开盘时间)至11:30 和下午 1:00 至 3:00 时(收盘时间)。有特殊情况将另行安排和通告。

证券(股票)买卖程序通常包括开户、委托和交割三个环节。

目前我国证券市场 A 股和投资基金的交易制度,可以归纳为"证券交易实行'T+1',资金实行'T+0'"。也就是说,当天买入的证券,隔日才能卖出;而账户资金随时都可以买进证券。我国证券市场 B 股采用"T+3"交易制度(即当天买卖的证券,隔三天才能卖出)。境外证券市场所实行的交易制度不尽相同,短的有 T+1,长的有 T+2,T+3,T+4,至 T+40 不等。国际证券界倡导各国尽量缩短交割时间,提高证券市场运行效率。

(三)证券交易的操作程序

1. 买卖证券的操作程序

利用电脑委托进行买卖证券的操作程序如下:(以钱龙系统软件为例说明)

进入委托程序(按"F12"键)→输入证券交易账户或资金账户(按"F"键转换)→输入交易密码→输入"买入"或"卖出"项(确认后按"ENTER"键)→输入所选购的证券品种代码→输入买进或卖出价格→输入买进或卖出数量→成交(确认后按"ENTER"键)→退出交易程序(按"ESC"键)。

2. 交易查询程序

如果投资者想了解自己的证券买卖相关信息,可以通过电脑进行查询,具体步骤如下:

按"F12"进入委托程序→输入证券交易账户或资金账户→输入交易密码→寻找要查询

的事项(成交、资金额、证券存量、撤销委托、可用资金等)。

(四)证券交易费用

我国的证券交易所实行会员制组织形式。会员制交易所是由会员自愿出资共同组成,不以营利为目的的社团法人。交易所本身不参加证券买卖,只是通过收取会员费、上市费及佣金等费用来维持其运作。证券投资者和证券商必须按规定交纳相关税费。

1.投资者的交易费用

(1)开户费。开户费是指投资者进行证券(股票)投资开户,办理"证券交易账户"或"股东账户"时交纳的费用。这种费用只是开户时一次性交纳,以后不再交纳。开立上海证券交易所的"证券交易账户"时,需交纳开户费 40 元;而开立深圳证券交易所"证券交易账户"时,需交纳开户费 50 元,但如果既要在上海证券交易所开户,又要在深圳证券交易所开户的,就得交纳开户费合计 90 元。

(2)佣金。佣金也称为手续费,是证券商接受投资者委托买卖证券(股票)时的劳务费或服务费,它是证券商合法的经营性收益。佣金是证券投资中的一项经常性收费,是按照证券成交金额的一定比率收取的,不论是买进还是卖出证券(股票)均要收费。我国目前规定按实际成交金额的 0.3% 以下计收手续费,由证券商自行决定具体的计费办法和标准,并向投资者公布执行。这部分收费由证券商、证券交易所、证券登记公司三家分配,其中证券商占 90%,证券交易所占 6%,证券登记公司占 4%。值得注意的是,在买卖证券(股票)时,每笔交易成交后都要收取佣金,佣金不足 5 元的,按 5 元收费。

(3)印花税。印花税是国家向证券投资者收取的税款,国家规定投资者进行证券买卖时需交纳的一种税。为了维护我国证券市场的健康发展,我国政府根据我国证券市场变化情况,对交易印花税税率的征收方式进行调整。比如,经国务院批准,财政部、国家税务总局决定从 2008 年 4 月 24 日起,调整证券(股票)交易印花税税率,由现行 3‰ 调整为 1‰。即对买卖、继承、赠与所书立的 A 股、B 股股权转让书据,由立据双方当事人分别按 1‰ 的税率缴纳证券(股票)交易印花税。我国于 2009 年初,又把证券印花税征收办法调整为:投资者买进股票时免征印花税,但卖出股票时按成交额的 1‰ 计征印花税。投资基金和债券的买卖免征印花税。

2.证券商的交易费用

证券商是证券市场的中坚力量,它为投资者提供投资场所和相关服务设施,接受投资者的咨询服务和投资服务。因此,证券交易所对其规定和限制也比较多。首先,证券商必须是证券交易所的会员,而会员资格要符合入会条件,经过申请和审批手续,并按规定交纳会费等。批准后的会员参与证券交易所的交易,需向证券交易所交纳清算交割准备金、交易费、场内设施使用费、证券保管成本费等,若逾期不交或欠交,还得按规定交纳滞纳金。

四、证券市场的产生与发展演变

(一)证券市场演变简介

股票是人类社会化大生产的产物,已有近 400 年的历史。最早的股份公司产生于 17 世纪初荷兰和英国成立的海外贸易公司,19 世纪中叶,美国发行了债券,19 世纪后半叶,股份制传入日本和我国。1873 年成立的轮船招商局,发行了中国自己最早的股票。

世界上最早的股票交易所于 1611 年在荷兰设立,1773 年英国成立伦敦证券交易所,

1792年美国成立纽约证券交易所,1878年日本成立东京股票交易所,1891年中国香港成立香港证券交易所,1917年我国内地成立北京证券交易所。

新中国的证券市场从1981年恢复发行国库券算起,也有20多年历史。1984年我国开始发行A股股票(供国内居民用人民币购买的股票),分成上海A股(Shanghai A-Shares)和深圳A股(Shenzhen A-Shares),到1990年仅有10家内地的股份公司发行股票,而后快速发展,2008年末沪深两市上市公司增至1604家,总市值12.13万亿元,占GDP的比重为48.6%。其中,沪市总市值9.72万亿元,深市总市值2.41万亿元。

由于受到全球金融危机的影响,我国上证综指从2007年10月16日的最高点位6124点下跌到2008年10月28日最低位1664点,共下跌了72.83%;深证成指从2007年10月10日的最高点位19600点下跌到2008年10月28日最低位5577点,共下跌了71.55%。2007年末深沪两市总市值为32.71万亿元,2008年末降至12.13万亿元。

1990年11月26日,经国务院授权,由中国人民银行批准建立的上海证券交易所正式成立,这是新中国成立以来内地的第一家证券交易所。继而深圳证券交易所于1991年4月11日由中国人民银行总行正式批准成立。

经过十多年的发展,我国两家证券交易所的基础设施不断完善,市场规模不断扩大,市场运行更加规范,建成全国统一的监管体制,交易品种有股票、基金、债券三种,全部实行无纸化发行和交易,交易手段达到世界先进水平,证券从业人员的素质和能力有了很大提高。至今,我国证券投资者(股民)超亿户,近几年每年为国家上缴印花税几百亿,甚至上千亿元人民币。

1991年底我国在上海发行上海B股(Shanghai B-Shares)(在国内流通,须用美元购买的股票),后来在深圳发行深圳B股(Shenzhen B-Shares)(在国内流通,须用港币购买的股票),至今已发行上市B股股票100多种,总市值相当于人民币400亿元。1993年在中国香港发行青岛啤酒H股上市后,又在纽约发行N股股票上市以及在新加坡发行S股股票上市流通。至1999年底我国向境外发行股票筹集外资超过了135亿美元。

随着科学技术的迅猛发展,以电脑技术、通讯技术、网络技术为核心的现代信息技术已经深刻影响着证券交易市场,证券交易方式已经从人工交收向电子交易方式迅速转变,证券市场也从有形市场向无形市场转变。

第四节　证券机构

一、证券机构的定义与划分

证券机构,也称证券中介机构,是指为证券市场参与者提供各种服务的专门机构。证券市场参与者包括证券发行人、投资人、管理者和服务者等。按照所提供服务的内容不同,证券机构可以分为证券经营机构、证券投资咨询机构、证券登记结算机构、证券金融机构和可从事证券相关业务的各类事务所等。

1. 证券经营机构

证券经营机构,也称证券商或证券经纪人,是指由证券主管机关批准设立的在证券市场上经营证券业务的金融机构。它是证券市场的中介人,是专门经营证券业务并从中获利的企业法人。从业务方面划分,证券经营机构或者证券商可以分为三类:证券承销商、证券经纪商和证券自营商。证券经营机构的主要业务包括:(1)代理证券发行;(2)代理证券买卖;(3)自营证券买卖;(4)兼并与收购业务;(5)资金管理;(6)研究及咨询服务;(7)其他服务等。

2.证券投资咨询机构

证券投资咨询机构是指对证券投资者和客户的投资或者融资、证券交易活动和资本营运提供咨询服务的专业机构。证券投资咨询公司是证券投资的职业性指导者,在西方国家,证券投资咨询机构包括证券投资顾问公司和证券评级机构,前者的主要业务是帮助投资者了解市场、分析投资价值和提出投资建议,并收取相应的咨询费;而后者是专门从事有价证券评级业务的机构,一般为独立的非官方机构。其业务主要是对证券市场上的机构和证券的信用状况进行评定,以客观真实地反映证券发行人及其证券的资信程度。

3.证券登记结算公司

证券登记结算公司是指为证券的发行和交易活动登记、结算业务的中介服务机构。它是独立的企业性质的证券服务机构,其主要业务有:公开发行与非公开发行的证券登记、上市与未上市的记名证券的转让登记、代理有价证券的保管、代理有价证券的还本付息和分红派息、从事与证券有关的咨询业务等。

4.证券金融公司

证券金融公司,也称证券融资公司,是指依法设立的在证券市场上专门从事证券融资业务的法人机构。它的主要业务是吸收证券公司、交易所或其他证券机构的存款和存券,向证券机构提供信用交易所需要的资金和证券,经营与证券有关的贷款业务以及经营证券保管业务等。

5.可从事证券相关业务的各类事务所

可从事证券相关业务的各类事务所包括会计师事务所、资产评估机构、律师事务所、证券信息公司等。

二、证券交易所

证券交易所是为证券的集中和有组织的交易提供场所与设施,履行国家有关法律、法规、规章、政策规定的职责,实行自律性管理的会员制事业法人。证券交易所的基本职责包括:提供股票交易的场所和设施;制定证券交易所的业务规则;审核批准股票的上市申请,安排股票上市;组织、监督股票交易活动;对会员进行监管;对上市公司进行监管;设立证券登记结算机构;管理和公布市场信息等。

我国现有两家证券交易所,即上海证券交易所和深圳证券交易所。证券交易所的行为准则是:

(1)不以盈利为目的,证券交易所收取的各种资金和费用都应该严格按照规定用途使用,并制定专项管理规则进行管理,不得挪作他用,证券交易所的收支节余不得分配给会员。

(2)应当创造公开、公正、公平的市场环境,提供便利条件,从而保证股票交易的正常运行。

(3)应当切实执行一线监管职能,维护好市场秩序。

(4)应当积极创造条件,向会员、上市公司、投资者提供优质服务。

上海证券交易所简介

时任上海市市长的朱镕基出席上海证券交易所开业典礼

上海证券交易所于 1990 年 11 月 26 日经中国人民银行批准正式宣告成立,并在同年 12 月 9 日正式开张营业。作为非营利性的事业法人,其宗旨是完善证券交易制度,加强证券市场管理,促进我国证券市场的发展,维护国家、企业和社会公众的合法权益,为社会主义现代化建设服务。上海证券交易所的业务范围是安排证券上市;提供证券集中交易场所;办理证券集中交易的清算交割和证券集中过户;提供证券市场信息和办理中国人民银行许可或委托的其他业务。上海证券交易所按照国际通行的会员制方式组成。

1. 组织结构及职能

会员。凡经中国人民银行及其一级分行批准,在上海市内可经营证券业务的金融机构,承认《上海证券交易所章程》,资本金在 500 万元人民币以上,有连续两年以上的证券经营业绩,有符合中国人民银行规定的组织规模和从业人员,并按规定交纳会员费用,经上海证券交易所批准,均可成为上海证券交易所的会员。

理事会。上海证券交易所设理事会为交易所日常事务决策机构,向会员大会负责,并执行会员大会决议,审定和监督总经理制定的业务规章和工作计划以及财务预决算等。

总经理为上海交易所的法定代表人,由理事会聘任,任期 3 年。其职责是组织实施会员大会和理事会决议,并向其报告工作;主持交易所的日常业务和行政工作,聘任职能部门负责人和代表交易所对外处理有关事务等。

监事会为交易所的监察机关。其主要职责是对理事会决定提出异议;审议本年度决算和监察交易所业务。

2. 上市证券

上海证券交易所目前上市的证券主要是国家发行的各类国债、省一级地方政府发行的建设债券、金融机构发行的金融债券、全国各地公开发行的股票。

3. 场内交易

(1)委托程序与内容。公众投资者欲买上海证券交易所的上市证券,必须委托具有会员资格的证券商代理进行。

　　(2)交易方式与程序。上海证券交易所的开市日为周一至周五,节假日不开市。上午9时30分至11时30分为前市,下午1时至3时为后市。上海证券交易所场内交易采取集中竞价方式进行,实行电脑竞价。

　　上海证券交易所根据交易运行情况和有关建议,修订和制定了"会员管理暂行办法"等许多规章,使股票交易和证券上市日趋完善。

深圳证券交易所简介

深圳证券交易所办公大楼

　　深圳证券交易所成立于1990年12月1日,是不以营利为目的的会员制事业法人。其主要职能包括:提供证券交易的场所和设施;制定本所业务规则;接受上市申请、安排证券上市;组织监督证券交易;对会员和上市公司进行监管;设立证券登记清算机构并对其业务活动进行监管;管理和公布市场信息;中国证监会许可的其他职能。

　　1.发行上市

　　公司股票经中国证监会批准公开发行后,由公司和上市推荐人向交易所报送上市申请文件,经交易所审核同意,公司股票可在深交所挂牌上市。公司申请股票上市,应符合下列基本条件:

　　(1)股票经国务院证券管理部门批准已向社会公开发行。

　　(2)公司股本总额不少于人民币五千万元。

　　(3)开业时间在三年以上,最近三年连续盈利;原国有企业依法改建而设立的,或者本法实施后新组建成立,其主要发起人为国有大中型企业的,可连续计算。

　　(4)持有股票面值达人民币一千元以上的股东人数不少于一千人,向社会公开发行的股份达公司股份总数的25%以上;公司股本总额超过人民币四亿元的,其向社会公开发行股票的比例为15%以上。

　　(5)公司在最近三年内无重大违法行为,财务会计报告无虚假记载。

　　(6)国务院规定的其他条件。

　　除股票以外,深交所还受理国债、基金、企业债券等证券的上市申请。

2. 交易制度

深交所采用先进的电脑化、无纸化交易,由电脑主机对接受的所有有效申报按照价格优先和时间优先的原则进行集中竞价撮合成交。

深交所交易在每周一至周五进行。上午9:15至9:25为集合竞价时间。集合竞价遵从价格优先、同一价格下时间优先的原则,对所有有效委托进行集中处理,并按集中竞价规则产生开盘价。集中竞价结束后即进入连续竞价,连续竞价遵从时间优先的原则,由电脑对有效委托进行逐笔处理,上午9:30至11:30,下午1:00至3:00为连续竞价时间。

3. 登记结算

深圳证券登记结算有限公司负责所有在深交所上市证券的登记与结算,采用无纸化净额交收和法人结算制度,从实时开户、股票托管、资金结算、业务凭证管理全面实现电子化。证券公司负责与本公司各营业部的资金交收,营业部负责与投资者的资金交收。

登记结算系统特点是:管理所有投资者明细证券账户,投资者开户实时化;所有投资者和上市公司股份集中登记在登记结算系统,实行电子化净额结算,建立起结算公司—结算银行—证券公司的电子自动划转网络;证券无纸化托管,结算公司和会员单位共同管理投资者名下明细股份;A股、基金采用 T+1 交收制度,B股采用 T+3 交收和 T+0 回转交易相结合制度。

4. 会员与席位

深交所是会员制事业法人。经中国证监会批准设立的、注册资本5000万元以上(含5000万元)的、承认深交所章程、遵守深交所业务规则并接受深交所监管、符合本所要求的其他条件的证券经营机构,可申请成为深交所会员。

会员可以向深交所申请交易席位,也可以申请席位的更名、转让、终止等。深交所交易席位包括普通席位、国债专用席位、基金专用席位、B股特别席位。

思考题

1. 什么是证券市场?证券市场有哪些特征?

2. 证券市场有哪些功能?

3. 证券发行市场如何分类?

4. 证券上市有什么意义?

5. 世界著名的三大证券交易所的名称分别是什么?

6. 我国境内何时设立了哪两家证券交易所?

7. 买卖证券(股票)的操作程序是怎样的?

8. 当投资者利用电脑进行买卖委托操作发生错误时,应该怎样补救?比如投资者输入的价格或成交数量不对或需要做更改时,应该怎么办?又比如投资者想撤销当前委托时,应该怎么办?

第三章

股票　　　　　　　　　　≫ ≫ ≫　　≫

学习目标

本章介绍股份有限公司以及股票的特征与类型、股票价格与价格指数等有关内容。通过学习,使学生全面地了解和掌握股票的相关知识。

重点难点

1. 股份有限公司的特点;
2. 股票的基本特征与种类;
3. 股票的价值、价格以及价格指数。

学习内容

第一节　　股份有限公司[①]

一、股份有限公司及其类型

股份有限公司(join-stock company;stock company)是指其全部资本分为等额股份,股东以其所持股份为限对公司承担责任。公司以其全部资产对公司的债务承担责任的企业法人,通称为股份公司。股份公司以投资入股的方式把分散的不同所有者的资本集中在一起,统一经营使用、自负盈亏、论股分利。这种股份制形式被公认为一种较为先进的现代企业组织形式。

股份有限公司依据不同的划分标准,可以分为不同的类型。

(1)依据设立公司的方式,可以分为"发起设立"和"募集设立"两种股份有限公司。

(2)依据公司延续性与否,可以分为"新设"和"改组"两种股份有限公司。

(3)依据境内外股东组成不同,可以分为"中资"和"中外合资"两种股份有限公司。

(4)依据股票上市地点不同,可以分为境内上市股份有限公司和境外上市股份有限公司两种。

―――――――――――――

① 沈家庆:《股票实务与操作》,高等教育出版社,2003.4(126)。

二、股份有限公司设立条件

依据《公司法》规定,设立股份有限公司的基本条件有:

(1)发起人符合法定人数(一般不少于五个法人或自然人)。

(2)必须募集到规定的最低资本限额(最低限额为1000万元人民币)。

(3)股份发行、公司筹办事项符合法律规定。

(4)发起人制定公司章程,并经创立大会通过。

(5)有公司名称以及组织机构。

(6)有固定的生产经营场所和必要的生产经营条件。

三、股份有限公司设立程序

股份有限公司设立的基本程序有:

(1)拟定总体方案。

(2)资产评估立项和财务清算。

(3)聘请中介机构。

(4)发行股票和设立成立公司申请。

(5)召开创立大会。

(6)工商登记。

(7)申请股票上市。

四、股份有限公司的内部组织机构

股份有限公司的组织机构通常由股东大会、董事会和监事会组成。在公司内部,股东大会是公司最高权力机构;由股东大会选举产生的董事会是日常执行机关,并以总经理为主的经理是日常工作的管理机关;常设的监事会是负责财务监督的机关。

1. 股东大会

股东大会由股份有限公司的全体股东组成,是股份有限公司的决策机关、权力机关。它决定本公司的经营决策和重大事项。股东大会有股东年会、股东临时会和特别股东会。股东会议通常由董事长主持,董事长不在,可委托副董事长或其他董事主持。由董事会提交的决议必须经过出席会议的股东所持表决权的二分之一以上通过方能生效,在事关公司合并、分立、解散和清算等重大事项的决议必须经过出席会议的股东所持表决权的三分之二以上通过方能生效。参加会议的代表人所代表的股份,在会议期间不能转让。

2. 董事会

董事会是指股份有限公司股东大会所选出的5—19名董事所组成的、必要的、常务的、集体的对内执行业务的机关。董事会应设董事长1人,副董事长1—2人,董事长和副董事长由全体董事过半数选举产生。董事会具有下列职权:

(1)负责召集股东大会,并向股东大会报告工作。

(2)执行股东大会的决议。

(3)决定公司的经营计划和投资方案。

(4)制订公司的年度财务预算方案、决算方案。

（5）制订公司的利润分配方案和弥补亏损方案。

（6）制订公司增加或者减少注册资本的方案以及发行公司债券的方案。

（7）拟定公司重大收购、回购股票或合并、分立、解散方案。

（8）决定公司内部管理机构的设置。

（9）聘任或解聘公司经理、董事会秘书；根据经理的提名，聘任或解聘公司副经理、财务负责人，并决定他们的报酬事项。

（10）制定公司的基本管理制度和公司章程的修改方案。

董事会每年至少应该召开两次会议，董事会会议应由半数以上的董事出席方可举行。董事会做出的决定，必须经全体董事过半数同意方能生效。

3. 监事会

监事会是由监事组成的公司常设机构，监事是由股东大会选举产生、由股东代表和公司职工担任、监督公司业务执行情况的人员。监事会是以监督公司业务执行情况为主要权限，单独行使监督权利。它主要行使下列职权：

（1）检查公司财务。

（2）对董事和经理执行公司职务时违反法律、法规或者公司章程的行为进行监督。

（3）当董事和经理的行为损害公司的利益时，要求董事和经理予以纠正，必要时向股东大会或国家有关主管部门报告。

（4）提议召开临时股东大会。

（5）公司章程或股东大会授予的其他职权。

公司董事应该遵守法律法规、公司章程，忠实履行监督职责。若因玩忽职守导致公司利益受到损害的，对公司负有赔偿责任。

4. 经理

股份有限公司的经理是具体掌管和处理公司事务的管理者，一般包括经理一人，副经理若干人，各部门（如财务部、营销部、生产经营部）经理多人。他们辅助董事会具体管理公司业务。在公司中，他们对内有业务管理的权限，对外有商业代理的权限。他们的职责是管理企业，任务就是具体实施董事会决议，负责公司日常经营管理工作。正、副经理都必须经过董事会选任，部门经理则由经理提请董事会予以任命或聘任。经理一般是专职的，但也可以由董事长或副董事长兼任。经理负责公司整体经营活动，对内有权对公司活动实行总控制，对外可以全权代表公司进行业务谈判交易。经理对公司的活动效率和经营效率必须负总责。副经理协助经理管理公司事务，也可在经理授权下代行总经理职权。部门经理主管一个部门的工作，或者主管某项业务工作。

五、股份有限公司的特点

1. 发行股票

通过发行股票向社会募集资金是股份有限公司最显著的特征。股份有限公司把资本总额划分为等额股份，并且以股票形式表现出来。通过发行股票，可以把分散在社会各地的闲散资金集中起来，形成巨额资本。同时，通过发行股票，为持有闲散资金的个人提供方便的可供选择的投资途径，把消费资金转化为生产资金，把短期资金转化为长期投资。股票的流通与转让使得社会资本向高利润的部门、行业和企业流动，从而使资源配置优化，产业结构合理化。

2. 实行有限责任制度

股票的持有人称之为股东,股东对公司只负有有限责任。所谓有限责任,是指股东民事责任有限,即有限责任公司的股东,仅在其出资范围内对公司债务承担清偿责任。即便公司破产,债权人也只能对公司资产提出清偿要求,而无权直接向股东起诉。就是说,股东个人财产与公司财产是分离的,这就优于某些企业形式中的负无限责任股份可多可少,股票可大可小,一般是向细分(股票折细)发展,这不仅便于更广泛地吸收资本,有利于投资,也便于股东们分担责任,分散风险,还便于大股东对公司的控制。

3. 实行所有权与管理权的分离

股份公司建立起股东大会、董事会、监事会等一套管理机构,组织结构严密,各项制度执行严格,办事效率高。公司实行所有权与管理权的分离,股份公司的所有权属于股东,股份有限公司的所有权是一种综合权利,如按照所持股份取得代表资格、参加股东大会、获得投票表决权、收取股息和分红等。同一类别的每一股份的股票所代表的公司权益相等,通常称为"同股同权同利"。但管理权即赋予股东大会、监事会、董事会及总经理等,以适应和促进生产经营的需要。

4. 是独立的法律主体

股份公司有自己独立的组织章程,具有明确的权利和承担义务的能力,可以取得资产、承担债务或对外承担责任以及签订合同,也可以提起诉讼或者被控告等。公司内部管理也要按照相关法律、法规和规定执行,并受法律保护。

5. 实行财务公开原则

股份公司必须依法在规定时段(如季报、半年报和年报)公布其财务和经营情况,让公众了解,便于个人投资选择和社会监督。

第二节   股票的特征与类型

一、股票的含义

股票(share;stock)是股份有限公司在筹集资金时向出资人发行的股份凭证。它代表着其持有者(即股东)对股份公司的所有权。股票是用以证明投资者的股东身份和权益,并据此取得股息和红利的凭证。股票一经认购,持有人不能以任何理由要求退还股本,只能通过证券市场转让和出售股票。股票有三个基本要素:持有者、股份、发行人。

股东 (share-holder;stock-holder)是股份有限公司的投资者和股份所有人。股东作为出资者按投入公司的资本额享有所有者的资产受益、重大决策和选择管理者等权利,并以其所持股份为限对公司承担责任。股东权益由法律确定,受法律保护。

股权,又称为股东权 (share-holder rights),是指股东按其持有公司股份享有的权利。股东的权利主要有两种:

(1)自益权,即因自己出资而享受的利益的权利,比如股息、红利和公司解散时分配财产的权利等。

(2)公益权,即因自己出资而对公司事务享有的管理权和表决权等。股东可以是公司或组织法人,也可以是合法公民个人(自然人)。

股份(share)是指均分股份有限公司全部股本的计算单位。公司把全部股本按相等金额以股为单位进行划分。比如某新设立的股份公司拟募集一亿元资本,以一元为一股份单位进行划分的话,就必须发行一亿股数,每股只代表一亿分之一的股权。

二、股票的基本特征

1. 收益性

这是指股票持有者有权按照公司章程从公司领取股息和红利,获取投资的收益。股票收益的大小取决于公司的经营状况和盈利水平。在一般情况下,持有股票所获得的收益要高于银行储蓄的利息收入,也要高于债券的利息收入。股票的收益性还表现在持有者利用股票可以获得价差收入和实现货币保值。也就是说,股票持有者可以通过低价买进、高价卖出来赚取价差利润;或者货币贬值时,股票会因为公司资产的增值而升值,或以市价的特价或无偿获取公司配发的新股而使股票持有者得到利益。

2. 流动性

股票具有很高的流动性。在证券交易市场上,股票可以作为买卖对象或抵押品随时转让。股票转让意味着出让方将其持有的股票所代表的股东身份及各种权益让渡给受让方,并取得相应的转让金。股票的流动性是商品交换的特殊形式,持有股票类似于持有货币,随时可以在股票市场兑现。股票的流动性促进了社会资金的有效利用和资金的合理配置。

3. 永久性

这是指股票所载有权力的有效性是始终不变的,因为它是一种无限期的法律凭证。股票的有效期与股份有限公司的存续期限相联系,两者是并存的关系。这种关系实质反映股东与股份公司之间比较稳定的经济关系。股票代表着股东的永久性投资,而对于股份公司来说,由于股东不能要求公司退股,所以通过发行股票筹集到的资金,在公司存续期间是一笔稳定的自有资本。不过,购买股票虽属于永久性投资,但从其具有的流通性特征可以看出,股票持有者可以通过出售股票而转让其股东身份,此外,一旦股份公司不存在,其发行的股票也就分文不值了。

4. 风险性

投资股票的获利机会大,收益率高,但股票价格的波动性大,投资风险也大。而股票价格波动通常难以准确预测,股票价格上下波动不止,往往令人难以捉摸,给投资者带来很大的风险性。投资股票可能给投资者带来高收益,也可能造成亏本。比如美国的安然公司运用会计造假虚报赢利假象,股票价格每股从几美元上涨至近百美元,后来丑闻曝光,其股价暴跌至不足 1 美元;又比如深圳的亿安科技因人为操纵股价,使其每股市场价格从 3~5 元上涨至 126 元,而后又下跌至 5~6 元。假如某投资者在其上涨前,用约 1 万元以每股约 5 元的价格买进 2000 股,并等到其价格上涨至每股约 100 元时卖出,该投资者可获得约 20 万元的收益;然而,假设另有某位投资者投入约 20 万元以每股约 100 元的价格买进 2000 股该股票后,如果按每股约 5 元的市场价格卖出,就只能回收约 1 万元本金,即投资亏损约 19 万元。

5. 参与性

根据有关法律的规定,股票的持有人,也称为股东,只要持有规定数量的股票,就有权出席股东大会、选举公司的董事会、参与公司的经营决策;如果某股东持有的股票数量达到实际多数时,就能掌握公司的决策控制权。从理论上讲,只要某股东持有一家公司 50% 以上的股票,就拥有这家公司的决策控制权。实际上某股东可能持有低于 50% 的股票,但通过与其他股东联手,也能取得公司的决策控制权。

三、股票的基本类型

股票最初只有普通股一种,随着股份制度的发展,投资者不断提出新的投资要求,股票的种类逐渐增多,其形式和内容也都有所不同。

1. 按股东承担的风险和享有权益情况,可分为普通股与优先股

普通股是公司最先发行、且必须发行的股票,是公司最常见、最基本、最重要的股票,也是风险最大的股票。普通股具备股票最一般的特性,是标准的股票。普通股期限与公司相始终。公司获得的利益,普通股股东是主要收益者;反之,则是主要受害者。

相对于普通股而言,优先股是在公司资产、利益分配方面有优先权的股份,其特点是预先定明股息率。优先股既是股票的一种,又类似债券,是介于普通股与债券之间的折中性证券。

普通股与优先股的权利不尽相同(见表 3-1)。

表 3-1　普通股与优先股的权利

类型 ＼ 内容	公司选举权与被选举权	收益分配权	剩余资产分配权
优先股	无	优先取得利息	优先分得剩余资产
普通股	有	按公司收益分红	视资产剩余而定

2. 按是否记载股东姓名,可分为记名股票与不记名股票

记名股票是指股票上载有股东姓名,并记入公司股东名册上的股票。记名股票若转让,需要将受让人姓名及住所记载于股票票面和公司股东名册上,否则转让无效。就是说,记名股票不得私自转让,必须通过公司办理。

不记名股票是无须记载股东姓名的股票。与记名股票相比,只是存在记载姓名与否的差别,股东权的内容并没有变化。

我国《公司法》规定,股份有限公司向公司发起人、国家授权投资的机构、法人发行的股票,应当为记名股票。对社会公众发行的股票,可以为记名股票,也可以为不记名股票。

3. 按是否有票面金额,可分为有票面金额股票和无票面金额股票

股票的票面金额,也称股票面额,是公司资本的基本单位。有票面金额股票是指股票票面上记载有每股金额的股票。大多数国家发行的股票都是有票面金额股票。

无票面金额就是在股票票面上不载明金额,只标明每股占公司资本总额的比例,其价值随公司的财产增减而增减。发行这种股票,可以由公司董事会对每股规定一个价格,称为设定价格,作为公司记账中的依据。

我国《公司法》规定,股票应为有票面金额股票。其发行价格可以按票面金额,也可以超过票面金额,但不能低于票面金额。

第三节　中国股票的类型

我国目前发行的股票与西方国家发行的股票有所不同。综观我国在国内外发行股票并上市的股份公司,其股份结构不尽相同,有的公司发行多种不同的股票,可以从不同的角度或根据不同情况来划分我国现有的股票类型。

(1)按照持股主体划分,可分为国有股、法人股、公众股(公司内部职工股和社会公众股)和外资股。例如海南高速股份有限公司有国有股、法人股、公众股;海南航空股份有限公司除了有国有股、法人股、公众股外,还有外资股;飞乐、爱使等少数公司只有流通的公众股等。

(2)按照股票上市与否划分,可分为上市股票和非上市股票。股票上市要经过有关部门批准,经批准同意安排在证券交易所挂牌上市的股票才能成为上市股票,否则为非上市股票。

(3)按照股票上市时间长短划分,可分为老股、次新股和新股。一般来说,刚刚挂牌上市交易的股票叫做新股;已经上市但未到年终分红的股票叫做次新股;已经上市很长时间的股票被称为老股。

(4)按照上市公司业绩优劣划分,可分为绩优股、绩差股和垃圾股。

(5)按照上市公司总股本(总盘子)大小划分,可分为大盘股、中盘股和小盘股。一般来说,通常把总股本在3~5亿股以上的股份公司称为大盘股,把总股本在1~3亿股之间的股份公司称为中盘股,把总股本在1亿股以下的股份公司称为小盘股。

(6)按照股票价位高低划分,可分为高价股、中价股和低价股。人们往往把同一时期股票价格较高的那些股票称为高价股(也称一线股),而把股票价格较低的那些股票称为低价股(也称三线股),处于不高不低的股票称为中价股(也称二线股)。

(7)按照股票流通与否划分,可分为流通股和非流通股。我国上市股票中的社会公众股为流通股,而其尚未允许流通的国有股、法人股称为非流通股。经过多年的努力,我国已经整体上进入股票全流通的时代。

(8)按照股票是否入选沪(深)指数股票划分,可分为成份股与非成份股。

(9)按照股份公司所在的行业划分,可分为农业类股、工业类股、科技类股、商业类股等,而工业类股还可以细分为汽车类股、机电类股、制酒类股、水泥类股等。

(10)按照股票炒作题材划分,可分为"农业概念股"、"科技概念股"、"通信概念股"、"纳米概念股"、"重组概念股"、"入世概念股"、"奥运概念股"、"指数概念股"、"世博概念股"、"游戏概念股"、"三通概念股"、"ST概念股"等等。

(11)按照股票受人关注程度划分,可分为"热门股"和"冷门股"。人们通常把某一时间交易成交活跃、交易量较大的股票称为"热门股",而把交易量极少的股票称为"冷门股"。

(12)按照公司经营所在地划分,可分为某某省、某某市的股票。比如海南股、上海股、深圳股、东北股、华南股、特区股等。

(13)按照股票挂牌交易地点划分,可分为A股、B股、H股、N股、S股。A股是指人民币普通股票,目前在上海和深圳证券交易所挂牌上市的用人民币购买的股票都属于A股。B股是指以外币购买在境内流通的特种股票(深圳证券交易所挂牌上市的B股要用港币购买,而上海证券交易所挂牌上市的 B 股要用美元购买)。H 股是指注册地在内地,上市地在香港的外资股(由于香港的英文名字首是"H",因此把这些股票称为 H 股)。同样地,把到美国纽约证券交易所挂牌上市的所有我国内地的股份有限公司称为 N 股;到新加坡挂牌上市的所有我国内地的股份有限公司称为 S 股。

(14)按照其他理由划分的还有:G 股、蓝筹股与红筹股;"白马股"与"黑马股";"牛股"与"熊股";ST 股、PT 股等。G 股是指为解决我国目前大部分股份公司股权分置问题,实行全流通改革的股票;蓝筹股是指那些在其所属行业内占有支配地位、业绩优良、成交活跃、红利丰厚的大公司股票;红筹股是指在香港上市的那些带有中国概念的股票。"白马股"一般是指已经公布年报或半年报,业绩良好的股票;"黑马股"一般是指尚未公布年报或半年报,业绩良好的股票。"牛股"是指股票价格保持长期持续上升的股票;而"熊股"是指股票价格保持长期持续下跌的股票。ST 股是指那些最近两个会计年度的净利润均为负值(即两年经营亏损)或年度审计的每股净资产低于股票面值(通常为 1 元人民币)的股票,按现行规定实行特殊处理(取自英文 special treatment 的前两个字母),在原来股票名称前面加上ST;PT 股(particular transfer,意思是特别转让)是指那些停止交易,等待退市的股票。

第四节　股票的价值和价格

股票是一种书面凭证,代表一定的股权,能给持有人(拥有者)带来经济收益,所以才有价值和价格。股票的价值和价格有多种表述方法。

一、股票的票面价值

股票的票面价值又称面值,也就是票面金额或票面面额,是指股票票面上所标明的金额。通常每股面值为 1 元。当股票发行与上市交易后,大多数股票的价格都要高于票面价值,也有极少数股票的价格低于其票面价值。

二、股票的账面价值

股票的账面价值又称股票净值或者每股股票所代表的实际资产的价值。其计算方法为:公司净资产总值减去优先股股票的总面额再除以普通股股票的总股数。一般来说,每股股票的账面价值约等于每股净资产值。

三、股票的清盘价值

股票的清算价值是指当公司破产清算时,每一股份所代表的实际价值。例如,某股份公司清算后的资产净值为五千万元,共发行一亿股的股票,那么每股清盘价值(价格)为 0.5 元。

四、股票的内在价值

股票的内在价值是指股票未来收益的现值,取决于预期股利收入和市场收益率。换句话说,就是依据股份公司的财务状况、盈利能力和股利大小及其他影响股票收益的因素,以"折现法"换算出来的股票价值。从理论上讲,股票的内在价值决定股票的市场价值。当股票的内在价值远高于市场价值,就表明该股票具有较高的投资价值,反之,当股票的内在价值远低于市场价值,就表明该股票没有投资价值,不值得投资者去买进持有。当然,股票的内在价值不是固定不变的,随着时间的推移,将来有可能会发生变化,要么增值,要么贬值,因此股票投资者就可以在股票市场上选择购买内在价值高,而目前股价相对较低的股票,以谋取更大投资收益。

五、股票的市场价格

　　股票的市场价格,也称为交易价格或转让价格,是指股票在证券市场上买卖的价格。其最大特点是不预先确定性,总处在连续变化之中,这正是股票最吸引投资人的地方。因为只有股票在市场上交易时价格的时涨时跌,时高时低,才能使投资者有可能通过适时买卖股票而获取差价收益。股票价格的上涨与下跌受股票供求关系影响。某个时期买股票的人多而且需求旺盛,同时卖股票的人少而且出售量少时,这种股票的市场价格就会往上涨,反之,即该股股价要往下跌。股票的供求关系经常受到来自许多方面因素的影响。

　　股票价格在交易市场上经常变动,发生交易时的当日,就会有开盘价、收盘价、最高价、最低价、买入价、卖出价和最新价等。

　　(1) 开盘价又称开市价(opening price),是指股票在当日开市时发生的第一笔交易的成交价格。

　　(2) 收盘价又称收市价(closing price),是指股票在当日收市前最后一笔交易的成交价格。

　　(3) 最高(低)价[highest (or lowest) price]是指股票在当日最高的(最低的)成交价格。

　　(4) 买入价(buying price)是指投资者买进某种股票的价格。

　　(5) 卖出价(selling price)是指投资者卖出某种股票的价格。

　　(6) 最新价,也称即时成交价(newly-exchange price),是指股票买卖双方最近的一笔成交价格。

　　一般来说,这些价格各有其义,各不相同,但有时巧合,也可能相同。比如某日某股票的开盘价与收盘价恰好是同一个价格;某日某股票的开盘价成为该股当天的最高价或者最低价等情况。以下是深圳证券交易所实时行情示意图:

深圳证券交易所实时行情示意图

六、股票的除权价格[①]

股票的除权价格（XR price）是指因股份公司实施分红方案，进行现金分红或送股或配股后，股价发生相应变化而成的价格。通常有如下几种情况。

1. 当某股份公司实行现金分红时

其除权价格为股权登记日收盘价减去每股分得金额。其计算方法是：除权价格＝股权登记日收盘价－每股分得金额。

例如：某股份公司股权登记日收盘价为 10 元，分红方案为 10 股派现金 2 元，那么其除权价格＝10－0.2＝9.8（元）。

2. 当某股份公司实行现金分红和送股时

其除权价格为（股权登记日收盘价减去每股分得金额）除以（1＋每股分得红股数）。计算方法是：除权价格＝（股权登记日收盘价－每股分得金额）÷（1＋每股分得红股数）。

例如：某家股份公司的分红方案为 10 股派现金 2 元，并送 2 股红股，那么其除权价格＝（10－0.2）÷（1＋0.2）＝8.17（元）。

3. 当某股份公司实行现金分红、送股和配股时

其除权价格的计算方法是：除权价格＝（股权登记日收盘价－每股分得的金额＋每股配股数×配股价）÷（1＋每股分得红股数＋每股配股数）。

例如：某家股份公司的分红方案为 10 股派现金 2 元，并送 2 股红股，再配 3 股，配股价为每股 5 元，那么其除权价格＝（10－0.2＋0.3×5）÷（1＋0.2＋0.3）＝7.53（元）。

注意：股票除权日的当日开市价会比前一日的收盘价低，就形成一个价位差，被称为除权缺口。

七、股票价格指数

股票价格指数，简称股价指数（stock prices index），是由证券交易所或金融服务机构编制的表示股票行市变动的一种供参考的指示数字，用来表示股票价格变化趋势的指标。一般来说，当股票价格指数上升，表示大多数股票价格都在上升，或表示整个股票市场上的股票价格呈上升趋势；当股票价格指数下降，表示大多数股票价格都在下降，或表示整个股票市场上的股票价格呈下降趋势。因此，股票价格指数的变动仅表明股市整体的价格变化情况，而非个股价格的波动情况。股票价格指数是一个很重要的概念，对证券市场的管理、投资活动有着重要的指导作用。

股价指数往往是从挂牌上市交易的股票市场上选择一些有代表性的股票及其市场价格，进行平均计算和动态对比后得出的数值。股价指数的计算方法有算术平均法和加权平均法两种，运用统计学中的指数方法编制而成。美国的道·琼斯股价指数（Dow Jones Indus Index）是世界上历史最为悠久的股价指数。其他有较大影响的股价指数是日本东京证券交易所的日经指数（Nikkei Index）、英国伦敦证券交易所的伦敦金融时报指数、中国香港证券交易所的恒生指数（Hang Seng Index）等。

目前我国股票价格指数已经有很多种。但常见的主要有四种：即上证 A 股综合指数

---

①　崔勇：《证券业从业资格考试模拟试题集》，企业出版社，2003.8（30）。

(Shanghai Composite Index)、深证 A 股综合指数(Shenzhen Composite Index)、上证 A 股成份指数(Shanghai A-shares Index)和深证 A 股成份指数(Shenzhen A-shares Index)。上证 A 股综合指数以 1990 年 12 月 19 日股票市场收市价为基准日,深证 A 股综合指数以 1991 年 4 月 3 日股票市场收市价为基准日,基准日指数定为 100 点;深证 A 股成份指数以 1994 年 7 月 20 日为基准日,而上证 30 种 A 股成份指数以 1996 年 1 月至 3 月的平均流通市值为指数基期〔注:到 2002 年又制定出上证 180 种 A 股成份指数(Shanghai 180 A-shares Index)和深圳 100 种 A 股成份指数(Shenzhen 100 A-shares Index),基期指数都定为 1000 点,此后再按照某时股票市场收市价计算出某个时候的股价指数〕。另外,反映在香港上市的中国 H 股企业的股价表现的指数,称红筹股指数等。

股价指数是股市动态的综合反映。其作用在于综合考察股票市场的动态变化过程,反映股票市场的价格总水平,为社会公众提供分析股票价格走势、进行股票投资活动的参考依据。

八、股票的收益和清偿

(一)股票收益的来源

投资者购买股票的主要动机就是取得收益。股票投资收益分股票升值、股息和红利三种。

股票升值是指因股票价格上升给持有人所带来的收益。引起股票价格上升的原因可能是多方面的,甚至是很复杂的。比如说股份公司经营业绩提高了,经营状况改善了,或者是愿意买进股票的投资者增多了等。

股息又称为股利,是股票持有人依据股票从股份公司分取的盈利。利润分配的标准以股票的票面资本额为依据。如果公司有优先股,必须先分配给优先股股东,由于优先股是固定股息,它不因公司的利润多少或有无而变动。剩下的利润再分给普通股股东(持有人),如果公司经营亏损,普通股股东就分不到股息。一般来说,公司每年向股东发放一次股息,有时也有年中发放的。由于上市公司的股票可以自由买卖,股票持有人或持有数量经常发生变化,因此公司在发放股息时,要按规定和程序进行,比如要公布股息日、股权登记日、除息日、股息发放日等事项,以便投资者或持有人作出投资决策或核查股息是否到账。

红利是股东得到超过股息部分的利润。股份公司每年在盈利中按股票份额的一定比例付给股票的持有人。普通股的股东可以享受红利,优先股股东一般不享受红利。只有公司经营获利时才能分派红利,公司分派红利的形式主要有现金分红和股票分红两种。

(二)股票的清偿

我国发行股票的股份公司有以下三种情况的要进行清偿:

(1)变更所有制。原有的股份有限公司转制为其他所有制公司。

(2)歇业。如公司营业期限届满、公司解散、被撤销等。

(3)破产。公司由于经营不善,严重亏损又无力挽回,达到国家规定的破产标准时,经有关部门批准宣布破产。公司破产优先拨付清算费用、职工工资和劳动保险费用,缴纳所欠税款、清偿公司债务,所剩余的金额按持有股票比例进行清偿,如果资产不抵债务,则不清偿股金,股东所承担的经济责任以对该股票投资额为限,不涉及其他个人资产的问题。

思考题

1.股份有限公司有哪些特点？

2.股票是什么？股票有哪些基本特征？

3.我国现有股票的类型有哪些？如何将它们进行分类？

4.如何理解股票的内在价值？

5.股票的市场交易价格有哪几种？

6.什么是股价指数？世界上有哪些重要的股价指数？我国又有哪些？

7.某股份公司年终分红方案为10送1派1元，并按10:3的比例配股，配股价为每股4.6元，已知其股权登记日的收盘价是5元。请计算该股的除权价格。

8.已知某年度下列各股的具体情况：深发展（0.16元/股）、深能源（0.58元/股）、琼海药（0.12元/股）、新大洲（0.01元/股）、赣江铃（0.58元/股）、宝钢股份（0.56元/股）、申能股份（0.67元/股）、唐钢股份（0.42元/股）、招商银行（0.42元/股）、粤电力（0.63元/股）、粤宏远（0.06元/股）、南方摩托（0.02元/股）、中关村（-0.12元/股）。请你从所经营的行业、所在的地区和取得的年度经营业绩三个角度对上述股票进行分类。

9.某位投资者以5元的价格买进某只股票1000股，后来以6元的价格卖出，已知卖出股票时征收0.1%的印花税和0.3%的佣金，请问该投资者须支付多少交易费用？

第四章

债券

▶▶▶▶▶

学习目标

本章介绍债券的含义、特征和偿还方式以及政府债券、金融债券、公司债券和国际债券等几种常见债券的定义、特点和种类等内容。通过学习,使学生全面了解和掌握债券的基本知识。

重点难点

1. 债券的特点及类型;
2. 债券的偿还方式;
3. 政府债券、金融债券、公司债券与国际债券的定义和特点。

学习内容

第一节　债券概述

一、债券的定义

债券(bond)是发行人依据法定程序发行的,约定在一定期限还本付息的有价证券,它反映的是债权债务关系。持有者不能参与企业的经营管理,但有权按约定的条件向债券发行人取得利息和到期收回本金。它是政府、金融机构、工商企业为筹措资金直接向社会公众发行的,按一定利率支付利息并按约定条件偿还本金的债权债务凭证。债券是证券市场上最活跃、最重要的长期融资工具和金融资产之一,债券市场是证券市场的重要组成部分。我国的债券市场经过多年的发展,在社会主义市场经济的建设中发挥越来越重要的作用。

债券必须具备以下几个基本条件。

1. 债券的票面价值

债券要注明面值,债券面值包括面值币种和票面金额大小。面值币种即债券以何种货币作为其计量单位,币种的选择取决于债券发行者的需要、债券发行的地点和债券的种类。一般来说,在国内发行的债券的面值币种是本国货币,在国外发行的债券的面值币种是国际流通货币或所在国货币。债券发行者可以根据货币市场情况和自己的需要选择最合适的币种。债券票面金额大小相差很大,小面值债券可以是几十元,大面值的债券可以达到10 万元、100 万元。不同的票面金额对债券的发行成本、发行数额和债券购买者都会产生不同的影响。票面金额较小的债券可能会吸引小额投资者的购买,但可能会增加发行费用,加大发行的工作量;票面金额较大的债券则更多地被大额投资者购买,可以降低发行费用,减轻发行的工作量,但可能会减少债券的发行量。

2. 债务人与债权人

债券作为一种债权债务凭证,涉及债务人与债权人两个当事人。它具有偿还性、安全性、流通性和收益性等特征。债务人为筹措所需的资金,按法定程序发行债券,取得一定时期资金的使用权及由此带来的利益,同时又承担着举债的风险和义务,按期还本付息。债权人定期转让资金的使用权,依据法律和合同规定,有取得利息和到期收回本金的权利。

3. 债券的价格

债券是一种可以买卖的有价证券,它有发行价格和交易价格。债券的价格是由面值、收益和供求关系决定的。从理论上讲,债券的面值就应该是它的价格,但在现实经济生活中,市场利率水平及债券市场供求关系的变化,常常导致债券市场波动,债券的市场价格和票面价值常常是背离的。不管债券的市场价格如何变化,债券的面值是固定的,债务人还本付息时是根据债券的面值计算,而不是它的市场价格。

4. 债券的偿还期限

根据发行时的约定,债券期满后按期归还债权人本息。从债券发行之日起到偿还本息之日止的时间就是债券的偿还期限。债券的偿还期限有长有短,短期债券一般在一年以内,中期债券一般为 3～5 年,长期债券可达十年甚至几十年。债券偿还期限的长短主要取决于未来市场利率的变化趋势和债务人对资金需要的时限等因素。

5. 债券利率

债券是按照规定的利率定期支付利息的,债券利息与票面价值的比率就是债券利率。影响利率变化的因素主要有银行利率水平、债券的偿还期限、发行者的资信状况以及资金市场状况等。利率有固定利率和浮动利率之分。浮动利率的债券是指在还本期限内,定期对其利率进行调整。

二、债券的特征

债券作为一种重要的融资手段和金融工具,具有证券的一般特征,同时又有自身的特点。

1. 收益性

债券的收益性主要表现在两个方面:一是投资债券可以给投资者定期或不定期地带来稳定的利息收入。二是投资者可以在证券市场上利用债券价格的变动进行买卖,赚取差额。债券的价格是随着市场利率的变动而变化的,当市场利率下降时,债券价格就会上涨;当市场利率上升时,债券价格就会下跌。投资者可以通过市场利率的预期,根据债券市场的行情,在价格较高时卖出手中债券,价格较低时则买进债券,就会得到比一直持有到期更高的收益。

2. 偿还性

债券的偿还性是指债券有规定的偿还期限,发行人必须按期向债券投资者支付利息和偿还本金。换句话说,债务人必须按期向债权人支付利息和偿还本金。

3. 流通性

债券具有及时转换为货币的能力,它可以在证券(债券)交易市场上转让。债券有规定的偿还期限,到期才能全部获得本金和利息。但投资者急需现金时,可随时到证券(债券)交易市场上将债券卖出,也可将债券作抵押,从金融机构获得抵押贷款。

4. 安全性

债券的安全性是指债券投资者的收益相对固定,不随发行人经营收益的变动而变动,并且可按期收回本金。债券与其他证券相比,投资风险相对较小,收益较为稳定。为保护投资者利益,各国对债券发行都有一定的限制。债券发行者都要经过有关部门的严格审查,一般只有信誉较高的筹资者才能获准发行债券,债券本金的偿还和利息的支付有法律保障。由于债券通常有固定利率,债券的收益既不受发行者经营和收益情况的影响,也不受市场利率变动的影响,并且债券持有人在企业破产时还具有优先清偿权。

三、债券与股票的比较

债券与股票都是有价证券的主要品种。两者既有相同点,又有不同点。

债券与股票的相同点有:债券与股票都是有价证券,都具有有价证券的诸多特征。它们都是虚拟资本,本身无真实的价值,但都是真实资本的证书,凭此证书可获取一定量的收入,并能进行权利的发生、行使和转让活动。两者都是发行者募集资金的手段,通过发行债券或股票,发行者可以筹集到大量生产、经营或建设资金。它们同处于证券市场这个统一体中,都在证券市场上发行和交易,投资者既要获取投资收益,也要承担投资风险。

债券与股票有以下几个不同点。

1. 发行主体不同

作为筹资手段,无论是国家、地方公共团体还是企业,都可以发行债券,而股票则只能是股份制企业才可以发行。

2. 收益稳定性不同

从收益方面看,债券在购买之前,利率已定,到期就可以获得固定利息,而不管发行债券的公司经营获利与否。股票一般在购买之前不定股息率,股息收入随股份公司的盈利情况变动而变动,盈利多就多得,盈利少就少得,无盈利则不得。

3. 保本能力不同

从本金方面看,债券到期可回收本金,也就是说连本带利都能得到,如同放债一样。股票则无到期之说。股票本金一旦交给公司,就不能再收回,只要公司存在,就永远归公司支配。公司一旦破产,还要看公司剩余资产清盘状况,那时甚至连本金都会蚀尽,小股东特别有此可能。

4. 经济利益关系不同

上述本利情况表明,债券和股票实质上是两种性质不同的有价证券。两者反映着不同的经济利益关系。债券所表示的只是对公司的一种债权,而股票所表示的则是对公司的所有权。权属关系不同,就决定了债券持有者无权过问公司的经营管理,而股票持有者则有权直接或间接地参与公司的经营管理。

5.风险性不同

债券只是一般的投资对象,其交易转让的周转率比股票低。股票不仅是投资对象,更是金融市场上的主要投资对象,其交易转让的周转率高,市场价格变动幅度大,可以暴涨暴跌,安全性低,风险大,但却又能获得很高的预期收入,因而能够吸引不少人参与到股票交易中来。

另外,在公司交纳所得税时,公司债券的利息已作为费用从收益中减除,在所得税前列支。而公司股票的股息属于净收益的分配,不属于费用,在所得税后列支。这一点对公司的筹资决策影响较大,在决定要发行股票或发行债券时,常以此作为选择的决定性因素。

第二节　债券类型及偿还方式

一、债券的类型

(一)按发行主体不同,可分为政府债券、金融债券和公司债券

政府债券是指由中央政府、地方政府或政府有关机构所发行的债券,以国家名义由中央政府发行的债券称国家债券或国债,将在下一节作进一步介绍。

金融债券是指由银行及非银行金融机构依照法定程序发行,并约定在一定期限内还本付息的有价证券。只有资金雄厚、资信度较高的金融机构才能获准发行金融债券。金融债券的利率通常要高于政府债券和银行存款利率。

公司债券是指股份公司依照法定程序向公众发行的,约定在一定期限内还本付息的债券。在我国,公司债券泛指企业债券。公司发行债券,通常是为筹措长期资金。公司债券的期限一般都较长,而且是一次到期还本,分期付息。由于公司债券的还款来源是公司的经营利润,任何一家公司的未来经营都存在很大的不确定性,因此,与政府债券和金融债券相比,公司债券的风险相对较大,或者说安全性相对较低,其利率相对较高。

(二)按计息方式不同,可分为单利债券、复利债券、贴现债券和累进利率债券

(1)单利债券是指在债券期限内,无论经历多少个计息周期,后一计息周期仅对本金计息,而不对前期利息计息的债券。其计算方法为:

本利和＝本金×(1＋利率×计息周期)

(2)复利债券是指在债券期限内,后一周期的本金是前一周期的本利和。即后一计息周期对原本金计息外,还要对前一计息周期的利息进行计息的债券。其计算方法为:

本利和＝本金×(1＋利率)^{计息周期数}

(3)贴现债券,又称贴息债券。这种债券在发行时不规定利息率,券面上附有息票,发行人按规定的折扣率,以低于债券面值的价格出售债券。当债券到期时,发行人按债券面值金额偿还本金。发行价格与债券面值之间的差价即为利息。它实际上是一种以先付利息的方式发行的债券,因此称为贴息债券。

(4)累进利率债券是指按投资者持有同一债券期限长短计息的债券,债券期限越长,其利率就越高;反之,则利率越低。

(三)按债券形态不同,可分为实物债券、凭证式债券和记账式债券

(1)实物债券是指以货币表示债券票面价值,并按事先商定的商品折价,用实物偿还。

（2）凭证式债券是一种负债凭证或借款证书，是指债务人对其借款承担还本付息义务的凭证，同时也是债权人有权按约定条件定期取回利息和到期收回本金的债权凭证。

（3）记账式债券是指债券的无纸化或称为非实物化，它以记账形式记录债权，通过证券交易所的电子计算机网络记账、登记，并和交易的结算、清算结合起来。记账式债券采取无纸化发行和交易，可以提高发行效率，降低发行成本。

（四）其他债券种类

此外，债券还可按偿还期限不同分为短期债券、中期债券和长期债券；按利率浮动与否分为固定利率债券和浮动利率债券；按记名与否分为记名债券和不记名债券；按发行地点不同分为国内债券和国际债券等。

二、债券的偿还方式

发行债券时，通常有明确规定的偿还方式。债券的偿还方式主要有如下几种。

1. 到期偿还

到期偿还是指按债券发行时既定的偿还期限，到债券期满时，将应偿还的金额一次性全部偿还完毕。

2. 期中偿还

期中偿还又称提前偿还，它是指在债券到期之前，债务人就采取在交易市场上购回债券或直接向债券持有人支付本金的方式，开始分次偿还发行额，到债券期满时全部偿还完毕。期中偿还方式也可分为部分偿还和全额偿还。部分偿还是指在债券到期之前偿还部分本金，而全额偿还是指在债券到期之前全部偿还本金。采用提前偿还方式主要有两方面的原因：一是债券发行后，出现资金过剩现象时，用这种方式可以避免不必要的利息负担；二是债券发行后，市场利率下降，发行债券时所确定的利率显得过高了，于是提前偿还全部债券，以发行低利率债券来降低筹资成本。采用提前偿还方式可能会损害投资者利益，所以很少采用。要采用全额偿还，发行者必须事先在发行债券的说明书上注明。

3. 展期偿还

展期偿还又称延期偿还，它是指发行人在发行债券时规定，投资者有权延长债券期限，在债券期满后继续按原利率持有债券，直至一个指定日期或几个指定日期中的一个日期，将债券返售给发行者。当市场利率低于债券利率时，这种偿还方式对投资者较为有利。

4. 定时偿还

定时偿还是指债券发行后，待规定的宽限期满后，按一定时间和一定比例实行分次偿还，债券期满时全部偿还。定时偿还分为抽签偿还和买入注销两种方式。抽签偿还又称强制性偿还，是指在实行定时偿还的情况下，发行者采用抽签的方法决定哪一部分什么时候偿还。买入注销是指发行者将所发行的债券按其与债券持有者双方商定的价格从交易市场或债券持有者手中购回予以注销。

5. 随时偿还

随时偿还又称任意偿还，是指债券发行后放置一段时间，待规定的宽限期满后，发行者可以自由决定偿还时间，任意偿还债券的一部分或者全部。

第三节　政府债券

一、政府债券的定义和特点

(一)政府债券的定义

政府债券是指政府及政府有关机构为筹集资金而发行的,并承诺按规定年限支付利息和到期偿还本金的债券债务凭证。按照发行主体不同,政府债券可分为中央政府债券(也称国家债券)和地方政府债券;而按照资金来源不同,政府债券可分为国内政府债券(也称内债)和国际政府债券(也称外债)。

(二)政府债券的特点

1.安全性高

由于政府债券是政府所发行的,而政府,尤其是中央政府的信用程度是很高的,以政府的信用为担保的政府债券具有很强的偿付能力,一般被认为是风险最小的有价证券。

债券的安全性很高,但有时也会有风险。总的来看,政府债券(国债)风险最小,金融债券次之,公司(企业)债券大一些。相对而言,同期发行的债券的利率往往以政府债券(国债)最低,金融债券次之,公司(企业)债券要高一些。在证券市场上买卖债券,假如操作不当,或者判断不准时,也可能有投资亏损的风险。此外,假如国内发生较大通货膨胀,造成本国货币较大贬值,或者银行存款利率大幅提高,甚至超过债券的利率水平,就会降低债券的投资收益。

2.流通性好

由于政府债券信用高,安全性高,风险小,价格稳定,对投资者的吸引力很强,在证券市场上买卖转让时的流通性非常好。政府债券的持有者可以随时出售以换取现金。

3.收益稳定

政府债券安全可靠,经济波动对政府债券的价格影响不大。政府债券的利率一般稍高于同期银行储蓄存款利率,使持有者得到比较稳定的收益。

4.免税待遇

大多国家都有规定,购买政府债券所得到的利息收入享受优惠的税收待遇,甚至免征所得税。

二、国家债券

国家债券简称国债,是指中央政府为筹集财政资金而发行的一种政府债券,是中央政府向投资者出具的,承诺在一定时期支付利息和到期偿还本金的债权债务凭证。中央政府发行国债的目的主要是为弥补国家财政赤字,为一些耗资巨大的建设项目或某些特殊的经济政策而筹措资金。

从债券形式上看,我国发行的国债可以分为记账式国债、无记名国债、凭证式国债和特种国债等。

1.记账式国债

记账式国债又称无纸化国债,以记账的形式记录债权,通过证券交易所的交易系统发行和交易,可以记名、挂失。投资记账式债券买卖,必须在证券交易所设立账户。由于记账式国债的发行和交易均为无纸化,所以效率高、成本低、交易安全。

2. 无记名国债

无记名国债又称有纸化国债、实物债券,以实物券的形式记录债权,面值不等,不记名、不挂失,可上市流通。在发行期内,投资者直接在销售国债的机构柜台购买。在证券交易所设立账户的投资者,可委托证券公司通过交易系统申购。发行期结束后,实物券持有者可在柜台卖出,也可将实物券交证券交易所托管,再通过交易系统卖出。

3. 凭证式国债

凭证式国债是一种国家储备债券,可以记名,可以挂失,以“凭证式国债收款凭证”记录债权,不能上市流通,从购买之日起计息。在持有期内,持券人如有特殊情况需要提取现金,可以到购买网点提前兑取。提前兑取时,除偿还本金外,利息按实际持有天数及相应的利率档次计算,经办机构按兑付本金的 0.2%收取手续费.

4. 特种国债

特种国债是一种为特定的筹资目的向指定范围的投资者发行的国债,不可在市场上流通,但持证人可以按规定领取到期的本金和利息。

三、我国的国债

我国首次发行的国债是 1894 年清政府为支付甲午战争军费的需要,由户部向富商巨贾发行的,当时称作“息借商款”,发行总额为白银 1100 多万两。甲午战争后,清政府为了交付赔款,又发行了政府债券,总额为白银 1 亿两(当时称作“昭信股票”)。此后,中国历届政府为维持财政平衡,都发行了大量政府债券。

新中国成立后,我国政府曾于 1950 年 1 月发行了人民胜利折实政府债券,约合人民币 2.6 亿元,已于 1956 年 11 月 30 日全部还清本息。后来,又在 1954 年—1958 年多次发行了建设政府债券,共 39.35 亿元。此后 20 年里,我国未再发行任何债券。

从 1981 年起,我国政府又发行了多种形式的国债,如国库券、建设债券、特种债券、保值政府债券等。1984 年公司(企业)债券也开始发行,从此我国债券市场规模迅速扩大,品种多样化,监管法制化,日益走向成熟和壮大。我国的债券市场为弥补国家财政支出困难,支援国家经济建设发挥了重大作用。

第四节　国际债券

一、国际债券的定义与特点

国际债券是指一国政府、金融市场、工商企业在国外金融市场上发行的,以外国货币为面值的债券。发行国际债券的主要目的在于:平衡发行国的国际收支、弥补发行国国内的预算赤字、为发行国大型项目或大型工商企业筹措资金等。与国内债券相比,国际债券有以下一些特点。

1. 资金来源较广泛

国际债券是在国外金融市场上发行的,其重要特征是发行者和投资者属于不同的国家,面对众多的国外投资者,筹集的资金市场广阔。

2. 期限较长、数额较大

与国际贷款方式相比,国际债券融资方式的期限更长、数额更大。而且,利用国际债券筹资没有附加条件,所筹集资金的用途也没有限制。

3. 安全性较高

在国际债券市场上融资,通常是以一国政府的普通责任能力或"付款承诺"为保证,使得国际债券的安全性较高,易于吸引中长期的资金。

二、国际债券的种类

按发行债券所用货币与发行地点的不同,国际债券可分为外国债券和欧洲债券。

1. 外国债券

它是一国政府、金融机构、工商企业在另一国债券市场上发行的,以当地国货币计值的债券。如美国的扬基(YANKEE)债券,日本的武士债券、龙债券等。

2. 欧洲债券

欧洲债券也叫境外债券、欧洲货币债券,是指一国政府、金融机构、工商企业在国外债券市场上以第三国货币为面值发行的债券。比如德国一家机构在英国债券市场上发行以美元为面值的债券就是欧洲债券。

我国是从1982年开始发行国际债券的。1982年1月,中国国际信托投资公司以私募方式在日本东京发行了100亿日元的武士债券。1984年11月,中国银行以公募方式在日本东京发行了10年期200亿日元的武士债券。这两次发行标志着我国金融机构开始进入国际债券市场。此后,我国各商业银行、信托投资公司以及财政部等相继进入国际债券市场。在日本、新加坡、英国、德国、瑞士和美国等国发行外国债券和欧洲债券。

思考题

1. 债券应具备哪些条件?

2. 债券有哪些特征?

3. 债券与股票有什么不同?

4. 债券类型以及偿还方式是怎样的?

5. 什么是国债?它有哪些特点?

6. 政府债券、金融债券与公司债券有什么不同?

第五章

证券投资基金 ▷ ▷ ▷ ▷

📖 学习目标

   本章介绍证券投资基金的含义、特点、作用、类型及其投资机构，并简要介绍证券投资基金的收益与风险问题等内容。通过学习，使学生全面了解和掌握投资基金的基本知识。

📖 重点难点

   1.证券投资基金的特点及作用；
   2.证券投资基金的类型；
   3.证券投资基金的收益与风险。

📖 学习内容

第一节　证券投资基金概述

一、证券投资基金的含义

   证券投资基金（investment fund）（以下简称基金）是指公开发售基金份额募集资金，由基金托管人托管，由基金管理人管理和运用资金，为基金份额持有人的利益，以资产组合方式进行证券投资的一种利益共享、风险共担的集合证券投资方式。它是通过发行基金单位，集中投资者的资金，由基金托管人托管，由基金管理人管理和运用资金，从事股票、债券等金融工具投资，并将投资收益按基金投资者的投资比例进行分配的一种间接投资方式。但是，如果投资基金经营不善，导致投资失败，就会减少投资基金的总收益，则投资者可能会收不到投资收益，甚至可能收不回本金。总之，投资基金可以使中小投资者分散或降低投资风险，提高投资效益，同时也有利于证券市场的稳定。

二、证券投资基金的特点

   证券投资基金与其他投资方式相比，具有许多自身独特的优势，其特点主要包括以下几点。

1.集合投资

集合投资,即不特定的社会投资者为了共同的投资目标和利益,自愿按照一定组织形式(公司型或契约型)将各自分散的小额资金组成具有相当规模的集合式的共同基金,以取得在各自分散条件下难以达到的规模经济效应。由于中小投资者个人投资的资金量往往很少,在证券市场运作中力量微小,而集合成基金后资金量变大,实力大增,对证券市场的影响力不可低估。

2.专业理财

投资基金委托精通投资业务的代理投资管理和运营的机构来进行基金的运作,这些机构及其专业人士专门研究和分析国内外的经济形势和证券市场的动态,并能够及时获得各种有关政策、行业发展状况、上市公司的经营情况和其他有关的各种市场信息,并通过发达的通讯网络,与证券交易市场、券商保持密切的联系。他们凭借这种特有的专业知识背景和信息优势,科学高效地运作基金,最终实现最佳的投资收益并给投资者更多回报。

3.分散风险

在投资基金的制度下,最终的投资风险是由投资者共同来承担的。除了不可抗拒的情况以外,投资者在基金中承担的风险要比个体投资承担的风险小得多。

三、证券投资基金与股票、债券、信托的比较

(一) 证券投资基金与股票、债券的联系与区别

证券投资基金(证券)作为一种有价证券,虽然它自身没有价值,但由于它代表着其持有人的资产所有权、收益分配权以及剩余资产分配权等权益,因此能够在市场上进行交易,并在交易过程中形成自己的价格。基金(证券)作为有价证券,有着股票、债券的共同特征。另外,投资者不论购买基金、股票或者债券等有价证券,其目的无非是为了获得更大的经济利益,对投资者而言,它们都是资本市场上的投资工具。证券投资基金又与股票、债券有着明显的区别,主要体现在以下几个方面。

1.反映的经济关系不同

股票反映的是所有权关系,债券反映的是债权债务关系,而基金反映的则是信托关系,但公司型基金除外。

2.所筹集资金的投向不同

股票和债券是直接投资工具,它们所筹集的资金主要投向实业;而证券投资基金是间接投资工具,所筹集的资金主要投向股票、债券或其他有价证券的金融工具。

3.风险水平不同

股票的直接收益取决于发行公司的经济效益,不确定性强,投资于股票有较大风险。债券的直接收益取决于债券利率,而债券利率一般是事先确定的,投资风险较小。基金主要投资于有价证券,投资选择灵活多样,从而使基金的收益有可能高于债券,投资风险又可能小于股票。因此,基金能满足那些不能或不宜直接参与股票、债券投资的个人或机构。

4.投资回收方式不同

债券投资是有一定期限的,期满后收回本金。股票投资是无限期的,除非公司破产、进入清算,投资者不得从公司收回投资,如要收回,只能在证券交易市场上按市场价格变现。投资基金则要视所持有的基金形态不同而有区别:封闭型基金有一定的期限,期满后投资

者可按所持有的份额分得相应的剩余资产,封闭期内还可以在交易市场上变现;开放型基金一般没有期限,但投资者可随时向基金管理人要求赎回。

虽然这几种投资工具有以上的不同,但彼此间也存在不少联系:基金、股票、债券都是有价证券,对它们的投资均为证券投资。基金份额的划分类似于股票:股票是按"股"划分,计算其总资产;基金资产则划分为若干个"基金单位",投资者按所持有基金单位的份额分享基金的增值收益,契约型封闭基金与债券情况相似,在契约期满后一次收回投资。另外,股票、债券是证券投资基金的投资对象,在国外有专门以股票、债券为投资对象的股票基金和债券基金。

(二)投资基金与信托的联系与区别

从投资基金的本质而言,它与信托有相似之处,两者都是从事委托代理投资业务,投资者都不直接干预基金的管理,只分享投资的收益。然而投资基金与信托又有较明显的差异,主要体现在以下几点。

1. 委托代理主体不同

个人信托的委托业务完全体现着投资者个人的意志,即按照投资者的指令买卖证券。而基金可以说是一种集中信托,受托人按照基金章程规定的投资限制,自主地经营和管理该基金。

2. 业务范围不同

信托投资业务范围很广,包括信托投资业务、信托租赁业务、证券业务、咨询业务、代理业务、资产管理业务及财务核算等。而投资基金则是单一的金融投资业务。

3. 流动性和分割方式不同

单一主体的信托主要是服务于大额投资人的,其资产一般都是不易分割和流动的。而投资基金可以服务于各类中小投资者,并且投资基金是以证券方式分割成标准单位的,经规模发行并可上市交易的,具有较好的流通性。

4. 经济关系构成不同

信托关系主要是由委托人、受托人和收益人三者的关系组成。投资基金则是由发起人、管理人、委托人、投资者四者的关系组成,且社会影响大,涉及参与投资基金的每个人的利益。

(三)证券投资基金与一般意义上的基金的区别

证券投资基金与人们平时所说的一般意义上的基金有很大不同,主要体现在以下两点。

1. 从资金来源看

一般意义上的基金是通过集资方式或政府拨款方式形成的具有专门用途的资金,如福利基金、发展基金、救助基金、教育基金等。证券投资基金是通过投资者认购基金(证券)来筹集资金的。

2. 从投资方式看

一般意义上的基金通常有专门的业务,而不以投资获利为主要目的,强调资金使用的安全性。因而它们的投资方式主要是存放在银行获得有限的利息,再就是购买政府债券和一些信用评级高的债券。与此相反,证券投资基金的目标是要通过投资赚取收益,其投资风险随投资基金盈利目标不同而有所不同。所以它的投资方式是多种多样的,既可以投资于股票和债券，又可以投资商业票据、大额可转让定期存单等货币市场工具和金融期货、期权等衍生品种。

四、证券投资基金的作用

证券投资基金作为一种集合投资、专业理财、组合投资、分散风险的投资方式，对促进社会经济的发展起着重要的作用。

1. 拓宽中小投资者的投资渠道

由于中小投资者的资金量较少，投资知识与经验不足，投资信息缺乏，证券投资基金是专门为中小投资者设计的一种新型的投资工具，从而拓宽了广大中小投资者的投资渠道。

2. 促进证券市场的稳定和发展

证券投资基金作为专业性的机构投资者，由具有丰富投资经验的专业人士进行操作，投资行为比较理性和成熟，通过各种信息的分析对未来的价格走势进行比较准确的判断，并以此作出投资决策，可以减少证券市场的非理性波动，从而可以起到稳定市场的作用。

五、证券投资基金机构

不论是契约型基金还是公司型基金，都是一个由基金发起人、基金管理人和基金托管人三者组成的有机整体。

1. 基金发起人

基金发起人是指发起设立基金的机构，它在基金的设立过程中起着重要作用。基金发起人大多数是有实力的金融机构，比如证券公司、信托投资公司、基金管理公司。基金发起人必须符合《投资基金管理暂行办法》所规定的条件，并按照有关规定履行其相应职责。

2. 基金管理人

基金管理人是指凭借专门的知识与经验，运用所管理基金的资产，根据法律法规及基金章程或基金契约的规定，按照科学的投资组合原理进行投资决策，谋求所管理的基金的资产不断增值，并使基金持有人获得尽可能多收益的机构。

基金管理人是基金资产的具体操作人，其投资管理的水平直接决定着基金资产收益的高低。为切实保护投资者的利益，各个国家都对基金管理人作出了严格的规定。一般来说，组建基金管理公司要依据本国或地区的有关证券投资信托法规，经政府有关主管部门审批核准后，方可取得基金管理人的资格。

3. 基金托管人

基金托管人是基金运作中的另一个重要机构，不论是契约型基金还是公司型基金，都要有相应的基金托管人。基金托管人也称基金保管人或公司，是专门负责保管基金资产的金融机构。基金托管人必须按照基金管理人的指令行事，而基金管理人的投资也要通过基金托管人来完成。所以基金管理人与基金托管人相互合作又相互监督，从而充分保障投资者的权益。

六、投资基金的产生与发展

投资基金已经有100多年的历史，它起源于英国，发展于美国，进而在世界各地流行和壮大。1868年英国成立的"外国及殖民地政府信托基金"被公认为世界基金业诞生的标志。

1924 年 3 月在美国波士顿成立的"马塞诸塞投资信托基金"成为开放式基金的始祖。20 世纪 70 年代后,美国的投资基金以爆发性的速度增长,各种各样的基金品种不断被开发出来,投资基金渗透到金融的各个领域,对金融市场、投资市场的繁荣与发展起到了推动作用。进入 20 世纪 90 年代,世界经济一体化的迅速发展,使得投资全球化的概念主导了美国投资基金的发展,同时克林顿执政时代,美国国内经济的持续增长使得股市空前高涨,股票基金也得以迅速膨胀。投资基金成为美国投资市场不可忽视的力量,美国也成为基金业最发达的国家。

我国投资基金是以"中国"为投资概念的海外基金开始的,1987 年中国银行和中国国际信托投资公司首次在海外开展基金投资业务,标志着中国投资基金的诞生。进入 20 世纪 90 年代,国内基金市场和海外中国基金市场都有迅速发展。从 1992 年开始,投资基金的发展进入一个新的阶段,1992 年 11 月,经中国人民银行总行批准设立的"淄博乡镇企业投资基金"成为我国第一家规范化的国内基金,它同时也是大陆第一只公司型的投资基金,其整套运作均按国际惯例来进行。1998 年 3 月开始,第一批获准发行的投资基金开元、金泰、兴华、安信、裕阳陆续上市运作。在新的大型投资基金发行上市的同时,也对老基金进行改造。截止 2000 年 10 月底,我国已成立了 31 家封闭式契约型投资基金。随后,开放式投资基金也开始逐步在国内发行运作。这些投资基金的设立对促进我国证券市场的健康发展起到了积极的推动作用。

第二节 证券投资基金的分类

一、投资基金类型的划分

(一)按基金的组织形式不同,可分为契约型基金和公司型基金

1.契约型基金

契约型基金又称为单位信托基金,是指将投资者、管理人、托管人三者作为信托关系的当事人,通过签订基金契约的形式发行受益凭证而设立的一种基金。契约型基金起源于英国,后来在中国香港、新加坡、印度尼西亚等国家和地区十分流行。契约型基金是基于信托原理而组织起来的代理投资方式,没有基金章程,也没有公司董事会,而是通过基金契约来规范三方当事人的行为。基金管理人负责基金的管理和操作,基金托管人作为基金资产的名义持有人,负责基金资产的保管和处置,对基金管理人的运作实行监督。

2.公司型基金

公司型基金以发行股份的方式募集资金,投资者购买基金公司的股份后,以基金持有人的身份成为基金公司的股东,凭其持有的股份依法享有投资收益。公司型基金在组织形式上与股份有限公司类似,由股东选举董事会,由董事会选聘基金管理公司,由基金管理公司负责管理基金的投资业务。

(二)按基金运作方式不同,分为封闭式基金和开放式基金

1.封闭式基金

封闭式基金是指基金规模在发行前就已确定,在初次发行达到了预定的计划后,基金即宣告成立并进行封闭,在一定时期内不再追加发行新的基金份数(单位),即在发行完毕后和规定的期限内基金规模固定不变的投资基金。这类基金的基金份数(单位)在证券交易所上市,其价格随市场价格波动。投资者购买后,不能要求基金管理人退款,若想变成现金,只能到证券交易所去转让。

2.开放式基金

开放式基金是相对封闭式基金而言的,是指基金管理公司在设立基金时发行的基金份额(单位)总量不固定,基金总量亦不封顶,可视经营策略和实际需要连续发行的基金类型。投资者可随时购买基金单位,也可将持有的基金单位卖给基金管理公司。基金的买卖价格是按基金的净资产值计算的。

封闭式基金与开放式基金有以下主要区别:

(1)期限不同。封闭式基金有固定的存续期,通常为5年以上,一般为10年或15年,经受益人通过并经主管机关同意,还可以适当延长期限。开放式基金没有固定期限,投资者可随时向基金管理人赎回。

(2)发行规模不同。封闭式基金有固定的发行规模,而开放式基金没有发行规模的限制。投资者可随时提出申购或赎回,基金规模随之增加或减少。

(3)基金份额交易方式不同。封闭式基金的基金份额在封闭期限内不能赎回,持有人只能在证券交易所出售给第三者,交易在基金投资者之间完成。开放式基金的投资者则可以在首次发行结束一段时间后,随时向基金管理人或其代理人提出申购或赎回申请,绝大多数开放式基金不上市交易,交易在投资者与基金管理人或代理人之间进行。

(4)基金份额的交易价格计算标准不同。封闭式基金与开放式基金的基金份额除了首次发行价都是按面值加一定百分比的购买费计算外,以后的交易计价方式有所不同。封闭式基金的买卖价格受市场供求关系的影响,常出现溢价或折价现象,并不必然反映单位份额的净资产值。开放式基金的交易价格则取决于每一基金份额净资产值的大小,其申购价一般是基金份额净资产值加一定的购买费,赎回价是基金份额净资产值减去一定的赎回费,不直接受市场供求关系的影响。

(5)基金份额资产净值公布的时间不同。封闭式基金一般每周或更长时间公布一次,开放式基金一般在每个交易日连续公布。

(6)交易费用不同。投资者在买卖封闭式基金时,在基金价格之外支付手续费;投资者在买卖开放式基金时,则要支付申购费和赎回费。

(7)投资策略不同。封闭式基金在封闭期内基金规模不会减少,因此可以进行长期投资,基金资产的投资组合能有效地在预定计划内进行。开放式基金因基金份额可随时赎回,为应付投资者随时赎回兑现,所募集的资金不能全部用来投资,更不能把全部资金用于长期投资,必须保持基金资产的流动性,在投资组合上须保留一部分现金和高流动性的金融工具。

(三)按投资目标不同,可分为成长型基金(也叫增长型基金)、收入型基金和平衡型基金

1.成长型基金

成长型基金又称为长期成长基金,成长型基金追求的是基金资产的长期增值。为了达到这一目标,基金管理人通常将基金资产投资于信誉度较高、有长期成长前景或长期盈余的所谓成长公司的股票。成长型基金又可分为稳健成长型基金和积极成长型基金。

2.收入型基金

收入型基金的主要目标是获得最大的当期收益,而未来的成长性则是其次。该基金投资于各种可带来收益的有价证券。收入型基金可以分为两个类型,即固定收入型基金和股票收入型基金。固定收入型基金主要投资于债券和优先股股票,该种基金的收益率较高但长期成长的潜力较小,利率波动时基金资产净值也较易受影响;股票收入型基金的成长潜力较大但比较容易受股市波动的影响。

3.平衡型基金

平衡型基金的目标是既追求资金的长期增长又收取当期的收益。平衡型基金将资产分别投资于两种不同特性的证券上,并在以取得收入为目的的债券及优先股和以资本增值为目的的普通股之间进行平衡。在实践中,平衡型基金的资产的分配大约是 25%～50% 的资产投资于债券和优先股,其余的投资于普通股,这样可以更好地确保基金资产的安全性。因此它的最大优点就是具有双重投资目标,投资风险小。这类基金追求的是基金净值的稳定、可观的收入及适度的成长。由于平衡型基金的收益介于成长型基金和收入型基金之间,风险较低,适合资金不多的投资者。以保守的投资而言平衡型基金的表现并不算差,而其成长率有时比成长型基金还要好。

此外,投资基金还可以根据投资标的不同,可以分为股票基金、债券基金、货币基金、期货基金、指数基金等;根据投资货币种类不同,可分为人民币基金、美元基金、日元基金和欧元基金等;根据投资基金发行的地点不同可划分为国内基金和国际基金等。

二、对冲基金

对冲基金起源于美国,其操作的手法是利用期货、期权等金融衍生品种以及对相应的不同股票进行实买空卖、风险对冲的操作技巧,在一定程度上可规避和化解证券投资风险。

在一个最基本的对冲交易中,基金管理者在购入一种股票的同时,也买入一个该种股票的一定价位和时效的看跌期权。当股票的市场价格下跌并将跌破该看跌期权的指定价位时,基金管理者可以在指定价位将股票卖出,从而使其股票的风险得以规避。在另一类对冲交易中基金管理者首先选定某类行情看涨的行业,买进该行业中看涨的几只优质股,同时以一定比例卖出该行业中较差的几只劣质股。如此组合的结果是,如该行业预期表现良好,则优质股涨幅必将超过劣质股,则可以以优质股的盈利来冲抵劣质股的亏损;反之,若该行业预期表现较差,则优质股跌幅必小于劣质股,此时卖空的劣质股的获利将高于优质股的亏损。这是早期对冲基金盈亏平衡的操作手法,可以说是一种基于避险的保守投资策略的基金管理模式。经过几十年的演变,对冲基金已不再是一种避险方式,而是成为一种新的投资模式,即基于最新的投资理论和复杂的金融市场操作技巧,充分利用各种金融衍生品种的杠杆效用,承担高风险、追求高效益的投资模式。

第三节　投资基金的收益与风险

一、投资基金的收益

基金收益是指基金资产在运作过程中所产生的超过自身价值的部分。具体而言,基金收益包括基金投资所得红利、股息、债券利息、资本利得、存款利息和其他收入等。

1.红利与股息

红利是指基金因购买公司股票而享有对公司净利润的分配所得。投资基金会或多或少地投资于股票,以期望取得较高的收益。公司对股东发放的红利包括现金红利和股票红利。上市公司通常会根据公司的经营情况,定期对其股东发放红利。基金持有上市公司的股票,也享有获得红利的权利,当然它所收取的红利也要按比例发给基金的持有人。

股息是基金因购买公司的优先股而享有的对公司净利润的分配所得。股息通常是按照一定比例事先约定的,这是股息和红利的根本区别。

2.债券利息

债券利息是指基金因投资债券,从而享有的定期获得债券利息的收益。债券通常都是固定其收益的,从而比股息的风险要小,但收益也可能会比股息少。

3.资本利得

资本利得是指买卖证券的差价。基金管理人投资于各种有价证券,除了股息红利外,还会在合适的时机进行低价买进高价卖出以获取差价。这部分已实现的资本利得一般也按年份发给基金的持有人,但也可暂时留在基金内继续周转。

4.存款利息

存款利息是指基金的银行存款利息收入。由于基金经常会保留一些现金作为周转,尤其是开放式基金,因随时准备支付基金持有人的赎回申请而必须存有一部分现金,也会获得相应的银行存款利息收益。

5.其他收入

其他收入是指运用基金资产而带来的成本和费用的节约额,如基金因大额交易而从券商处得到的交易佣金优惠等收入。

二、投资基金的风险

投资基金像投资其他金融工具一样,也有投资风险。只不过基金实行投资组合,所以投资基金比投资相应的金融工具风险要低。投资基金的风险分为系统性风险和非系统性风险。

(1)系统性风险是由于某种原因对市场上所有证券都会带来损失的可能性,它在公司外部发生,公司自身不能控制。系统性风险的来源主要有市场风险、利率风险、购买力风险和政治风险等。

(2)非系统性风险是指基金管理公司的经营管理不善或者投资失误引发的经济亏损和财产损失。非系统性风险主要有信用风险、经营风险、财务风险等。不同的基金经理人由于投资理念、操作风格、经营管理水平的差异,导致基金业绩大相径庭。因此控制或回避风险性投资,降低投资风险,提高经济效益,应该成为基金经理人的主要职责。选择管理水平高、投资风险小、收益高、分红优厚的基金投资,对投资者也非常重要。随着我国投资基金逐步走向规范化,相信投资基金必将有广阔的发展前景。在此,提醒广大投资者要树立投资基金的风险意识,对基金持更加谨慎的态度。

思考题

1.证券投资基金的含义是什么?

2.证券投资基金有哪些特点？

3.证券投资基金与股票、债券、信托有何区别？

4.证券投资基金与一般意义上的基金有何区别？

5.证券投资基金有什么作用？

6.证券投资基金如何分类？

7.如何理解投资基金的收益与风险？

第六章

金融衍生工具

≫ ≫ ≫   ≫

3.试述我国债券价格波动情况，并简要分析可能的原因。
4.目前我国企业债券包括哪几类？上市流通的有几类？
5.债券和股票共同点与区别？
6.国债按流通性分为哪几类？
7.如何理解国债的金融杠杆作用？

学习目标

本章分别介绍期货、期权、可转换债券等金融衍生工具的基本知识，通过教学，使学生理解期货、期权、可转换债券、认股权证的特点及相关知识。

重点难点

1.金融期货的含义、特征和种类；

2.金融期货与期权的区别；

3.可转换债券的含义和特点；

4.认股权证的含义及特征。

学习内容

第一节　金融期货

一、金融期货的定义

金融期货(financial futures)是指以各种金融商品如外汇、债券、股价指数等作为标的物的期货交易方式，也就是在交易所内买卖金融期货合约的交易。而金融期货合约是指以金融工具为标的物的期货合约，即买卖双方在交易所内以公开竞价的方式，就将来某一特定时间按约定价格(或指数)交收标准数量的特定金融工具(或指数价值)而达成的标准化契约的交易协议。目前，世界上主要的金融期货交易包括外汇期货、利率期货、股票指数期货等。

二、金融期货的特征

1.期货合约是标准化的合约

期货合约中的各项内容，如标的物的数量、质量等级、交割地点、交割方式、保证金比例及交易方式等都是交易所规定的，是标准化的，合约中唯一的变量是在交易所中由投资者通过竞价形成的金融标的物的价格。

2.实物交割率低

作为一种标准化的合约,期货合约并不一定需要进行交割,交易者可以在合约交割期之前进行反向的对冲交易,即做一笔与原有交易方向相反、数量相同的交易就可以将原持有的合约相互冲抵,而不再需要履行合约。期货合约的交易者都是套期保值者或投机者,往往并不需要现货,所以交割的比例非常小,实物的交割率大约只占全部合约交易的5%左右。

3.期货交易的高杠杆作用

期货交易实行的是一种保证金的交易,即交易者并不需要缴纳全额的价款,而只是缴纳一定数量的保证金就可以了。通常保证金的比例都非常低,在合约价值的3%～18%。这种高杠杆作用使得期货交易可以以小搏大,四两拨千斤。因此,当投资决策正确时,期货交易的收益非常高;但当投资决策失误时,其风险也要比其他的投资大得多。

4.期货交易是一种组织严密、高效的交易形式

所有的期货交易都必须在期货交易所里遵守公开、公正、公平的原则,以竞价交易的方式进行。同时交易所为交易双方提供交割服务和履约担保,实行严格的结算交割制度,违约的风险很小。

三、金融期货的主要种类

1.外汇期货交易

外汇期货交易也称为货币期货交易,是指以某种货币为标的物的期货合约交易。目前国际上外汇期货交易的品种主要有英镑、德国马克、日元、瑞士法郎、加拿大元、法国法郎、澳大利亚元等。

2.利率期货交易

利率期货交易是指以长短期信用工具为标的物的期货交易。由于长短期信用工具通常都与利率有关,因此把这种期货交易称为利率期货交易。在国际金融市场上,著名的利率期货交易有美国长期国库券期货合约和短期国库券期货合约以及日本的长期政府债券期货合约等。

3.股票指数期货交易

股票指数期货是以股票价格指数作为标的物的金融期货合约交易,是为了规避股票市场上的风险而产生发展起来的。由于股票市场的风险相当大,人们考虑将期货交易的机制应用到股票市场中,但由于个股繁多,不可能制定所有的股票期货合约。后来,人们发现股票指数的变动基本反映了整个股票市场的变动,如果把股票价格指数转化成一种可以买卖的商品,就可利用这种商品的期货合约对整个股票市场进行保值。股票投资者在股票市场上会面临股票市场整体的风险,也称为系统风险,即所有或大多数股票的价格都下跌时,股票指数也会随着下跌,也就意味着"股票指数"这个商品的价格下跌,如果股票投资者持有股票,都会造成投资损失,也就是投资风险。那么利用这种商品的期货合约就可以对整个市场股票进行保值,以回避系统风险。

四、金融期货交易的功能

1.风险转移功能

由于影响金融期货合约价格与相关金融资产的现货价格的因素是相同的,因此它们的价格往往是同涨同落,投资者就可以利用这个原理进行套期保值交易。也就是通过在期货市场做一笔与现货市场品种相同,但交易方向相反的合约交易来抵消现货市场中所存在的风险。套期保值者能利用期货交易免受不利价格变动的损失,从而将现货市场中可能遭受的风险转移。

2.价格发现功能

通过期货市场能够形成一个对现货市场具有权威性的指导价格。期货交易所是一个完全由供求法则决定的市场,它将众多影响供求关系的因素集中于交易市场内,并通过竞价的方式将这些因素反映在价格上,然后通过先进的通讯工具将之转播到世界各个角落,从而成为一个具有晴雨表作用的价格。

第二节　金融期权

一、金融期权的含义和分类

期权是指一种选择权,期权的买方向卖方支付一定数量的权利金后,就获得这种权利,即拥有在一定时间以一定价格(敲定价格)售出或购买一定数量的标的物(实物商品、证券或期货合约)的权利。金融期权则是指标的物为金融资产的期权,如外汇期权、利率期权、股票期权等。

按执行时间的不同,期权主要可以分为欧式期权和美式期权。前者是指只有在合约到期时才被允许执行的期权,后者是指可以在期权有效期内任何一天被执行的期权。

二、期权的构成因素

1.敲定价格

敲定价格又称履约价格,是指事先规定的在期权的买方行使权利时该标的物的买卖价格。

2.权利金

权利金是指买方为获得期权而需付给期权的卖方的费用。权利金是无论买方是否执行期权,都必须支付的费用,因此称为沉淀成本。

3.履约保证金

由于期权的买方随时都有可能要求履约,尤其在期权为实值时(即当期权的买方履约后立即能获得盈利),对于卖方而言风险非常大,因此期权的卖方必须存入一笔保证金作为履约的财力担保。而期权的买方一般不被要求缴纳保证金。

4.看涨期权和看跌期权

看涨期权又称为买方期权,指在期货合约有效期内买方按敲定价格买进一定数量标的物的权利;而看跌期权又称为卖方期权,指期权的卖方在期权合约有效期内卖出一定数量标的物的权利。

期权有实值、虚值和平值。实值是指当期权的买方执行权利时马上能获得收益,对于看涨期权,当标的物的市场价格高于敲定价格时为实值。虚值是指当期权的买方执行权利时即处于亏损的状况,对于看涨期权,当标的物的市场价格低于敲定价格时为虚值。平值是指标的物市场价格与期权的敲定价格相当的状况。

三、金融期权与金融期货的区别

1.标的物不同

金融期货的标的物为外汇、利率、股票指数等金融资产。金融期权有以外汇、利率、股票等为标的物的选择权,也有专以金融期货为标的物的选择权。

2.履约保证不同

金融期货交易的买卖双方都必须缴纳合约价值一定比例的保证金,而期权只有卖方才缴纳保证金,因为期权买方的风险是有限的,即当期权出现虚值时,买方通常都是放弃履行该期权,此时他的最大损失即权利金,因此期权的买方不用缴纳保证金。与此相反,期权的卖方风险是无限的,他必须缴纳保证金以作为一种良好信用的保证。

3.投资者的权利和义务的对称性不同

金融期货的买卖双方其权利和义务是对等的,而期权的买卖双方的权利和义务是不对等的。对于期权的买方而言,他享有的是一种权利而不是一种义务,期权的卖方则只有义务而无权利。

4.盈亏的特点不同

金融期货的交易者其风险无限,收益亦无限。金融期权的买方风险是有限的,即最大损失为权利金,当期权出现实值时,他的收益却是无限的;反之,金融期权的卖方收益是有限的,即权利金,而风险却是无限的。

5.其他不同

金融期权较之于金融期货更为灵活。由于期权的买方拥有的是一种权利而不是一种义务,当市场出现不利于自身的情况时,买方可以放弃该期权从而使他的风险减小到最低。比之金融期货其可能遭受的损失要小得多,尤其在套期保值交易中投资者更能获得这种灵活投资的益处。

第三节 可转换债券

一、可转换债券的含义

可转换公司债券(简称可转债)是指发行人依照法定程序发行的,在一定时期内按照约定的条件可以转换成股份的公司债券,即可以根据持有人的意愿,在指定时间以一定比例或价格转换成公司普通股股票的债券。当然持有人也可以通过在证券市场上出售可转债变现,它对持有人而言是一种权利而非义务。

二、可转换债券的特点

1.债权性

可转换债券是公司债券的一种,持有人能够以此获得相应的债权,即持有人可以不进行转换,而是持有到期,收取本金和利息。企业经营的好坏不影响其本金和利息的收取。

2.股权性

如果持有人选择在规定的期限内将可转换债券转换为该公司股票,他就成为公司的股东并以此享有股权,即有权参与公司红利的分配和企业的经营管理,其收益要受到公司业绩的影响。

3.可转换性

可转换性是可转换债券的重要标志。债券持有人可以按约定条件将债券转换为股票。转股权是投资者享有的一般公司债券所没有的选择权。这是可转换债券吸引投资者的地方。可转换债券的转换权可以确保债券持有人分享股票持有者任何未来的增长利益。如果债券持有人不想转换,则可继续持有,到期收取本金和利息,或者在流通市场上出售变现。

三、可转换债券的发行条件

可转换债券作为一种特殊的公司债券,本身具有公司债券的要素,如债券的面值、票面利率、债券的到期期限、债券的发行价格等,同时它又具有其自身的一些发行条件,如转换价格、转换比率、转换期限、赎回条件、回售权等。

转换价格是指可转换的公司债券转换为每股股份所需支付的价格,如转换价格是3元,即表明每3元券面值可换成1股普通股股票。转换期限是指按照发行公司规定的时间进行,可转债持有人可以行使转换权。赎回权是指公司股票价格在一定时间内连续高于转股价格达到某一幅度时,公司按照事先约定的价格买回未转股的可转换债券,赎回的价格一般高于面值。回售权是指当公司股票价格在一段时期内连续低于转换价格一定幅度后,可转债的持有人按事先约定的价格将所持有的债券卖回给发行人。

四、可转换债券的意义

可转换债券是一种具有股权与债权的特殊金融工具,对发行公司和投资者都有着重要的意义。

首先,通过发行可转换债券,公司能以低成本筹集资金,由于这种债券具有期权的性质,投资者愿意接受比普通债券更低的利率,因此能降低发行公司的成本。

其次,发行公司能获得转换溢价,即债转股时,实际上相当于公司以高于市场价格发行新股,从而可获得转换溢价。

第三,扩大股东基础,增加长期资金来源。

第四,促进公司改善经营管理,提高经济效益。

第四节　认股权证

一、认股权证及其特征

(一)认股权证的定义

认股权证是指由股份公司发行的,能够按照特定的价格,在特定时间购买一定数量该公司普通股票的选择权凭证。持有这一证券者可以在规定的期限内,以事先确定的价格买入公司发行的股票。这种认股权证是股份公司发给股票持有人的一种证券,他可以在证券市场上转让。尽管认股权证不是股票,但它可以在有效期内任何时候换取普通股票,更可以利用它的价格波动频繁的特点来进行买卖而谋利。

(二)认股权证的本质

认股权证本质上是一种有价证券,从其内容来看是一种普通股票的看涨期权。对于公司来说,发行认股权证是一种远期集资方式。它不仅对公司现时财政有好处,更可以在较长的认股权证使用有效期内,一直为上市公司带来灵活集资的机会,使公司的资金周转灵便。而且,这种发行比即时发售新股集资以缓解公司急需资金的方式来说,也比较容易为证券市场所接受。再者,如果遇到股市低迷,公司还可以用认股权证代替派息,使现金或流动资金得以保留,有助于公司渡过难关。

(三)认股权证的价值

认股权证的价值可以从两个方面进行考察:一方面是考察认股权证本身的内在价值;另一方面是看其投机价值。

1.认股权证的内在价值

从理论上讲,认股权证的内在价值是认股权证的最低价值。如果以 P 代表公司发行的普通股的市价,E 代表认股权证的价格,N 代表换股比率,则认股权证的内在价值为

$$（P-E）\times N$$

影响认股权证内在价值的因素有:(1)普通股的市价。普通股的市价越是高于认股价格,认股权证的价值就越大;普通股市价的波动幅度越大,市价高于认股价格的可能性也越大。(2)剩余有效期。一般来说,认股权证的剩余有效期越长,市价高于认股价格的可能性也越大,其价值也就相应增加。(3)换股比率。认股权证的换股比率越高,其价值就越大,反之,则越小。(4)认股价格的确定。认股价格定得越低,认股权证持有人为换股而需支付的费用也越低,普通股的市价高于认股价格的机会就越大,从而认股权证的内在价值越大。

2.投机价值

认股权证的内在价值很大程度上取决于普通股的市价。如果普通股的市价高于认股价格,则认股权证的内在价值就大于零;如果普通股的市价低于认股价格,则认股权证的内在价值为零。但认股权证的内在价值不会小于零,因为认股权证本身还有投机价值。如果有时普通股的市价低于认股价格,这只应看做一种暂时现象,它并不意味着股价会永远低于认股价格,只要认股权证没有到期,股价就有高于认股价格的机会。

(四)认股权证的要素

股份有限公司发行认股权证,都要从多个方面对认股权证进行约定,内容主要包括数

量、价格、期限等。

1.认购数量

这是指发行认股权证的份数。一般有两种方式进行约定：

(1)确定每一单位认股权证可以认购多少股的普通股。

(2)确定每一单位认股权证可以认购多少金额的普通股。明确规定认购数量对于股票发行公司增发股票，对投资者认购和交易认股权证都有重要意义。

2.认股价格

认股权证在发行时，发行公司即要约定其认股价格。认股价格的确定一般以认股权证发行时普通股的市价为基础。

3.认股期限

这是指确定认股权证的有效期限。在有效期内，持有人可以转让，也可以按照公司规定认购普通股，过了有效期认股权证则自动失效。认股期限有长有短，但主要根据投资者和发行公司的需要来决定。

我国股市中的第一只权证是 1992 年上海证券交易所推出的由飞乐股份公司发行的权证。1995 年和 1996 年上海证券交易所又推出江苏悦达、福州东百等股份公司的权证，而深圳证券交易所也推出厦海发、桂柳工、闽闽东、湘中意等公司的权证。到 2005 年 8 月，上海证券交易所继续推出宝钢权证等，又引起市场人士的极大关注。

思考题

1.什么是金融期货？它有哪些种类？有哪些功能？

2.股票指数期货的含义是什么？

3.金融期权的含义是什么？它与金融期货有何区别？

4.可转换债券的定义是什么？

5.可转换债券的特点有哪些？

6.发行可转换债券有何意义？

7.如何理解认股权证的价值？

第七章

基本因素分析 ≫ ≫ ≫ ≫

学习目标

本章介绍证券(股票)投资分析中宏观经济分析的意义、方法、相关变量、行业分析的意义和主要内容以及上市公司的财务分析等内容,使学生了解和掌握影响证券(股票)价格波动的基本因素以及分析方法。

重点难点

1.宏观经济分析的意义、方法和相关变量;

2.经济行业分析的主要内容;

3.上市公司的财务分析。

学习内容

第一节　宏观经济分析

一、宏观经济分析的意义

证券市场是资本市场的组成部分,其整体的运行状况受到宏观经济大环境的影响,证券投资也与国家的宏观经济政策有着极强的关联性。自从我国开始实行市场经济体制以来,政府主要都是运用财政政策和货币政策的手段调节宏观经济,比如实行紧缩的财政政策和减少货币投放量的货币政策来抑制通货膨胀;又比如实行积极的财政政策和增加货币供应量的货币政策来促进经济增长。由于国民经济各产业部门之间相互作用、相互影响、相互依赖,存在着紧密的相关性,宏观经济政策的调节必然会触动国民经济各产业部门之间的比例协调关系,从而影响到各行业的发展运行。宏观经济发生变动,自然就会影响到决定证券内在价值的各因素发生不同的变化,从而导致证券的市场价格发生变动。

因此,宏观经济政策及运行态势对证券市场的发展、对证券投资参与者的行为、对证券融资工具价格变化的趋势都有着重大的影响。证券投资者在进行投资活动时,必须认真分析宏观经济政策,把握宏观经济运行趋势,指导证券投资行为,才能取得良好收益。

二、宏观经济分析的方法

1. 概率预测法

概率预测法就是通过对发生过的经济活动状况所记录的大量数字和资料进行统计分析，找出经济活动规律，并预测其未来若干时期各种相关经济变量的运行趋势。建立计量经济模型并进行运算，就是为了寻找经济变量的某些随机事件发生的可能性大小，也即概率。宏观经济短期预测是指对实际国民生产总值及其增长率、利率、通货膨胀率、失业率、个人收入与消费、投资规模、公司利润及外贸差额等指标的下一时期可能的水平或变动率的预测。概率预测法运用得比较多、也比较成功的就是对宏观经济因素的短期变动规律进行预测。广泛搜集经济领域的历史数据和现时的资料是开展经济预测的基本条件，善于处理和运用这些数据资料又是概率预测取得效果的必要手段。

2. 经济指标的对比分析法

宏观经济分析通常都要通过对一系列的经济指标进行计算、分析和对比。一般来说，经济指标是反映经济运行结果的一系列数据变化和比例关系。经济指标主要有四类：(1)先行指标，是指那些可以对未来的经济状况提供预见性的信息，比如货币供应量、股票价格指数等。(2)同步指标，是指那些反映国民经济目前正在发生的状况，而并不预示未来的变动趋势的指标，比如失业率、国民生产总值等。(3)滞后指标，是指那些对国民经济发展反映滞后的指标，比如银行短期商业贷款利率、工业未还贷款等。(4)综合指标，是指反映国民经济的整体状况的指标，比如国内生产总值、国民生产总值、国民收入、个人收入、个人可支配收入等。

3. 计量经济分析法

计量经济分析法主要是运用计量经济模型，也即表示各种经济变量及其主要影响因素之间的函数关系。在宏观经济分析中主要运用宏观计量经济模型。所谓宏观计量经济模型，是指在宏观总量水平上把握指标间的相互作用和依赖关系，描述国民经济各部门和社会生产过程中各环节之间的联系，并可运用于宏观经济结构分析、政策模拟、决策研究以及发展预测。在运用计量经济模型分析宏观经济形势时，还要注意模型的潜在变量被忽略、变量的滞后长期难以确定以及引入经济方面的变量过多等问题，以充分发挥这一分析方法的优越性。

三、评价宏观经济形势的相关变量

1. 国内生产总值与经济增长率

国内生产总值指标在宏观经济分析中占有非常重要的地位。它是本国居民和外国居民在一定时期内所生产的、以市场价格表示的产品和劳务的价值总额。国内生产总值的持续、稳定增长是一国经济追求的目标。经济增长率是反映一国在一定时期内经济发展水平变化程度的动态指标，通常也被称作经济增长速度。对于发达国家来说，其经济发展总水平已经达到相当高的程度，经济发展速度要想大幅度提高就比较困难。而对于经济尚处于较低水平的发展中国家而言，由于发展潜力大，其经济发展速度就可能达到高速甚至超高速增长。

2. 失业率

失业率的上升与下降,其本身就是现代社会的一个主要问题。高就业率或低就业率也是一国经济追求的另一个重要目标。如果失业率偏高,资源就会浪费,人们的收入就会相应减少,经济的不景气问题就会出现,就可能影响到人们的情绪和家庭生活,进而引发一系列的社会问题。该指标在宏观经济分析中是非常重要的。

3. 通货膨胀率

通货膨胀通常被看做是经济发展过程中可能出现的最可怕的障碍,各国政府都曾为抑制通货膨胀而采取过相应的政策和调控行为。一般来说,通货膨胀是指用某种价格指数衡量的一般价格水平持续上升。而通货膨胀对社会经济产生的影响主要有:促使收入和财富的再分配;扭曲商品的相对价格;降低资源的配置效率;引发经济泡沫化;损害一国的经济基础和社会安定。

通货膨胀从程度上可以分为温和的、严重的和恶性的三种情况。年通胀率低于10%的属于温和的通货膨胀;年通胀率高达两位数的属于严重的通货膨胀;年通胀率高达三位数的属于恶性的通货膨胀。通常,一国政府为抑制通货膨胀不得不采取紧缩的货币政策和财政政策,而这又会导致高失业率的产生,同时还会使GDP出现低速增长。因此,通货膨胀对宏观经济的影响是相当明显的。

4. 银行利率

银行利率是影响证券市场走势的一个比较敏感的因素。一般来说,提高利率会吸引一部分证券市场的资金回流银行,从而减少证券投资的资金量。另外,由于利率提高,企业经营成本增加,利润减少,也相应减少投资股票的回报,致使股价下跌,投资于股票的基金价格也跟随下跌。反之,利率降低会促进股票价格及基金价格上涨,还会提高人们购买债券的热情。

5. 货币供应

国家货币政策宽松时,货币供应量增加,会刺激需求、消费和投资的增长,有利于证券市场价格的提升。反之,国家紧缩银根,货币供应量减少,会抑制需求、消费和投资的增长,会促使证券市场价格的下跌。

6. 汇率

一国的汇率通常会受到该国的国际收支状况、通货膨胀率、银行利率、经济增长率等因素变化的影响;反之,汇率的波动又会影响到一国的进出口额和资本的流动,进而影响到一国的宏观经济状况。汇率的变动不仅对一国的国内经济、对外贸易产生影响,还会对国际间的经济联系乃至全球经济的发展都产生或多或少的影响。

此外,一国的财政收支状况、固定资产投资规模等也都是比较重要的宏观经济的相关变量。

四、宏观经济分析的主要内容

在证券投资中,宏观经济分析主要有两个方面的内容,即宏观经济运行和宏观经济政策对证券市场的影响分析。

(一)宏观经济运行与证券市场

从整个宏观经济运行的过程中去考察证券市场,找出影响证券市场价格的因素,就可以揭示出宏观经济变动对证券市场的影响,这里的证券市场主要是指股票市场和债券市场。

1.国内生产总值(GDP)变动对证券市场的影响

证券市场作为宏观经济的晴雨表,一般都会对 GDP 的变动提前作出反应,也就是说它是反映未来预测的 GDP 的变动,GDP 的实际变动与预测变动有差别,因此对 GDP 变动分析时必须着眼于未来。当 GDP 持续稳定增长时,也意味着大多数上市公司利润的持续上升,从而公司的股票和债券就具有更大的投资价值,自然就增加了投资者对证券的需求。加之随着国民经济的快速增长,个人收入也得到不断的提高,这样一来也会增加人们对证券投资的需求,并且对证券投资产生良好的盈利预期,此时的证券市场就会呈现出上升走势。

相反,当一国 GDP 增长速度减缓,甚至呈现负增长时,投资者就会降低对上市公司的业绩预期,从而动摇投资者持股的信心,此时的证券市场就会呈现调整或下降走势。

当 GDP 由负增长或低速增长转向高速增长时,表明新一轮的经济增长已经来临,证券市场就会随着经济增长而出现新一轮的上升走势。

2.经济周期对证券市场的影响

经济发展总是处在周期性运动中,经济发展的周期通常有四个阶段:复苏—增长—繁荣—萧条,周而复始,循环不已。证券市场价格伴随着经济变化而相应的变动。但证券市场价格的波动超前于经济运动,价格的波动是永恒的,从较为成熟的证券市场来看,股票市场的变动趋势大体上与经济周期相吻合。在经济繁荣时期,企业经营状况好,盈利多,其股票价格也往往上涨;在经济不景气时,企业收入减少,利润下降,也将导致其股票价格不断下跌。但是股票市场的走势与经济周期在时间上并不是完全一致的,通常股票市场的变化有半年左右的超前性。

3.通货膨胀对证券市场的影响

通货膨胀时期,并不是所有商品价格和劳动收入都按同一比率变动,而是相对价格发生变化。这种相对价格变化将引起财富和收入的再分配、产品生产和就业的扭曲,某些公司可能从中获利,而另一些公司则可能遭受损失。通货膨胀不仅对经济产生影响,还可能对社会产生影响,并直接影响到广大投资者的心理预期和投资行为,从而对股票价格产生影响。通货膨胀还使得各种商品价格具有很大的不确定性,也使得公司未来经营状况不稳,从而影响证券市场投资者对股息分配的预期,导致股价下跌。如果通货膨胀继续恶化,必然会严重恶化经济环境和社会环境,股市也往往会提前半年左右作出反应,股票价格将纷纷下跌。

(二)宏观经济政策与证券市场

1.财政政策对证券市场的影响

一国的财政政策通常可分为三种:即紧缩的财政政策、积极的(宽松的)财政政策和中性的(或适度的)财政政策。它们对证券市场的影响各不相同。总的来说,紧缩的财政政策会使得过热的经济受到控制,证券市场价格也将因此而下跌;积极的财政政策则会刺激经济的复苏和增长,使证券市场价格因此而上升。

紧缩的财政政策是如何对证券市场产生影响的呢?

首先,国家实行增加税收及提高税率的相关政策。这必将造成上市公司利润减少,降低了公司收入,使公司的需求萎缩,难以扩大生产规模,公司经营环境变得紧张。这样一来,对证券市场的影响常常体现为:降低了人们的收入,使得他们节省消费开支,减少对证券的投资需求,直接引起证券市场价格下跌。

其次,国家采取紧缩财政支出,缩小财政赤字。这就会减少社会需求,降低投资需求,导致失业率上升,政府通过压缩公共开支,相关公司利润将减少,相应公司的股票价格就会下跌。

再次,国家增发国债或出售部分短期国债。这将增加证券市场上国债的供给量,从而对证券市场原有的供应平衡产生影响,使更多的资金从股票市场中流出,整个证券市场的价格水平将下降。

积极的财政政策对证券市场产生的作用和影响效果与上述情况恰恰相反。

2. 货币政策对证券市场的影响

一国的货币政策也有宽松和紧缩之分。从总体上来说,宽松的货币政策将使得投资证券市场的资金量增多,进而推动证券价格上扬;反之,紧缩的货币政策则将使得投资证券市场的资金量减少,从而抑制证券价格上扬,甚至促成证券价格下跌。

宽松的货币政策的主要手段包括国家增加货币供应量、降低利率、放松信贷控制等,而紧缩的货币政策的手段与之相反。具体的货币政策工具对证券市场的影响有两种:

(1)利率。各国的利率政策都不同,有的实行固定利率制,利率作为一个货币政策工具受到政府(央行)直接控制;有的采用浮动利率制。此时利率是作为一个货币政策的中介目标,直接对货币供应量作出反应。

利率对证券市场的影响是十分直接的。利率上升,上市公司借款成本增加,利润率下降,这将使得负债经营的公司负担加重、经营困难、风险增大,从而导致公司债券和股票价格都将下跌。同时,利率上升,债券和股票投资的机会成本增大,使得证券价值评估降低,导致证券价格下跌。如果再实行保值储蓄政策,将会吸引大量资金流向银行储蓄,导致证券需求降低,证券价格继续下跌。反之,利率降低,将对证券市场起完全相反的作用。

(2)汇率。证券市场的国际化程度越高,其受汇率的影响越大。汇率上升,本币贬值,本国产品竞争力增强,出口型公司收益增加,从而公司股票和债券价格将上涨;相反,依赖进口的公司成本增加,利润受损,其股票和债券价格将下跌。同时,汇率上升,本币贬值,将导致资本流出本国,使得本国证券市场需求减少,从而引起证券价格下跌。另外,汇率上升会引发通货膨胀。再者,汇率上升,政府可能动用外汇储备来维持汇率稳定,而这将减少本币的供货量,使得证券市场价格下跌。

第二节 行业分析

一、行业分析的意义

各行业经济组成了一国整体的经济。所谓行业,就是指一个企业群体的产品在很大程度上有着相互的可替代性,相互间处于一种彼此紧密联系的状态,并且由于产品可替代性的差异而与其他企业群体相区别。由于社会经济的发展水平和增长速度反映了各组成部分的平均水平和速度,但各行业的发展并不都是和经济发展总水平保持一致,有可能高于或低于国民经济整体水平。从这个观点看,证券市场价格变化虽然会受到整体经济状况的影响,但更会受到所在行业的经营情况的影响。也就是说,整体经济状况不好,整体的证券市场价格下跌,并非意味着某些行业及其公司的证券市场价格必定下跌或同步下跌。因此投资者在进行宏观经济分析的同时,还要重视行业经济分析,适时选择合适行业进行投资,才能提高投资效率,减少投资损失或增加投资收益。

二、行业分类

行业分类的方法有很多种,有国际行业分类法,也有国内行业分类法,在不同证券市场上采用不同的行业分类法。道·琼斯分类法是证券指数统计中常用的分类法之一,它将大多数股票分为三类:工业、运输业和公用事业,其选择的样本股中行业代表性很强,基本上可以表明一种产业的发展趋势。

我国证券市场对行业的划分有两种:上海证券交易所把全部上市公司分为五类:工业、商业、地产业、公用事业和综合类,并分别计算和公布各分类股票指数。而深圳证券交易所把全部上市公司分为六类:工业、商业、金融业、地产业、公用事业和综合类,同时计算和公布各分类股票指数。除此之外,还有其他分类方法,这里就不再作一一介绍。

三、行业分析主要内容

(一)行业的经济结构分析

由于各国经济结构的不同,行业基本上可分为四种市场类型。

1. 完全竞争型

当出现许多企业生产同质产品时,这便是完全竞争的市场类型。其特点有:(1)各种生产资料可以完全流动,且生产者众多;(2)产品都是同质的、无差别的;(3)企业不能制定价格,只能接受价格,产品的价格完全由市场自由竞争决定;(4)市场对产品的需求决定着企业的盈利;(5)产品生产者和消费者可自由进入或退出这个市场。在现实经济中,初级产品的市场类型就属于完全竞争型。

2. 垄断竞争型

当出现许多生产者生产相同产品但不同品质时,这就是垄断竞争型市场。其特点是:(1)产品之间存在着差异,生产的产品同名但不同质;(2)正是因为产品差异性的存在,生产者可以通过独特的经营来树立自己的产品品牌和信誉,进而对其产品的价格有一定的控制能力。在国民经济各行业中,制成品的市场类型一般都属于垄断竞争型。

3. 寡头垄断型

当有少数的生产者大量生产同一类产品且占据很大的市场份额时,每个生产者的价格政策和经营方式及其变化都会对其他生产者的生产和销售产生重大影响,使得他们对产品市场的价格有一定的垄断能力,这就是寡头垄断型市场。在这类市场上,通常存在着一个龙头企业,其他企业随该企业的定价政策与经营方式的变化而相应的变化。资本密集型、技术密集型产品及少数储量集中的矿产品(如石油)多属于这种类型。

4. 完全垄断型

当出现独家企业生产某种特质产品时,就是完全垄断型市场,其特质产品指的是那些没有可替代的产品。完全垄断型市场可以分为两类:(1)政府完全垄断型,如铁路、烟草、邮电等部门;(2)私人完全垄断型,如特许专营、独家经营及私人垄断经营。完全垄断型市场的特点有:(1)产品没有或缺少合适的替代品;(2)垄断者在制定产品的价格与生产数量方面还是要受到反垄断法和政府管制的约束和限制。在现实生活中,公用事业(如电力、生活用自来水、生活用煤气、交通等)和某些资本技术高度密集型或稀有金属矿的开采等行业均属于这种完全垄断型。

(二)行业的生命周期分析

一般来说,每个行业的发展都要经历一个由成长到衰退的演变过程,称为行业的生命周期。行业的生命周期可以分为四个阶段:初始期、成长期、鼎盛期和衰退期。

1.初始期

在初始期,由于新的行业刚刚诞生,创业投资风险大,产品研发费用高,而产品的市场需求、销售收入都较低,因此这些公司也非但不能盈利,反而可能发生亏损,甚至可能因财务危机而导致破产。到初创阶段的后期,随着行业生产技术的提高、市场需求的扩大、生产成本的降低,新行业便逐步由高风险、低收益的初始期转向高风险、高收益的成长期。

2.成长期

在成长期,新行业的产品经过广泛宣传和促销,逐渐以其自身的新特点和优势赢得了广大消费者的欢迎,市场需求量开始上升,新行业也随之繁荣起来。接着,由于市场前景被看好,拥有一定财力和市场开发能力的企业开始投资于新行业,产品也逐步从单一、低质、高价向多样、优质和低价方向发展。在此期间,企业的生产能力不断提高,产品产量也随着增长,销售量迅速提高,企业利润也随之增加。

3.鼎盛期

在鼎盛期,通过市场竞争而生存下来的少数厂商垄断着整个行业的市场,每个厂商都占有一定比例的市场份额。由于彼此势均力敌,市场比较稳定,行业产品的生产、销售与利润达到极限,其增长率几乎停止,再发展的空间很小。

4.衰退期

由于新产品和新行业的不断涌现,原行业的市场需求开始逐步减少,产品的销售开始下降,某些厂商在追逐利润最大化的驱使下,开始向其他更有利可图的行业转移。这样一来,原行业就会出现厂商数目减少、市场逐步萎缩、利润率下降的萧条景象,整个行业便进入了生命周期的最后阶段,乃至整个行业解体。

(三)经济周期与行业分析

当整体国民经济的周期变动时,各行业往往也出现明显的变动,但变动的程度却不一样。据此,也可将行业分为以下几类。

1.增长型行业

增长型的行业主要依靠技术进步、新产品的推出及更优质的服务,它们经常呈现出稳定增长的态势。这些行业的收入增长率相对于经济周期的变动来看,并未出现同步的变动影响,它们的运动状态与经济活动总水平的周期及其振动无关。投资者对高增长的行业十分感兴趣,主要是因为这些行业相对于经济的周期性波动来说,提供了一种财富的保值手段。但由于这些行业的股票价格不会随着整体经济周期的变化而变化,而却使得投资者难以把握准确的购买时机。

2.周期型行业

当整体经济处于上升时期,周期型的行业会随之而扩张;当经济处于衰退期时,这些行业也会相应衰落。周期型行业的运动状态直接与整体经济的周期相关连。产生这种现象的原因是当整体经济上升时,这些行业相关产品的销售也会相应增加。如消费品业、耐用品制造业及其他需求弹性较高的行业,就属于典型的周期型行业。

3.防御型行业

防御型行业的运动形态因为其产品的需求相对稳定,并不受整体经济周期处于衰退阶段的影响。有的时候,当经济衰退时,这些行业也许还会有实际增长。投资者对其进行投资可以说是收入投资,而非资本利得投资。例如,食品业和公用事业便属于防御型行业。

四、影响行业兴衰的主要因素

行业的生命周期主要受技术进步、政府政策及社会习惯等方面的影响。

1.技术进步

技术进步对行业的影响是巨大的,在众多技术因素中,最重要的是产品的性能。通过产品稳定性分析,检验产品的性质及技术指标,有助于判断产品的未来需求是否保持不断。产品性能稳定的产业,其产品需求则有着较长期的稳定性。然而,由于价格构成的变动及其产量的减少,这些产品需求较稳定的行业在不同的年份仍有波动,因此必须不断地考察一个行业产品的前途。行业追求技术进步也是时代的要求,目前人类社会正处在科学技术日新月异的时期,不仅新兴学科不断出现,而且理论科学向实用技术的转化过程也被大大缩短和加快。当这些新行业的产品在定型和大批量生产后,因市场价格的大幅下降很快就被消费者所接受和使用。这些特点都使得新兴行业能够很快地超过并代替旧行业。因此,充分了解各行业技术发展的状况和趋势,对投资者来说是至关重要的。

2.政府政策

行业的经营范围、增长速度、利润率和其他许多方面都受到政府管理措施的影响。政府对行业的干预可通过补贴、优惠税、关税与非关税等措施来进行,旨在扶持抑或限制某些行业的发展。

"炒股要听党的话。"这是杨百万的箴言之一。政策就像股市的金手指,指到哪里,哪里就兴奋。过去是这样,现在也是这样。从2008年1664点低点以来,政府连续推出刺激经济增长的"组合拳",每次新政推出都刺激了相关个股的异常兴奋,其中包括并未真正受益个股和业绩不好个股。2008年11月初,国家4万亿投资资金公布后,基建行业开始成为拉动大盘强力反攻的引擎,钢铁、水泥等板块集体飙升,太行水泥、北新建材、塔牌集团、冀东水泥等个股,从2008年10月28日至2009年4月3日,上涨幅度均超过150%。太行水泥在此阶段上涨175.93%,在其最高峰,股价涨了202.22%,但其2008年度业绩却并未能为疯狂上涨留下注释,每股收益仅为0.09元,净利润大幅下降至3477万元。福建水泥2008年前三季度亏损2810万元,每股收益为-0.074元,预期全年业绩同比下降超过90%。但不理想的业绩并不影响市场资金对其的追逐,在2008年11月最低位2.7元上涨至最近的高位7.36元,股价上涨了2.73倍。在当时国内水泥行业仍然产能过剩的压力下,水泥股真能实现业绩大翻身,支持股价如此狂涨吗?

由于国家出台了提高有色金属出口退税的政策,也使有色金属板块表现了一番。贵研铂业 2008 年第三季度每股收益为 0.18 元,预计全年亏损 8700 万元左右。但其股价如同坐火箭般从 6.58 元飙涨至 25.1 元,上涨近 4 倍。

3. 社会习惯

随着人们生活水平和受教育水平的提高,消费心理、消费习惯、文明程度和社会责任感将会逐步改变,从而引起对某些商品的需求变化,并进一步影响到某些行业的兴衰。高度工业化和生活现代化使人们认识到保护生存环境免受污染的重要性,不受污染的天然食品和纺织品备受人们青睐,环保业、绿色产业得到长足发展。所有这些社会观念、社会习惯、社会趋势的变化都会对企业的经营活动、生产成本和利润等方面产生影响,足以使一些不再适应社会需要的行业步入衰退,而又激发一批新行业的发展。

五、行业投资的选择

在投资决策的过程中,投资者应选择增长型的行业和行业生命周期中处于成长期和鼎盛期的行业,因此要仔细研究上市公司所处的行业生命周期及行业特征。增长型的行业的特点是增长速度快于整个国民经济的增长率,投资者可享有行业快速增长所带来的投资高回报。投资者也可选择增长速度与国民经济同步的行业,这些行业的发展一般都比较稳定,投资回报虽不及增长型行业,但投资风险相对较小。对处于成长期和稳定期的行业,它们有着较大的发展潜力,投资者有望得到丰厚而稳定的收益。投资者一般应避免投资那些处于初创期的行业,因为这些行业的发展前景还难以预料,投资风险较大,同样地,更不应该选择那些处于衰退期的行业。

第三节 上市公司财务分析

为了保证公司资金正常运转和资产增值,维护股东和债权人的利益,保障社会经济的有序发展,各股份公司都必须健全财会机构和财会制度,并按期公布公司的财务报表。财务报表是公司资金运转和财务状况的定量描述,是公司经营好坏的重要经济指标。财务报表主要有资产负债表和损益表两种。公司的财务分析就是通过对财务报表的分析进而得出公司经营是否良好的结论,从而为投资者进行投资决策提供依据。

一、财务报表分析

1. 资产负债表

资产负债表综合反映了公司所掌握的资源、所负担的债务、股东在公司所持有的权益、公司未来的财务方向等。资产负债表是依照一定的分类标准,每一部分的各个项目按照流动性的高低来排序,把公司在一定日期的资产、负债、资本项目予以适当编排而成。实质上是反映公司在某一特定日点的资产、负债和股东权益等财务状况及其平衡关系的静态报告。

2. 损益表

损益表是一个动态报告,主要反映公司在一定时期内收益和亏损的情况。它直接列出公司收入和取得这些收入所消耗的成本及费用,以准确反映公司经营的利润。由于它更直接明确地揭示了公司在某个时期业务经营取得利润能力的大小,所以对帮助投资者分析与评价公司的实力和经营前景具有十分重要的意义。

3.现金流量表

现金流量表是把公司在一定会计期内现金及现金等价物流入和流出公司的信息编制出来。它可以帮助投资者分析和评价公司获取现金及现金等价物的能力,并预测公司未来的现金流量。

二、财务比率分析

财务比率分析是对财务报表中各财务指标用比率方法来对比分析它们之间的相互关系,借以评价公司的财务状况,并从中发现企业在经营中存在的问题。在对财务报表进行对比分析时,所使用的比率随着分析、使用者的着眼点、目标和用途各异而不同。从投资者的角度,通常分析的比率有以下几方面。

(一)公司偿债能力分析

债务问题是投资者在投资证券前必须考虑的重要问题,也是公司财务分析的主要内容。公司的偿债能力分析包括以下几方面。

1.流动比率

它是流动资产和流动负债的比值,反映的是企业短期偿债能力,即流动资产支付流动负债的能力。其计算公式是:

流动比率＝流动资产÷流动负债

流动比率越大,表示公司的流动性越强,支付负债的能力越大。一般来说,营业周期、应收账款和存货周转率是影响流动比率的主要因素。

2.速动比率

速动比率是指把流动资产扣除存货部分再除以流动负债后的比率。其计算公式是:

速动比率＝(流动资产－存货)÷流动负债

扣除存货部分的主要原因是存货难以变现。一般来说,速动比率越高,表示公司偿债能力越强,但过高速动比率也说明公司的资金利用效率低下。通常,影响速动比率的主要因素是应收账款的变现能力。

3.应收账款周转率

应收账款周转率是反映公司应收账款周转的速度,即一年内应收账款转为现金的平均次数,它表明应收账款流动速率。其计算公式是:

应收账款周转率＝销售收入÷平均应收账款

销售收入是指扣除折扣后的销售净额,而平均应收账款是指期初应收账款余额与期末应收账款余额的算术平均值。通常,应收账款周转率越高,平均收账期越短,说明企业的应收账款收回越快,短期偿债能力越强。

(二)资本结构分析

企业的资本结构分析通常用资本负债比率和股东权益比率两种财务指标来进行。

1.资本负债比率

资本负债比率反映公司总资产中有多少是通过借债来筹资的,它也是衡量公司在清算时对债权人利益的保护程度。其计算公式是:

资本负债比率＝负债总额÷资产总额

资本负债比率越大,表示公司的负债数额越大,公司经营压力越大,风险也越大,对债权人的权益保障程度就越小。但对股东来说,当全部资本利润率高于借款利率时,负债比率越大越好。另一方面,如果公司负债比率越小,只能说明公司经营保守,资本运作效率低。

2.股东权益比率

股东权益比率是股东权益与总资产之比,反映股东权益在总资产中的比重。其计算公式是:

股东权益比率＝股东权益总额÷资产总额

一般来说,股东权益比率越高越好,说明公司基本财务结构稳定,偿债压力小。股东权益比率高,说明公司处于低风险、低收益的财务结构;反之,股东权益比率低,则说明公司处于高风险、高收益的财务结构。

(三)经营绩效分析

公司的经营绩效可以从存货周转率、总资产周转率、主营业务收入增长率等几方面来考核。

1.存货周转率

存货周转率主要反映存货的流动性,是衡量和评价公司购入存货、投入生产、销售回收等各环节的管理状况,一般用存货的周转速度指标来表示。在流动资产中,存货所占的比重较大,存货的流动性将直接影响到公司的流动比率。存货周转率实际上是销售成本被平均存货所除得到的比率。其计算公式为:

存货周转率＝销售成本÷平均存货

一般来说,存货周转速度越快,存货的占用水平越低,流动性越强,存货转换为现金或应收账款的速度越快。提高周转率可以提高公司的变现能力,存货周转速度越慢则变现能力越差。分析存货周转率的目的是使存货管理在保证生产经营连续性的同时尽可能少占用经营资金,提高资金的使用效率,增强公司的偿债能力,促进公司管理水平的提高。

2.总资产周转率

总资产周转率反映公司资产总额的周转速度,是销售收入与平均资产总额的比值。其计算公式为:

总资产周转率＝销售收入÷平均资产总额

[式中:平均资产总额＝(年初资产总额＋年末资产总额)÷2]

总资产周转率越大,说明公司总资产周转越快,销售能力越强。公司可以通过薄利多销来加快总资产的周转,以利于利润绝对额的增加。

3.主营业务收入增长率

主营业务收入增长率可以用来衡量公司的产品生命周期,判断公司发展所处的阶段。它是本期主营业务收入和上期主营业务收入之差与上期主营业务收入的比值。其计算公式为:

主营业务收入增长率＝(本期主营业务收入－上期主营业务收入)÷上期主营业务收入

一般来说,如果主营业务收入增长率超过10%,说明公司产品处于成长期,公司业务将继续保持良好的增长势头,属于成长型公司。

(四)盈利能力分析

1.销售净利率

销售净利率是指一定销售收入所带来净利润的多少,表示销售收入的收益水平。销售净利率是净利润与销售收入的比值。其计算公式为:

销售净利率＝净利润÷销售收入

公司可以在增加销售收入的同时,改进经营管理水平,提高盈利水平,取得更多利润。另外,销售利润率还能够分解为销售毛利率、销售成本等。

2.净资产收益率

净资产收益率也称股东权益收益率,是公司净利润与净资产的比值。其计算公式为:

净资产收益率＝净利润÷净资产

(式中:净资产＝总资产－负债总额)

净资产收益率是一个综合评价公司经济效益的指标。该指标值越高,表明净资产的利用率越高,公司的盈利能力越强。

3.主营业务利润率

主营业务利润率是一个反映公司主营业务的获利水平的指标,是主营业务利润与主营业务收入之比值。其计算公式为:

主营业务利润率＝主营业务利润÷主营业务收入

公司主营业务越突出,主营业务利润率越高,越能在竞争中占据优势地位。

(五)投资收益分析

投资收益分析主要从公司的(普通股)每股净收益、股息发放率、(普通股)获利率、市盈率、每股净资产等几方面进行。

1.(普通股)每股净收益

(普通股)每股净收益等于公司净利润除以普通股总数。其计算公式是:

(普通股)每股净收益＝净利润÷普通股总数

该指标反映普通股的获利水平,指标值越高,每股可能分得的利润越多,股东的投资效益越好,反之则越差。

2.股息发放率

股息发放率是反映普通股股东从每股的全部净收益中能分得利润的多少。股息发放率是普通股每股股利与每股净收益的比值。其计算公式是:

股息发放率＝每股股利÷每股净收益

股息发放率的高低取决于公司的股利分配政策。公司要综合考虑经营扩张资金需求、财务风险高低、最佳资本结构来决定支付股利的比例。

3.(普通股)获利率

(普通股)获利率又称股息实得利率,是衡量普通股股东当期股息收益率的指标。其计算公式是:

(普通股)获利率＝每股股息÷每股市价

投资者可以利用股价和获利率的关系以及市场调研机制来预测股价的涨跌。当预测股息不变时,股票的获利率与股票市价成反比;反之,若获利率偏高,则说明股价偏低。

4. 市盈率

市盈率是衡量上市公司盈利能力的重要指标,它是每股市价与每股税后净利润的比率,也称本益比。其计算公式是:

市盈率＝每股市价÷每股税后净利润

这一比率越高,意味着公司未来成长的潜力越大,说明公众对该股票的评价越高。但在市场过热、投机过度时,市盈率越高,表明投资风险越大。

5. 每股净资产

每股净资产是反映每股普通股所代表的股东权益额,是净资产除以发行在外普通股总数的比值。其计算公式是:

每股净资产＝净资产÷发行在外普通股总数

其中净资产是资产总额与负债总额之差,即所有者权益。这个指标使投资者了解每股的权益。

思考题

1. 宏观经济分析的主要内容应包括哪些方面?

2. 宏观经济政策如何对证券市场产生影响?

3. 影响行业兴衰的主要因素有哪些? 如何根据公司所处的行业进行投资选择?

4. 对上市公司进行财务分析有何意义?

5. 如何理解净资产收益率、每股净收益、股息发放率、市盈率、每股净资产?

6. 某股票总股本为 2 亿股,上年度业绩为每股 0.25 元,每股净资产为 1.25 元,当天收盘价为 5 元,当天成交量为 1000 万股,求该股的市盈率和当天的换手率。

7. 现时银行存款一年期定期利率为 1.8%,求银行存款的市盈率。

第八章

图形与技术分析 ≫ ≫ ≫ ≫

本章介绍证券(股票)图形和技术指标分析的有关内容,使学生从技术层面了解证券价格变化趋势和特点,学习和掌握常用的技术指标分析方法,为证券投资提供决策依据。

1. 识别 K 线图及 K 线图组合的意义;
2. 道氏理论和波浪理论的要点及其应用;
3. MACD、RSI、KD、OBV 指标的应用。

第一节　图形理论

一、K 线图

(一)K 线图的含义

K 线图起源于日本,由本间宗久所发明,后广泛应用于股票、期货、外汇等市场的投资分析。由于 K 线图其图形类似蜡烛的形状,因此也被称为蜡烛图。日本人沿袭中国的传统文化,把买卖双方看作阴阳对立的两个方面,价格的涨跌正是买卖双方"阴阳消长"的表现,因此 K 线也被称为阴阳线。

所谓 K 线,是将证券交易时的最高价、最低价、开盘价及收盘价以图形的方式记录下来,用以研判多空双方的强弱状态及价格的波动变化。用一段时间的 K 线按时间顺序进行排列,形成一张记录了股票历史走势的 K 线图表。这种 K 线图表通过计算机编成程序自动完成。投资者对这种 K 线图表进行分析,有可能较准确地判断股票价格的未来走势。

K 线的作图方法实际上是用小短横线来表示开盘价和收盘价,并用两条竖线分别将左端和右端上下连接起来形成一个矩形实体。若收盘价比开盘价高,则实体部分以空白或红色表示,称之为阳线,说明当日价格比前日上涨了;若收盘价比开盘价低,则实体部分以黑色表示,称之为阴线,说明当日价格比前日下跌了。最高价与实体上端的连线称为上影线;

最低价与实体下端的连线称为下影线。

(二)特殊 K 线

根据开盘价和收盘价之间的关系,K 线可变为以下四种特殊的形状:

(1)单影线 K 线。即只有实体,并有上影线无下影线,或有下影线无上影线 K 线。

(2)实体 K 线。即不带上、下影线的 K 线。

(3)十字星 K 线。当开盘价与收盘价相同,而最高价与最低价不同时,称此 K 线为十字星 K 线。

(4)丁字形 K 线或倒丁字形 K 线。当最高价、开盘价与收盘价相同,而最低价不同时,此 K 线称为丁字形 K 线。如果最低价、开盘价与收盘价相同,而最高价不同时,此 K 线称为倒丁字形 K 线。

(三)K 线图种类

根据交易时间长短不同划分,K 线图可以分为日 K 线、周 K 线、月 K 线图三种。请看万科 A(000002)2009 年 5 月 15 日前的日 K 线图、周 K 线图和月 K 线图:

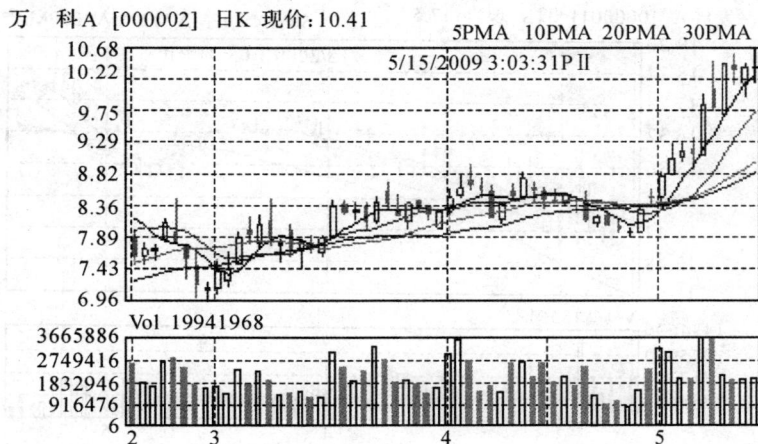

万　科 A [000002] 月K 现价：10.41　　　5PMA▪10PMA▪20PMA▪30PMA▪

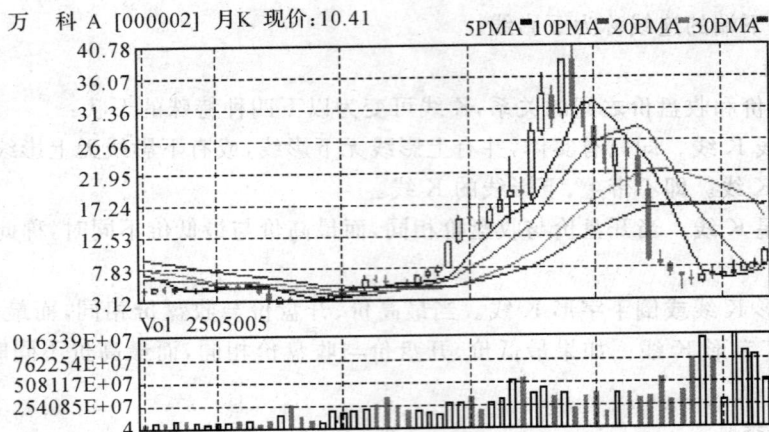

同一交易时间的不同证券交易品种往往呈现各种各样的日 K 线、周 K 线、月 K 线图。与深万科的同期相比，深发展 A（000001）日 K 线图和周 K 线图如下图所示：

深发展A [000001] 日K 现价：17.5　　　5PMA▪10PMA▪20PMA▪30PMA▪

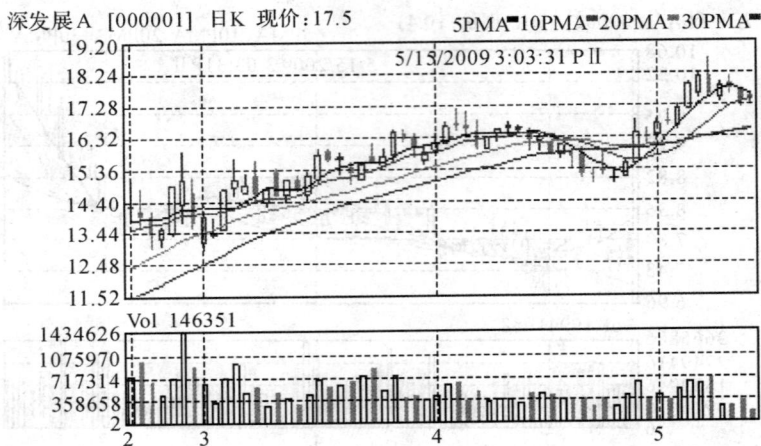

深发展A [000001] 周K 现价：17.5　　　5PMA▪10PMA▪20PMA▪30PMA▪

深发展A [000001] 月K 现价:17.5 5PMA■10PMA■20PMA■30PMA■

1. 日K线图

它是以每个交易日的开盘价、收盘价、最高价和最低价所画出的K线图,可以用来观察每日市况的细微变化,预测价格变化发展的趋势。常见的各式各样的日K线图判读如下:

(1)带上下影线的中阳线。显示多方小胜,后市向上的可能性较大。

(2)带上下影线的中阴线。显示空方小胜,次日再分高低。

(3)带下影线的阳线,俗称红锤子。显示开盘后价格一路下跌,但尾市反弹,并以全日最高价收盘。多方获胜,后市看好。

(4)带下影线的阴线,俗称黑锤子。显示以全日最高价开盘,然后辗转下挫,但尾市回升。显示低价处有较强的承接能力,若下影线越长,后市反弹的可能越大。

(5)带上影线的中阳线,也称带帽阳线。显示它以全日最低价开市,然后股价扬升,但无力在高位支撑,最后以高于开盘价报收。表明价格上升遭遇的压力很强,上升力量可能已经枯竭,后市回落的可能性增大。

(6)带上影线的中阴线,也称带帽阴线。显示空方获胜,后市看淡,上影线越长,下跌的可能性越大。

(7)光头光脚的大阳线。显示当日的最低价就是开盘价,收盘价为最高价,既无上影线也无下影线。表明市场当日承接力强,后市可能继续升势。

(8)光头光脚的大阴线。显示开市后一路下挫,并以全日最低价收盘。表明市场承接能力有限或卖盘过大,其后市极可能下跌。

(9)小阳线。显示多方小胜,后市走势不明朗,多见于盘整行情。

(10)小阴线。显示空方小胜,后市走势也不明朗,多见于盘整行情。

(11)十字星。显示当日收盘价与开盘价为同一价位。若在低价位盘整时出现,则表明价格将上涨;而在高价位盘整时出现,则表明价格将下跌。

(12)丁字线。显示当日以最高价开盘后,价格随后下跌,但中途掉头向上,且收复全日失地,至与开盘价相同的价位报收。表明行情从谷底弹升,出现转机,后市将会持续上升。

(13)倒丁字线。显示当日以最低价开盘后,价格随后上升,但被强大的抛盘压下,价格又被打回原地,以最低价报收。表明市场沽售力量相当大,后市可能继续整理或继续下跌。

日K线反映证券(股票)价格每天的行情走势,可以用来做短线分析,作为入市参考。

但由于它变化多端,在运用时会有相当难度,不易准确判断后市走向。因此,投资者应多采用日K线的组合图来加以分析,这样判断后市走向就会比较准确。

2. 周 K 线图

它是以每周第一个交易日的开盘价作为本周开盘价,以该周最后一个交易日的收盘价作为本周收盘价,以该周内的最高价和最低价作为本周的最高价和最低价所画出的K线,并按时间顺序依次排列起来,即形成周K线图。周K线图主要反映证券价格的中期走势,通常周K线图用以分析和预测证券价格变化的中期趋势。

3. 月 K 线图

它是以每月第一个交易日的开盘价作为本月开盘价,以该月最后一个交易日的收盘价作为本月收盘价,以该月内的最高价和最低价作为本月的最高价和最低价所画出的K线,并按时间顺序依次排列起来,即形成月K线图。月K线图主要反映证券价格的长期走势,通常把月K线图用以分析和预测证券价格变化的长期趋势。

4. K 线的组合分析(请看实训四 K 线图示)

K线图可以单个分析,也可以两个或多个进行组合分析,各种组合均表示不同的含义。主要有以下几种:

(1)"穿头破足"形态。在明显的价格上升或下跌趋势中,后一个日K线图实体包含前一个日K线图实体所形成的图形称为"穿头破足"形态。这种图形通常表示价格上升过程中的见顶回落和下跌过程中的见底反弹,主要是由于投资者在价格上升过程中的获利卖出和下跌过程中的逢低买进所致。

(2)"乌云盖顶"形态。即在行情走到顶端时,前一个日K线图为一个强劲的阳线图,而后一个日K线图为一个跳空高开低走的阴线图,由此所形成的组合图。这种形态通常也表示冲高回落,主要是由于投资者逢高获利了结所致。

(3)"曙光初现"形态。即在行情走到底部时,出现类似"乌云盖顶"形态的组合图,称为"曙光初现"形态。其主要原因是投资者逢低买进。

(4)"早晨之星"形态。由三个日K线图组成,其中前一个日K线图为一个实体部分较长的阴线,中间那个日K线图为一个实体部分较短的阴线,第三个日K线图为一个实体部分较长的阳线,共同形成组合图。其主要原因是下跌动能减弱,逢低买盘的介入,也表明市势可能见底回升。

(5)"黄昏之星"形态。与"早晨之星"相反,通常出现在顶部,它是在上升的市势中形成的。由三个日K线图组成,其中前一个日K线图为一个实体部分较长的阳线,中间那个日K线图为一个跳空高开、实体部分较短的阴线或阳线,第三个日K线图为一个实体部分较长的阴线,共同形成组合图。其主要原因是上冲动能减弱,逢高减磅,也表明市势可能见顶回落。

(6)"上升三部曲"形态。其形态通常出现在上升的市势中,分三部分构成。第一部分,先出现一个实体部分较长的阳线;第二部分,接着出现连续三个实体部分较短的阴线;第三部分,再出现一个实体部分较长的阳线,其收盘价比前几天的都要高。"上升三部曲"表明在上升的市势中,价格经过短暂的小幅回调后继续上涨。其形成原因是价格在上涨过程中受到获利盘的沽压而短暂回落,但在消化浮筹后,买盘将价格再次推高。

(7)"下跌三部曲"形态。与"上升三部曲"形态相反的组合图,它也由三部分构成。第一部分,先出现一个实体部分较长的阴线;第二部分,接着出现连续三个实体部分较短的阳线;第三部分,再出现一个实体部分较长的阴线,其收盘价比前几天的都要低。"下跌三部曲"表明价格在急跌之后,出现轻微反弹,然后继续下跌。其形成原因是价格在下跌过程中,少量买盘逢低介入,将价格稍微推高,后来引发卖盘涌出,使价格再次下跌。

以上所列举的 K 线形态为最常见的 K 线组合。我们应根据这些形态表现情况进行分析,用来指导并制定投资策略,以便在实战中防范或回避投资风险,争取最大收益。

二、图形形态理论

(一)道氏理论

道氏理论是美国投资者最常用的预测股市涨跌的方法,它的创始人是查理·道尔,道琼斯公司的开创者。

1.道氏理论的原理

道氏利用海浪的涨潮与退潮,来对照研究交易市场上股票价格涨跌的规律。道氏观察到,在涨潮时,打上岸的海浪会一浪一浪到达离海更远的陆地;退潮时,退下的海浪也会一浪一浪地离陆地越来越远。由此,对照市场价格的涨跌,道氏得出如下两个结论:一是价格的上涨并非一直冲到顶,而是一波接一波地上涨;二是价格的下跌也并非一跌到底,而是一波接一波地下跌。

2.道氏理论的基本观点

第一,道氏认为股价运动有三种趋势。一是主要趋势,也称长期趋势,通常指价格运动向上涨或向下跌的主要方向,持续超过一年或几年的时间。二是波段趋势,也称中期趋势,通常指价格运动向上涨或向下跌的主要方向,持续三个星期到三个月的时间。三是微小趋势,也称短期趋势,通常指价格运动向上涨或向下跌的主要方向,持续约三个星期或更短的时间。道氏认为这三种趋势就好比海水的潮流、波涛和波纹,主要趋势颇似潮流;波段趋势颇似潮流上的波涛;微小趋势颇似波涛上的波纹。

第二,在主要趋势中,道氏认为也有三个阶段。一是积累阶段,在此阶段,部分投资者谨慎买进,使得股价徐徐上升,交易量也在缓慢增加。二是主升阶段,投资者信心进一步增强,纷纷入市买进股票,使股价节节上升,成交量也持续增大。三是冲刺阶段。投资者普遍看多,股价加速上涨,成交量急增。使得早先入市的投资者获利丰厚,不断平仓了结,致使抛压加重,股价见顶回落,宣告多头市场的结束。

第三,成交量必须确认其趋势。道氏认为成交量是价格上升的推动力,成交量应该沿着主要趋势的方向扩展。价格上升,成交量应该增大;价格下跌,成交量相应减少。

第四,趋势将持续到明确的反转信号出现为止。

通过对上述要点的学习,我们发现道氏理论在确定市场周期变化的方向时是非常有效的,可以反映实际情况,使投资者把握最好的投资机会。

(二)趋势线理论

1.趋势的定义

趋势在这里是指市场价格运动的方向。市场价格变化的趋势一般不会以直线方式向前移动,而通常是以锯齿型出现,也可以比作由波浪里的波峰和波谷组合而成。

按运动方向划分,趋势有三种类型:第一种是上升趋势,由一波比一波高的波峰和波谷所组成；第二种是下跌趋势，由一波比一波低的波峰和波谷所组成；第三种是水平趋势，由横向发展的波峰和波谷所组成。

按时间长短划分，趋势也可分为长期趋势、中期趋势和短期趋势三种类型，这已在道氏理论中论述。

2. 支撑和阻力

支撑是指市场价格下方的价位线或成交密集区域，支撑点通常处于市场价格的谷底，或上升趋势中的调整区域，是投资者买进的好时机。阻力是指市场价格上方的价位线或成交密集区域，阻力点通常处于市场价格的高峰，或下跌过程中的反弹区域，是投资者卖出的好时机。无论是在价格的上升过程中，还是下跌过程中，市场都有支撑和阻力。

支撑和阻力只是在一定时间内起作用。在下跌趋势中，支撑线只能阻挡跌势暂时减缓，后市其价格仍会继续向下突破，寻找新的支撑点位；在上升趋势中，阻力线只能暂时阻挡升势，而后市其价格仍会继续向上突破阻力，达到新的阻力点位。

3. 反弹与回档

反弹是指市场价格在一个下跌趋势中出现的短暂上涨行情；回档是指市场价格在一个上升趋势中出现的短暂下跌行情。人们通过长期的观察，发现反弹或回档的幅度比率主要有三种：0.382 倍、0.5 倍、0.618 倍。其中，反弹或回档的幅度为本轮下跌趋势或上升趋势 0.382 倍属于一种强势调整，幅度达 0.5 倍的概率最高；幅度超过 0.618 倍是反弹与回档的最大幅度，一旦超过这个幅度，原来的趋势可能会被改变。

4. 趋势线的概念

趋势线是指市场交易价格在上升趋势中的两个低点或下跌趋势中的两个高点的连线。在上升趋势中，一个低点比一个低点高；在下跌趋势中，一个高点比一个高点低。由于趋势线能反映一段时间内的价格走势，所以通过两点的连线必须要有第三点的验证才具有效性，时间持续越长，被触及次数越多的趋势线越有效。根据道氏理论，趋势线可分为长期趋势线、中期趋势线和短期趋势线。在价格的上涨过程中，上升趋势线即为支撑线，在价格的下跌过程中，下跌趋势线即为阻力线。如下图所示：

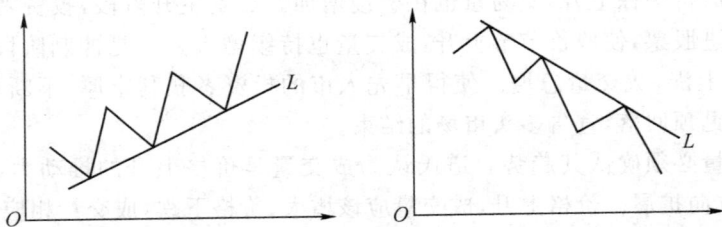

5. 趋势线的修正与突破

趋势线的修正是指当价格趋势出现加速上升或加速下跌脱离原有趋势时所形成的新的连线。而趋势线的突破是指价格的走势或向下跌破上升趋势线，或向上突破下跌趋势线。

如果趋势线被小小地突破，且时间很短，价格又回到趋势线上，那么这种突破被称为假突破。真正的突破，一是突破趋势后走出一定的距离；二是收盘价连续三日突破趋势线才算有效。

（三）反转态图形

反转态图形在技术分析中非常实用，一旦出现，市场趋势将发生逆转。因此它经常被用来研判价格的走势何时见顶,何时见底。通常有以下几类。

1. 头肩顶(底)反转

头肩顶反转形态,是指在一个上升趋势将要结束的相对高位出现连续三个横向发展的波浪,中间高的一个波峰称为头,左、右两个低一些的波峰称为肩,头肩低点的连线称为颈线。

头肩顶反转形态是一种常见而又可靠的反转形态,它通常发生在一个主要的上升趋势中。由于价格升幅过大,遭受获利盘和解套盘的双重压力,使得价格上行乏力,几经振荡后,多头无力上攻并不断出货了结,形成头肩顶的反转形态。价格一旦向下跌破颈线,多头支撑位便告崩溃,行情将下跌。市场趋势在经历头肩顶反转形态后,由升势变为跌势,颈线成为多方的一条重要支撑线。一般来说,头肩顶形成的时间较长,通常都需要 3 个月乃至更长的时间。因此,该形态的有效性较为可靠。如下图所示:

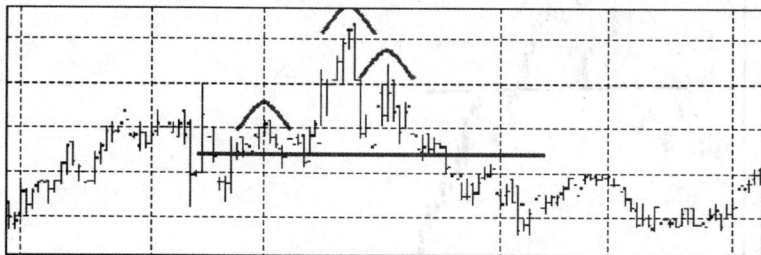

另外,在头肩顶形态的形成过程中,成交量的大小至关重要。在左肩形成时伴随较大的成交量,表示投资者踊跃买进;在头部形成时成交量开始减少,表明上行乏力,多头行情已近尾声;在右肩形成时成交量比以前明显减少,表示多头已组织过一次反攻,但已显露疲态。当价格向下有效跌破颈线时,成交量放大,表明多头乏力,也即多头的获利盘或斩仓盘蜂拥而出,加大了下跌的势头,使多头无力抵抗抛盘打压,价格急转直下,放量下跌。通常价格都是在有效跌破颈线,稍作反抽确认后开始放量下跌的,其下挫的量度跌幅大致为头至颈线距离的一倍或一倍以上。在操作中,当图形形态走出头部和右肩时,应当减磅;当有效跌破颈线时,就应果断平仓出场。

头肩底形态出现在下跌趋势将尽的底部,它与头肩顶方向相反,分析原理大致相同。

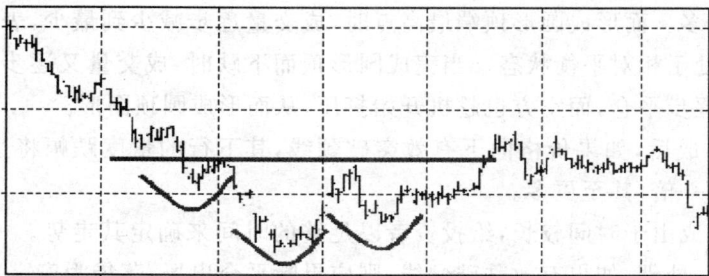

另外,头肩顶(底)形态在实际走势中也会发生一些变异,如双头(底)或双肩的复合头肩顶(底)图形,其分析方法都与头肩顶类似。这里不再叙述。

2. 双重顶(底)反转

双重顶的形成也是在上升趋势将尽的高位,由于获利盘、解套盘的抛压所致。它形成

双重顶也称 M 头,两头之间低点的连线称为颈线,是多方的一条重要支撑线。

双重顶的形成主要是在上升趋势中,市场形成第一高点,成交量放大,表明投资者蜂拥跟进做多。之后回档到一个低点,成交量减少,表明跟进做多的投资者无利可图而不愿卖出,接着反弹至第一个高点附近,成交量相应减少,做多者力量不足,上行乏力,无法推动价格超越第一高点。空头趁机发力,价格掉头下跌,形成第二高点,即双重顶。

价格走势形成双重顶后,一旦有效跌破颈线,经回抽确认后,其量度跌幅将达到头至颈线距离的一倍或更多。该图完成的时间大约在 1～3 个月,而且可靠性较好,出现的概率也较大。

一般在双重顶的第二个头处应作减仓处理,如果价格有效跌破颈线,则应立即果断平仓出场,否则将有高位被套的风险。

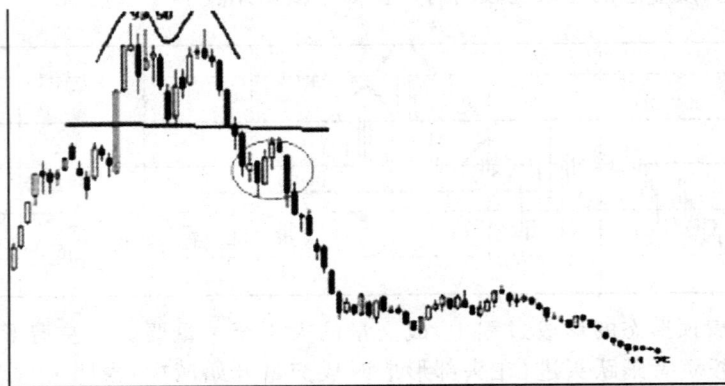

双重底也称为 W 底,与双重顶相反,分析原理相类似。另外,还有多重顶与多重底,其分析原理大都相当。

3.圆顶(底)反转

圆顶代表价格趋势缓慢渐进的改变。以圆形顶的形态完成上升趋势向下跌趋势的转变,圆形顶两端的连线称为颈线。一般来说其完成反转的时间较长,图形也很可靠,而且很容易辨认。

圆顶出现的几率相对较小,在上升趋势中刚开始走圆形顶时,成交量达到最大,表明投资者大量跟进做多。而形成圆形顶端最高点时,成交量逐步减少到最少,表明上行乏力,而做空动能不足,处于相对平衡状态。当完成圆形顶而下跌时,成交量又逐步放大,表明做多者见上行无望,逐步平仓,而空方也趁机开始打压,从而形成圆顶图形。

在圆形顶形成后,如果价格向下有效突破颈线,其下行的量度跌幅将达到圆形顶最高点到颈线距离的一倍,甚至更多。

圆形顶的形成由于时间较长,给投资者以足够的时间来确定其走势。一旦发现圆形顶形成,则应作减仓处理,如果有效跌破颈线,则应果断平仓出场,落袋为安。

圆底图形在下跌趋势中形成,与圆顶方向相反,但分析原理相似。

另外,还有潜伏顶和潜伏底,其分析方法大都相似,这里不再叙述。

4.V 形反转

V 形反转是一种急剧变化的反转形态,事先没有任何警示信号,价格突然间由上行趋势急转直下,迅速朝相反方向移动。其主要原因往往是受突发消息的影响,这种时候通常出现单日反转和岛形反转两种图形。

单日反转是指一个交易日即发生行情反转,通常在上升趋势中,出现一根跳空高开阴线"射击之星",形成"乌云盖顶"或"穿头破脚"之势而告下跌。

而在上升趋势中,某一日开始,价格向上跳空形成缺口,并连续几日在高位小幅振荡,然后跳空下行,形成向下缺口,一路下跌。而留在高位的几根 K 线便形成一个行情"孤岛",这就是所谓的岛形反转。

V 形反转是市场心理戏剧性突变反应的产物。产生的原因可能是一个不可测定的因素,比如一个政治上的突发事件或特大利空消息。因此这种图形比较难预测。

从技术图形分析上讲,在先前的上升趋势中,由于上升过猛,留有大量的缺口,行情有见缺口必补的规律。因此,V 形反转一旦形成,便会在极短的时间内跌去先前升幅的 1/3 或多至 1/2。

在实际的操作中,应经常留意消息面的变化,警惕 V 形反转的形成,注重风险管理。一旦发现此类图形,则应果断平仓出场,获利了结或止亏。而由跌转升的 V 形反转与此类似。

(四)连续态图形

连续态图形表示价格上升或下跌过程中的盘整形态,即当前趋势暂时停止,经过整理消化后,积累能量,再次按原先的趋势运行。主要有以下几种形态。

1. 三角形形态

三角形连续态中主要有上升三角形、下降三角形和对称三角形等形态,这里以上升三角形为主进行论述。

三角形形态是指趋势的高点连线和低点连线相交叉,形成一个三角形整体形态。上升三角形形态上边高点连线是一条水平线称为顶线,下边低点的连线为上升底线,左边有一条与纵坐标平行的线称为基线,右边有一个由顶线和底线交叉的点,称为顶点。

上升三角形形态表示上升趋势稍作整理后,继续上升。在实际中,上升三角形形态通常要有 6 个反转点,一般价格在三角形内波动时,成交量减少,表明多空双方力量在此处相对平衡;当价格突破顶线时,成交量明显放大,表示多方经过中短期振荡整理后,又发动了一轮上攻趋势。价格向上突破到一个高点,约在基线到顶点距离的一半或 3/4 处。突破后,表明价格趋势结束整理,再度升势。其量度升幅可达到基线的一倍或更多。

如作短线运作,可以在价格作三角形整理时出场观望,当价格向上有效突破顶线时再跟进;如作中长线运作,在价格作三角形整理时不必平仓,当价格向上有效突破顶线时作加码补进。

下降三角形、对称三角形等的形态分析原理与此相类似,请读者自行分析,举一反三。

2. 旗形形态

旗形形态是两条平行线所组成,与三角形相似,但顶线和底线平行而不相交,价格在两条平行线之间上下振荡整理,突破旗形后,继续原来的上升或下跌趋势。旗形包括上升旗形、下降旗形及水平箱形形态。

在旗形整理中,多空双方力量达到暂时平衡状态,成交量大幅萎缩,而一旦有效突破顶线时,多头力量增大,成交量也大幅增长。其量度升幅可达顶线到底线距离的一倍,甚至多倍。在价格进行旗形整理时可减仓,也可观望,当其有效突破顶线时,则及时回补仓位或加码买进。下降旗形和水平箱形形态由读者自行分析,这里就不再叙述。

三、波浪理论

波浪理论是技术分析大师艾略特(R. N. Elliott)于 1939 年发明的一种技术分析工具,目前已被世界各国投资者广泛应用于图形分析中。

艾略特认为价格的波动与大自然的潮汐、天体一样,都是有相当程度的规律性,其波动一浪接着一浪,周而复始。投资者可根据这些规律来预测价格的未来走势。

(一)波浪的概念

一般来说,价格波动从上涨趋势到下降趋势的整个完成过程中,包括五个上升波浪和三个下降波浪。每一个上升浪称之为推动浪,每一个下跌浪则是前一升浪的调整浪。

(二)波浪的解释

在每一级循环中,共有八个波浪,每一浪的特点如下:

(1)第一浪。由于第一浪的上升通常出现在空头市场跌势将尽后的反弹,之前明显买气不足,加之空方的抛压,使价格上涨乏力,回档也较深,属于打底阶段。

(2)第二浪。这一浪的下跌调整幅度较大,为第一浪的调整浪,调整通常为第一浪的0.618 倍,此处开始出现止跌状况,成交量逐步减小,价格探底,结束调整。

(3)第三浪。该浪的涨势通常最大,一般可达第一浪的 1.618 倍,且最具爆发力,这段行情的持续时间通常也是最长的,此时市场内多方力量不断增强,投资者纷纷看好后市,并大举增仓,买盘潮涌,成交量大幅上升。由于涨势过猛,经常出现延长浪现象。

(4)第四浪。为第三浪的调整浪,通常以较为复杂的形态出现,也经常出现三角形整理趋势,调整幅度一般为第三浪的 0.382 或 0.5 倍,此浪的最低点一般要高于第一浪的浪尖。

(5)第五浪。此浪属于上涨行情中的最后一个升浪,涨幅一般小于第三浪,与第一浪大致相当。而且涨升力度也较弱,经常走出失败浪图形。

(6)第 A 浪。市场中多数投资者认为行情尚未逆转,此时仅为一暂时回档现象。其实,它是真正下跌浪的开始。

(7)第 B 浪。通常称为反弹浪,成交量不大,其上升的形态容易使投资者误认为是另一波升浪的开始,而成为多头陷阱。

(8)第 C 浪。为下跌浪,通常跌势较猛,成交量增大,抛盘大量涌出。其跌幅较大,持续时间也较长。由此宣告整个上升浪的结束。

(三)操作策略

在操作上,首先要根据数浪规则数好浪,然后才能准确把握市场,通常在第一、三、五浪高点作卖出减仓处理;在第二、四浪的低点作补仓买进操作;在第 B 浪反弹高点处平仓出场。

第二节　技术指标分析

　　技术指标是指利用股价、成交量、股票涨跌个数等市场资料,经过特定的公式计算出的数据。这类指标古今中外有上百种,下面介绍较为常用的几种技术指标。

一、移动平均线 MA 理论

(一)移动平均线 MA

　　移动平均线 MA 就是将 N 日交易日内的收盘价求连续的算术平均值,天数就是 MA 的参数。

(二)移动平均线 MA 的种类

　　常见的移动平均线有每日、5 日、10 日、20 日、30 日等几种移动平均线。

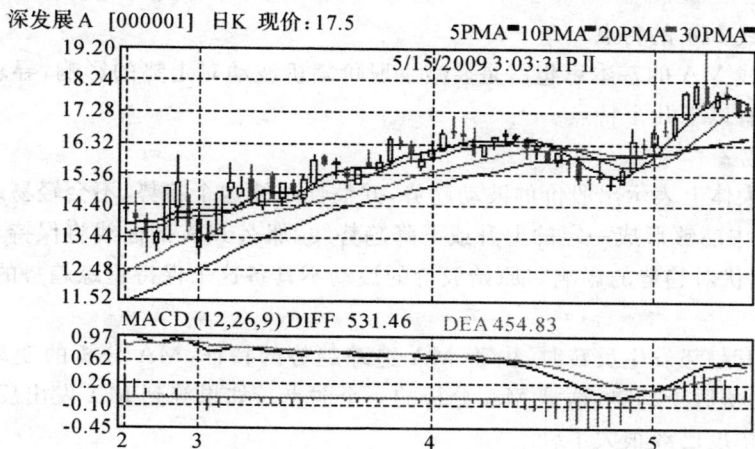

深发展A [000001] 月K 现价:17.5

5PMA 10PMA 20PMA 30PMA

MACD(12,26,9) DIFF -2130.68　　DEA -1122.31

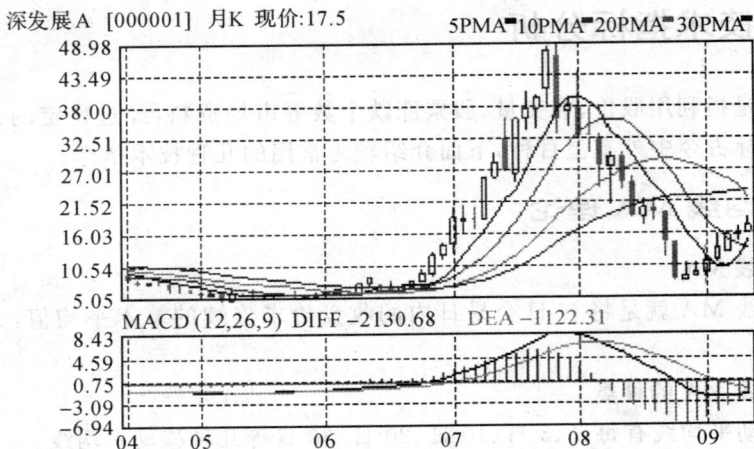

(三)移动平均线 MA 的特点

移动平均线 MA 的基本思想就是要减少股价随机波动对走势的影响,寻求股价波动的主要趋势。它有以下几个特点。

1.追踪趋势

MA 能够大体上表示出股价的波动趋势,并惯性延续这个趋势,不会轻易改变。如果从股价的 K 线图中能够形成一定的上升或下降趋势线,那么 MA 的曲线将保持与趋势方向一致,减少股价起伏对趋势的影响。原始股价的波动不具备这个保持追踪趋势的特征。

2.滞后性

当股价原有趋势发生反转时,由于 MA 追踪趋势的特征,MA 分析的变动往往要迟缓一些,反转速度落后于趋势,这是 MA 分析的一个弱点。如果等到 MA 发出反转信号时,股价反向走势的幅度已经很大了。

3.稳定性

MA 的曲线不是一天的变动就能改变其运行方向的,无论是向上还是向下,都比较困难。尤其是中长期的 MA,其惯性趋势通常不会轻易改变。这种稳定性有优点,也有缺点,在分析时应引起注意。

4.助涨助跌性

在股价向上或向下突破时,股价都有继续向突破方向再走一程的惯性趋势,这就是 MA 的助涨助跌性。

5.支撑线和压力线的特性

股价对 MA 的突破实际上是支撑线和压力线的被突破,这使得 MA 在股价走势中起到支撑线和压力线的作用。

(四)葛兰威尔(GRANVILE)法则

移动平均线 MA 的使用,最常见的是葛兰威尔法则,简称葛氏法。其主要内容如下:

(1)发出买入信号的情况是:MA 从下降开始走平,股价从下上穿 MA;股价连续上升远离 MA,突然下跌,但在 MA 附近再度上升;股价跌破 MA,并连续暴跌,远离平均线。

(2)发出卖出信号的情况是:MA 从上升开始走平,股价从上下穿 MA;股价连续下跌远离 MA,突然上升,但在 MA 附近再度下跌;股价上穿 MA,并连续暴涨,远离平均线。

实际上,当短期的上穿或下穿长期的 MA 时,其分析的情况和上述分析是类似的。股市中经常所说的死亡交叉和黄金交叉,实际上就是向上或向下突破了支撑线或压力线的问题。

二、MACD 理论

(一)定义

MACD 的中文名称为"平滑异同移动平均线",由 GERABED ANNEL 发明,为时下欧美流行,广泛使用的分析工具。在我国,MACD 指标也已成为最主要的技术指标之一。MACD 理论是根据移动平均线原理的优点发展出来的,它克服了市场处于牛皮盘整行情时,运用移动平均线判断买卖时机无效的缺陷,利用长短期的两条平滑平均线之间的"离差值"作为研判行情的依据。

(二)计算公式

先求出每天的 DI(需求指标),以此计算出长短期移动平均线的平滑计算平均值;再测量长短期平滑平均线之间的"离差值"DIF;最后求出 MACD。

(三)MACD 应用

1.MACD 的功能

MACD 作为主要的趋向指标之一,在技术分析中广为运用,主要在于它有三大功能:

(1)能够通过两条移动平均线的交叉,用在研判买进或卖出的时机和信号。

(2)有别于标识长期趋势中出现的短暂偏移,即短期平均线与长期平均线相距过远的情形。如果两条移动平均线相距过远,就意味着市场呈现出极端状况,称为"趋势停顿"。通常一直要等到短期平均线返回长期平均线后,原趋势才能从停滞中解放出来。当短期平均线逐步接近长期平均线时,市场就到了关键时刻。

(3)有助于识别相互背离现象。

2.一般应用原理

MACD 在买卖交易的判断上,一般有以下几个原则:

(1)DIF 与 MACD 均为正值,亦即在 O 轴线上时,大势属多头市场(牛市);两者均为负值,在 O 轴线下时,则大势属空头市场(熊市)。

(2)DIF 向上交叉 MACD 于 O 轴线时,均为买进信号。如果在 O 轴以下交叉,仅适宜空头平仓。

DIF 向下交叉 MACD 与 O 轴线时,均为卖出信号(获利点)。如果在 O 轴线上交叉,则仅适宜多头平仓。

(3)DIF 从高位二次向下交叉 MACD 时,则股价下跌幅度会较大;DIF 从低位二次向上交叉 MACD 时,则股价上涨幅度会较大。

(4)如果股价的高点比前一次的高点高,而 MACD 指标高点却比指标前一次的高点低,表示指标怀疑股价的上涨是缺乏后劲,即通常所说的"牛背离",暗示股价可能很快就会反转下跌。

如果股价的低点比前一次的低点低,而 MACD 指标的低点却比前一次的低点高,表示指标不支持股价持续下跌,称为"熊背离",暗示股价很快就会上涨。

(四)MACD 应用应注意的问题

(1)MACD 是一项长线指标,盘局时,按照讯号进场后随即又出场,可能只有很少利差甚至会亏损,损失率较高。

(2)MACD 的移动相当缓和,比较股价的移动会有时间差,无法预知高价及低价。所以,一旦股价在一两天内迅速大幅度涨跌,MACD 不会立即产生讯号,无法发生作用。

为了解决上述两个缺陷,MACD 指标应与 RSI 指标和 KD 指标配合使用。

三、相对强弱指数 RSI 理论

(一)理论来源

相对强弱指数 RSI 理论为 Wells Wider 首创,是目前最流行,也最广为使用的技术分析工具。它是研究一特定时间内股价、指数的变动关系,根据股价或指数的涨跌幅度及波动来显示市场的强弱。它是通过对市场买卖力量强弱分析对比来判断买卖时机的一个技术指标。

(二)计算公式(略)

(三)RSI 应用

RSI 值永远介于 1 和 100 之间,将每日的 RSI 值连成的线称为 RSI 曲线。以深发展为例,如下图所示:

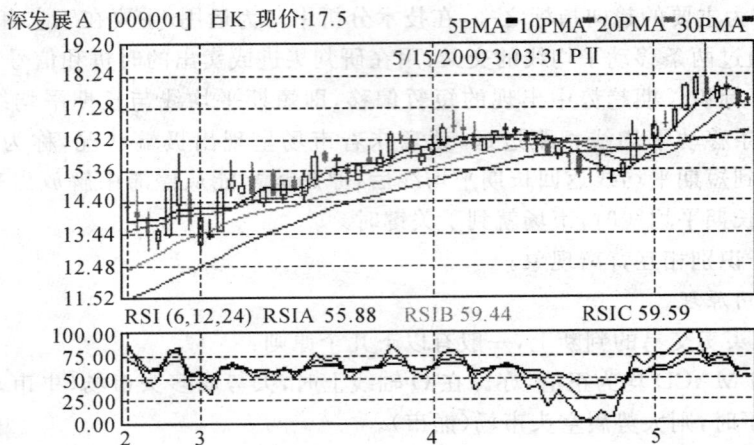

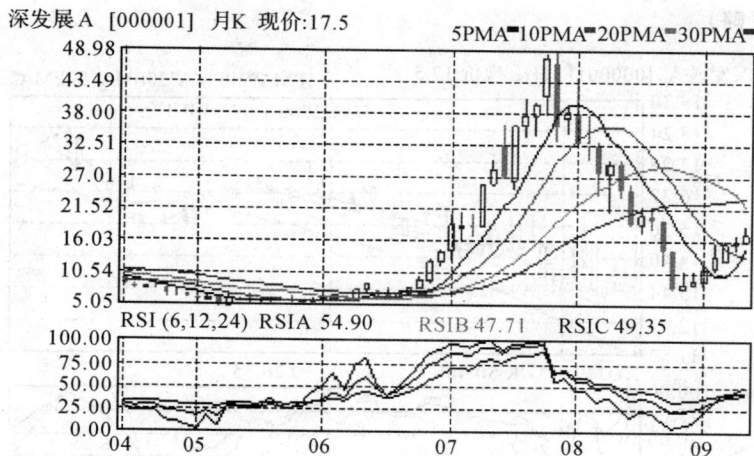

深发展A　[000001]　月K　现价:17.5

5PMA 10PMA 20PMA 30PMA

RSI (6,12,24)　RSIA 54.90　　RSIB 47.71　　RSIC 49.35

（1）RSI值在50以下为弱势市场，50以上为强势市场。当RSI曲线从弱势区向上突破50，代表股价已经转强；反之，当RSI曲线从强势区向下突破50，代表股价已经转弱；当RSI值在40～60之间波动，来回穿梭50中线的情形，表示股价正处在盘整期。

（2）当RSI值上升至80以上，称为超买现象，预示股价容易形成短期回落；当RSI值下跌至20以下，称为超卖现象，预示股价容易形成短期反弹。

（3）当股价一波比一波高，而在RSI曲线上表现一波比一波低的情形时，即出现背离信号，表明此时股价虚涨，通常意味着股价将要出现较大的反转下跌走势。相反，股价一波比一波低，而在RSI曲线上表现一波比一波高的情形时，即出现背离信号，通常意味着股价将要出现较大的反转上涨走势。

四、随机指数 KD 理论

KD是指示超买或超卖的指标。"超买"即买过了头，已经超出买方的能力，买进股票的数量超过了一定比例，此时投资者应该卖出股票。"超卖"即卖过了头，已经超出卖方的能力，卖出股票的数量超过了一定比例，此时投资者应该买进股票。KD指标能显示这种超买或者超卖的状况，为投资者提供较好的买卖时机。

（一）理论来源

KD线原名"随机指标"，乔治·蓝恩博士（Dr. GeoGe Lande）所创立，是股票和期货市场中常用的技术分析工具。它在图表上是由K线和D线两条线组成，因此简称KD线。

KD线在设计中综合了动量观点、强弱势和移动平均线的一些优点，在计算过程中主要研究高低价位与收市价等价格波动的真实波幅，反映价格走势的强弱势和超买或者超卖现象。因为大势上升而未转向之前，每日股市多数都会偏于高价位收市，而下跌时收市价会偏于低位。随机指数在设计中还充分考虑价格的波动随机振幅和中短期波动的测算，使其短期测市功能比移动平均线更准确有效，在市场短期超买或者超卖预测方面又比强弱指标敏感。因此，KD指标是股市中、短期技术的测试工具。以深发展为例，如下图所示：

(二)计算公式(略)

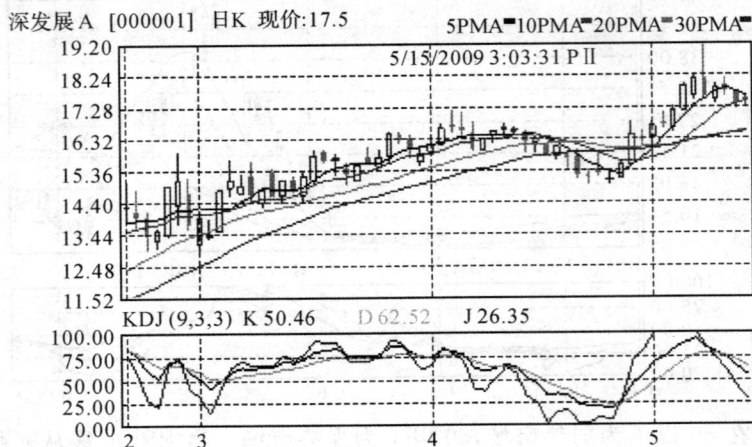

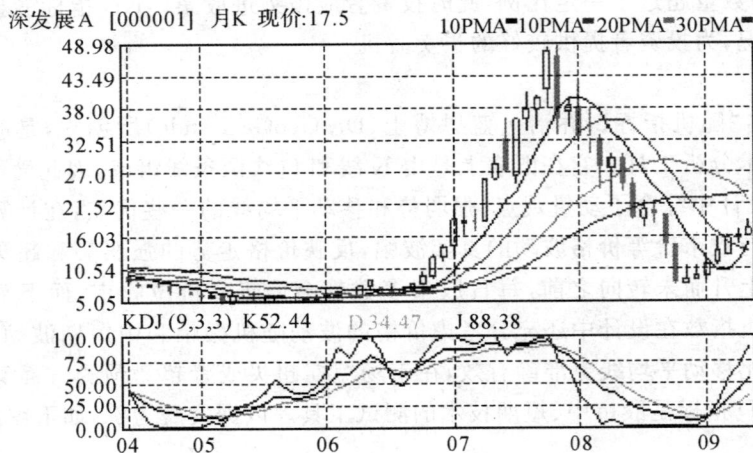

深发展A [000001] 日K 现价:17.5
5PMA 10PMA 20PMA 30PMA
5/15/2009 3:03:31 P II
KDJ (9,3,3) K 50.46 D 62.52 J 26.35

深发展A [000001] 周K 现价:17.5
5PMA 10PMA 20PMA 30PMA
KDJ (9,3,3) K 76.08 D 78.33 J 71.58

深发展A [000001] 月K 现价:17.5
10PMA 10PMA 20PMA 30PMA
KDJ (9,3,3) K 52.44 D 34.47 J 88.38

(三)KD 线的应用

(1)超买区与超卖区的判断:在 KD 线中,D 线更为重要,它主要提供买卖信号。当 D

值在 80 以上时,市场呈现超买现象,短期内价格容易向下回档,当 D 值在 20 以下时,市场呈现超卖现象,短期内价格容易向上反弹。

(2)当 K 线发生倾斜度趋于平缓时,为警告信号,投资者应提防行情随时发生反转。

(3)当 K 线在 20 左右的水平时,D 线从右方向向上交叉时,发生短期买进信号。当 K 线在 80 高位时,D 线从右方向向下交叉时,发生短期卖出信号。

(4)当 K 线在 50 以下的低位形成一个底比一个底高的现象,并且 K 值由下往上连续两次交叉 D 线时,股价涨幅会很大;当 K 线在 50 以上的高位形成一个顶比一个顶低的现象,并且 K 线从上往下连续两次交叉 D 线时,股价跌幅会很大。

五、量价指标 OBV 理论

(一)OBV 理论的来源

OBV 也称能量潮,为 JoesPH Granvill 创立,OBV 理论认为成交量是股市的根本动力,量要领先于价。因此主要利用成交量的累算,来研判市场内人气是否汇集或涣散,验证当前价格趋势的可靠性,并通过 OBV 线与价格变动的相互背离现象,获得趋势即将反转的警讯。以深发展为例,如下图所示:

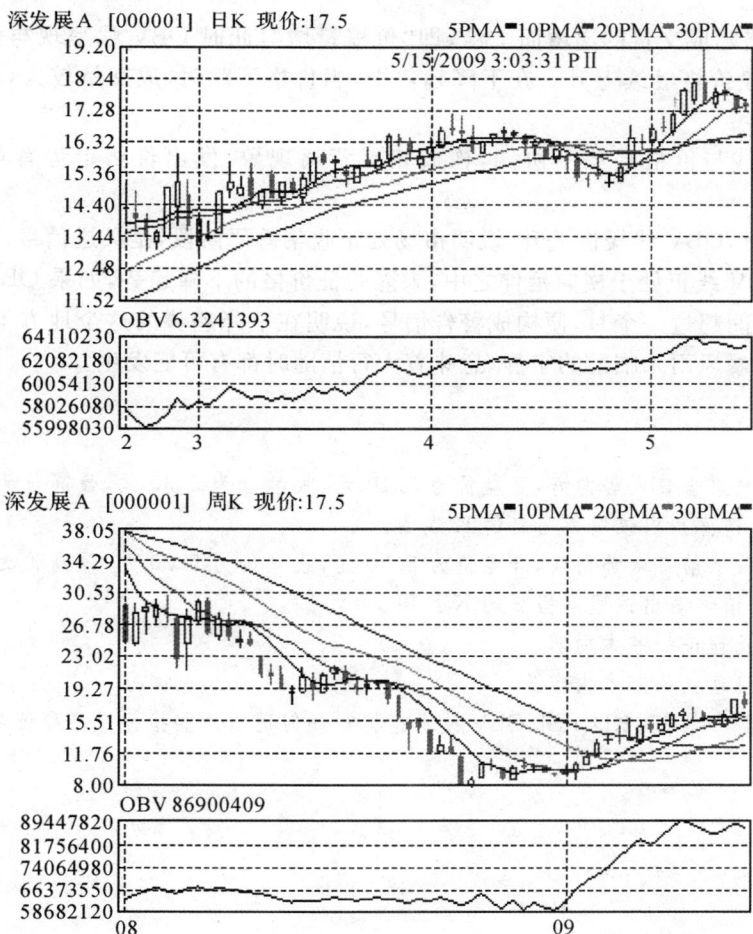

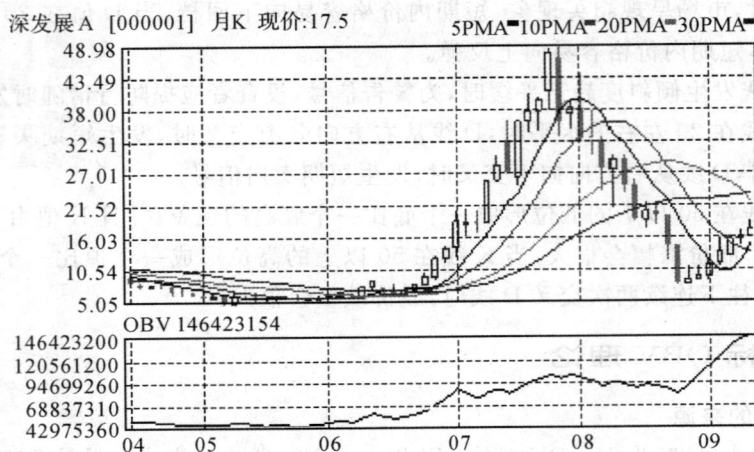

深发展 A [000001] 月K 现价:17.5   5PMA 10PMA 20PMA 30PMA

OBV 146423154

(二)计算方法

OBV 值和 OBV 线可以用电脑来查询。值得注意的是,单是观察 OBV 的升降增减并无意义,须配合图表的走势,才有实质效用。

(三)OBV 应用

(1)当价格随成交量的递增而上涨,即"价涨量增",此时 OBV 线呈现与价格几近平行的移动,表示股价将继续上升。在下降趋势中,当价格下跌时,成交量较大,而在价格反弹时,成交量较少。

(2)OBV 线与价格趋势不协调,构成相互背离现象,发出价格走势有可能要反转的警告。

(3)盘整时,OBV 线缓慢上升,说明市场处于收集筹码阶段,是买进信号。

(4)当 OBV 线正处于横向延伸之中,未能验证价格的下降趋势,如果 OBV 线的这种水平横向移动时间超过一个月,便构成警告信号,说明在下降趋势的这个地方不能过于看跌。此种形态代表暴风雨来临前的宁静,意味着大行情随时都有可能发生。

思考题

1.已知某股票当日走势向好,开盘价为 5.10 元,收盘价为 5.30 元,最高价为 5.40 元,最低价为 5.00 元。请你画出该股票当日的 K 线图。

2.已知某股票前日走势向淡,开盘价为 5.30 元,收盘价为 5.20 元,最高价为 5.30 元,最低价为 5.10 元。请你画出该股票当日的 K 线图。

3.简述道氏理论的基本内容。

4.简述波浪理论的基本内容。

5.如何理解 MACD、KD、RSI、OBV 技术指标?如何运用这些指标来指导证券买卖活动?

第九章

证券投资与操作 　≫ ≫ ≫ 　 ≫

学习目标

本章介绍证券(股票)投资实际操作,包括证券投资准备工作、资金管理、投资分析、操作策略、投资技巧以及投资风险控制等内容,使学生较全面地了解和掌握证券投资实务,提高投资运作管理水平。

重点难点

1. 证券投资综合分析;
2. 证券投资操作策略;
3. 证券投资技术。

学习内容

第一节　入市前的准备工作

股市有风险,入市须谨慎。投资者在进入股市前先要做好各种相应的准备工作。首先要学习和掌握证券(股票)基本知识、相关理论、投资分析以及各种投资技术与技巧,还要涉猎金融常识及国内外财经资信和政治动态,认真分析证券市场整体发展变化趋势和拟投资的上市公司的经营状况。其次要结合自己的资金实力、投资理念、投资风格等实际情况来进行投资与操作,并在投资实践中不断积累投资经验,才有可能取得较理想的投资收益。投资股票一般要经过投资准备→投资分析→投资决定→投资行为→投资收获等五个步骤。

一、投资准备

准备意指证券投资者按照证券交易的有关规定办理证券投资"入市"的必要手续和资金准备。为了做好投资证券的准备工作,有必要到证券营业部咨询有关情况,了解他们的营业服务质量,选择交通便利、服务质量较高以及收取交易手续费较低的证券营业部,并办理"入市"手续。下图为联合证券有限责任公司海口营业部。

宽敞明亮的柜台

服务理念

- 确保客户资产安全、提高客户防范风险的能力
- 把握各类客户的投资需求和理财目标，在严格控制风险的前提下，提供多元化、创新化的投资服务，提高客户资金效率，实现客户资产的保值、增值

1. 开立证券账户

我国的证券账户有两种，分别为上海证券交易所证券账户和深圳证券交易所证券账户。证券账户相当于投资者的证券存折，用于记录投资者所持有的证券种类和数量。我国公民须携带本人有效身份证件〔机构（法人）也可以携带其他有效证件〕到各地的证券营业部办理证券账户卡。

2. 开设资金账户

投资者必须到自己选定的证券公司（证券商）开立资金账户，用来存放投资者的资金。投资者须携带证券账户、本人有效身份证件到自己选定的证券公司开设资金账户。有些证券公司要求投资者必须存入相当数额的资金（越多越好），才给予开设资金账户。开设资金账户是免费的。

3. 签订证券托管协议书

证券投资者要按规定与证券公司（证券商）签订证券托管协议书，明确双方权利和义务。证券商要按照协议规定保管好投资者的资金，提供投资信息和场地等相关投资服务；证券投资者要按照有关规定支付服务费用，比如证券交易手续费和印花税。当然，证券投资者对某家证券商的服务不满意，可以要求解除所签订的协议，可以改与另家证券商签订证券托管协议书。

在此基础上，投资者就可以按照签约证券公司的要求，到指定银行开设存款户头，存入投资资金，指令银行通过银证转账业务将投资款项划拨到证券资金账户，为投资证券提供资金。如有需要，只要资金账户有现金余额（未投资证券的部分投资款或者通过卖出证券变现），就可以通过银证转账业务，将证券资金账户的资金划转为银行存款户头的存款，即可到银行提取现金。

二、投资分析

分析是指对影响整个证券市场或各股价格变动的因素进行综合分析，包括基本面分析、大盘面分析和个股分析。既要善于分析整个国家或某行业经济运行态势，又要善于进行股市技术分析和股市参与者的心理分析。具体来说，就是要对可以促使股市波动的各种信息进行去伪存真，由此至彼，由表至里的加工和提炼过程，以获取较好的投资机会，作出相应的投资买卖决策。这些信息来源主要有：

（1）国内外财经信息。平时要注意阅读正规发行的报纸杂志的有关报道，比如中国证券报、证券时报等。

（2）经济评论或股市评论。

（3）股市交易系统中个股历史信息汇总后形成的技术走向等。

投资者在进行证券投资分析时，可能要用到一些技术分析方法，比如相对强弱指数，乖利率,威廉指数,均线等,对指导投资行为也会起到一定的参考或者辅助作用。但是几乎所有的人都在用统一的指标来指导自己的操作时,这样的技术指标往往真假难辨。现代证券分析的核心是什么? 应该是估值! 股票的估值决定其投资价值,这是国际投行以及国内大型研发机构进行证券分析的基础。因此,投资者应该在估值合理的大前提下,灵活运用技术分析方法加以研判,这样效果会更好。

三、投资决定

经过投资分析后,就要作出投资决定。投资决定是指投资者作出买进、卖出或者持有的决策。决定买进时,可能要涉及买进哪些股票? 买多少? 以什么价格买? 决定卖出时,可能要涉及卖出哪些股票? 卖多少? 以什么价格卖? 持有也叫观望或者等待。

四、投资行为

投资行为是指投资者适时实施买进或卖出。投资者一定要相信自己的决定,该买就买,该卖就卖,不要犹豫不决,也不要后悔,否则会错过较好的投资机会。

五、投资收获

投资收获是指某个时期或某次投资行为所取得的收益。投资的结果无非两种,要么赢利,要么亏损。这种结果往往表现在投资者账面上,所以就形成了账面赢利或者账面亏损。由于市场情况经常变化,要不断及时总结投资经验,不断增强自身投资能力,才能提高投资经济效益。

第二节　证券投资分析

证券(股票)价格的波动是证券市场旺盛生命力的表现。影响股票价格波动的原因往往是多方面的,而且又是错综复杂的。国家宏观经济政策、上市公司基本情况、股票市场供求情况以及股价技术指标等多方面因素,也可以概括为基本面、政策面、市场面、技术面和心理面等五个方面。

一、分析基本面

所谓基本面,是指对影响股票市场走势的基础性因素的状况。基本面包括国家宏观经济状况和上市公司基本情况两个方面。而上市公司的基本面包括财务状况、盈利状况、经营管理情况、人才构成、企业的市场竞争力和发展态势等。通过对基本面进行分析,可以把握决定证券(股票)价格变动的基本因素,是证券(股票)投资分析的基础。基本面分析包括国家整体经济运行态势分析,国家货币信贷、利率、外汇政策分析,行业状况分析,企业财务、经营状况分析。

二、分析政策面

所谓政策面,是指对证券市场走势可能产生影响的有关政策方面的原因。主要有三个方面:宏观引导、经济政策和市场管理法规。宏观引导主要是指政府为了执行国家经济发展战略,发挥证券市场的作用,而对证券市场的基本估计和当前证券市场行情的看法。假如政府管理层认为证券市场投机过盛,价格过高,就有可能出台一些"利空"政策,比如加快新股发行步伐和发行量,以增加市场供应量,又如通过政策引导资金从证券(股票)市场分离出去等,以抑制市场过大需求,使证券(股票)市场价格下调;反之,假如政府管理层认为证券市场行情过于低迷,价格太低,投资者入市信心丧失殆尽,不利于整个证券市场的发展时,就有可能出台一些"利好"政策,比如减少或停止新股发行,可以减轻市场供给压力,增加市场需求量,促进证券(股票)市场价格回升。国家宏观经济政策包括产业政策、货币政策、财政政策、税收政策等。宏观经济政策可以促使资金流入股市或撤出股市,特别是国家针对证券市场的具体政策,比如股市扩容政策、交易规则、交易成本规定和上市公司税收政策等。由于我国证券市场起步较晚,尚需规范和强有力的监管,要维护证券市场的健康发展需要政府的正确引导,但是政策面对证券(股票)市场的影响过大,成为中国股市的一大国情和特征——"政策市"。比如 1990 年刚设立上海证券交易所和深圳证券交易所时,形成股市的虚假繁荣;1993—1994 年盛行"赌博论"和"关闭论"时导致股市行情的长期低迷;1995 年政府的救市措施,引发长期的暴涨行情以及随后的大起大落行情。这些年股票价格的大起大落无不证明这一观点。

三、分析市场面

市场面是指证券(股票)市场供求状况、供求结构以及投资者及其资金流向情况等。证券(股票)市场的供求状况对证券(股票)价格的影响反映在股票供给量和需求量与投资资金的投入量和撤出量上,当证券投资预期回报率较高,投资资金充裕,而股票供给量相对不足时,就会推动证券(股票)价格上涨;反之,就会促成证券(股票)价格下跌。要使证券(股票)市场供求平衡是很困难的,往往是相对的和暂时的,而不平衡是绝对的和经常的。这主要是因为证券(股票)市场供求状况经常受各种各样主观和客观因素的影响。

四、分析技术面

所谓技术面,是指反映股价变化的技术指标和股价走势形态。技术指标之所以能影响股价走势,是因为被广泛使用的技术指标如 K 线图人气指标、买卖强弱指标等,容易得到广大投资者的一致或较大程度的认同和信任。在投资者趋同心理的影响下,当某一技术指标达到某一位置时,投资者会不约而同地采取相同的投资策略(买进股票或卖出股票)。由此可见,技术指标往往借助投资者的心理因素对股价产生影响。

股票技术派认为:影响股票市场波动的因素非常多,这些因素将影响投资者的交易,造成股票价格、成交量和成交额的变化,而这些变化经过统计分析就可以反映在图表上。通过分析图表来预测未来走势,可以帮助投资者作出投资决策,进行股票投资。由于技术分析方法有多种,各有优点和缺点,应注意如下几点:

(1)技术分析是根据统计学原理得来的,因此它得到的是概率情况,并不是百分之百的正确,总是有一定的失误率。

(2)由于技术分析方法很多,产生了很多指标,而每一种指标都是根据一种特殊原理设计而成的,因此这种指标在某一方面很有效,但在其他方面可能无效。

(3)技术分析的一些指标是根据常态情况下统计而成的,因此在常态情况下,准确性非常高,但是在非常态情况下,若使用常态标准,将会出现失误。

(4)技术分析方法有多种多样,有时会相互出现矛盾。这时候,投资者可以采取根据多种指标指导的方法去做,当看不清市场或拿不定主意时,不要急于投资操作,最好等待新的市场机会。另外还必须指出,在证券市场上,有些资金实力雄厚的坐庄机构往往利用技术走势设置"技术陷阱",比如人为制造"做多"行情前的"空头陷阱",以骗取相信技术走势的股民手中的股票或人为制造"做空"行情前的"多头陷阱",以骗取股民入市投资股票,使中小股民受骗上当而遭受经济损失。因此,投资者应该把技术分析方法与其他分析方法结合起来进行,才能得出正确结论和投资决策,以取得较好的投资效果。

五、分析心理面

所谓心理面,是指证券市场参与者,特别是证券投资者的买卖心理活动情况。它影响到证券投资行为,从而影响到股市价格的波动。由于股市参与者在股市中有各自的责任和核心利益,所以他们的心理活动特点也往往不相同或不尽相同。投资者可以利用这一特点,进行自我心理调整,对指导股市投资实践会有很大帮助。

1.证券管理部门的股市心理

证券管理部门以贯彻落实我国证券法律、法规和规定,维护证券(股市)市场的健康发展为己任,经常对证券(股市)市场大起大落进行必要干预,对投机过盛或违法乱纪行为进行查处,必要时对证券市场走势变化制定有关政策规定加以引导和调控。比如,1991年开市之时,由于股票市值很小,市场出现供不应求,造成股价暴涨,后来证券管理层采取加快发行步伐,加大扩容的政策,使股价逐步回落。到1995年末,受"赌博论"和"关闭论"的影响,股价跌落至"地板价",当时新股发行得不到投资者的积极响应。因此,证券管理层又出台坚定发展股市的一系列政策和措施,使上证综指从500多点上升至1500多点,深圳成指从约1000点飙升至6000多点。近年来,由于受国有股和法人股是否要流通问题消息的困扰,股价与股指容易受人为操控,出现大起大落的行情,不利于股市健康稳定发展。为此,证券管理层从2005年起开始有计划分批实行全流通改革,如今已经成功地解决了股权分置问题。

2.证券中介机构的股市心理

依法设立的证券中介机构是通过为证券发行人和证券投资者提供交易场所、信息咨询、会计与法律服务来履行职责和获得利益的。他们对热点问题所刊登的报道或股市评论,只能代表作者个人的见解,希望能吸引投资者的兴趣和关注,提高自身的社会影响,提高自身知名度,获取更多利益。至于投资者据此入市操作所获得的收益或造成的经济损失,只能是投资者自己的事情,与这些证券中介机构没有直接利害关系。

3.机构投资者的股市心理

机构投资者资金实力较雄厚,财大气粗,专业知识丰富,信息较为灵通。他们凭借这些优势,在股市里呼风唤雨,兴风作浪,人们把他们称为"大鳄"、"庄家"。他们的投资心理和行为往往可以决定股市大盘走向。由于他们持仓量大,要想变现,就必须在股市价格处于高位,投资大众踊跃进场购买,买气旺盛之时方能进行;同样,他们要想买进大量股票,总是在股价低迷,行情看淡,大众纷纷抛售离场之时,逐步吸纳廉价股票,暗地里建仓,等待时机,发动上升行情。以下是证券公司营业部股评会现场情景(图)。

(四)中小散户投资者的股市心理

我国绝大多数投资者都属于中小散户投资者,他们的资金量有限,一般只有几万至几十万元不等,是股市中的"小鱼小虾"。他们的股市心理极为复杂,往往过于注重自己在股市中短期的赢利或亏损,往往最容易受股市波动的影响,有的因赚到一点蝇头小利而兴奋不已;有的也因受到一些损失而忧心忡忡,自己给自己设立心理陷阱:比如在股市升升跌跌中没了主张;股价虽然已处于高位,但仍然幻想以后还会涨,就高价买进;股价若有回落,又担心被套,只好低价卖出;吃亏以后,容易犯犹豫不决的心理,坐失投资良机。因此努力学习、认真思考,不断调整股市心理,培养理性投资心态,炼成稳定良好的心理品质,才能为在股市中取胜创造条件。以下为股市下跌之后的股民众生相(图)。

第三节　证券投资方法

"艺高人胆大"、"技多不压身",投资者要想最大限度地控制投资风险,并获取最大化的投资效益,就必须掌握各种股票投资方法。以下介绍常见的几种投资方法。

1. 顺势法

顺势法也称顺势投资法,指投资者在选择操作取向时,与当时的股市走势和各种技术指标意示的方向相同,开展投资活动。如果股票指数开始上扬或某些股票价格开始上涨时,就及时买进股票,以持股待涨;反之,如果股票市场整体开始下跌或某些股票价格开始下跌时,就及时卖出股票,以获利了结。顺势法的优点是以股价变动周期性为基础,在股市处于长期趋势、中期趋势和短期趋势中,采用相应的投资技巧,求得较大的投资效益。缺点是股市往往受错综复杂的因素所干扰,其走势往往也是不规范的,真真假假,涨涨跌跌,变化无常。投资者一旦判断失误,又不能及时纠正,转变投资策略,就要遭到投资损失。

2. 拨档法

拨档法是投资者在股价处于较高价位时卖出所持有的股票,等待股价下降后再行回补。这是多头降低风险、保持资金实力的方法之一。投资者"拨档子"并非对股市看坏,也不是真正有意获利了结,只是希望趁价位高时,先行卖出,利用差价,争取多赚利润。通常"拨档子"卖出与买回之间的时间很短,几天至几周内,甚至当天利用股价大幅度冲高时,卖出手中部分筹码,等待股价大幅度回落止跌时,利用资金 T+0,再行买回,以赚取差价利润。拨档法的优点是可以充分利用资金,提高资金使用效率,获取更多投资效益。缺点是一旦投资者刚卖出股票,还来不及买回时,遇到行情急剧上涨,就会失去大好的获利机会。

3. 以静制动法

以静制动法是一种短期投资的组合策略。当股市行情出现此起彼伏,各种股票轮涨轮跌,投资者很难把握,追涨时容易被套住,杀跌时又可能失去投资机会。此时,较稳妥的办法是采取以静制动,选择涨幅较小,或者尚未上涨的好股票先行买进,不赚不卖,等待主力发动行情,抬高这些股价时,择机卖出,获利了结。难点是选择股票要准确,要注意了解所买进股票的公司情况,以确保买进有上涨潜力的股票。

4. 补亏法

当股价急剧跌落时,投资者就要发生账上亏损,要想办法弥补亏损,有两种途径,其一是做短线,赚差价。就是在股价急剧大幅度下跌开始时,尽管已造成账面亏损,但也要尽早卖出所持有的股票,等待一段时间的跌势至短期底部后,又及时买进股票,等待反弹行情,股价上涨至阶段性顶部后又卖出,以赚取一些差价,弥补一些亏损。如此反复操作,把握得好,就可以较快实现补亏的目标。其二是扩大投资。就是当股价剧跌,没有及时卖出,而被深度套牢;当股价跌至阶段底部或长期底部时,再投入资金购买价格已经很低的股票,购买的越多,捞回投资本钱越快,甚至赚回更多利润。

5. 逆势法

逆势法就是当你忍不住想卖的时候,反而要买进;当你忍不住想买的时候,反而要卖出。这种操作看似荒唐,实质却有道理。普通投资者每天来到交易所观看行情,极容易受情绪影响,产生从众心理和投资行为。当形势乐观时,他们往往就拼命买进,当形势悲观时,便不计成本和不顾后果地疯狂抛售,只局限于眼前事件。然而,股市是反映未来的,是根据未来情况而波动的,光顾眼前市况追涨杀跌,效果往往适得其反。此外,有时大机构投资者或庄家采用逆势法,在一定程度上人为操控行情,这样投资者能"与庄共舞",就能取得可观收益。

6. 分段买入法

在对行情判断把握不准时,如果一次性投入你所有的资金买进股票,甚至只买一种股票,当然要冒很大风险,一旦行情继续下跌,将损失惨重。因此,投资者要时刻保持清醒的头脑,注意风险防范。最好的办法是随着行情的发展变化,在股价处于很低位,并显示颇具投资价值时,先用部分资金买进有较大潜力的股票,假如这些股票价格还继续下调,投资者还可以继续用部分资金在更低价位买入,以降低持股成本,等待行情回升或上升后,再卖出获利了结。

7. 其他方法

股票投资方法还有很多,比如主力操作法、试盘买卖法、板块涨跌法、箱型买卖法等,这里不做一一介绍。有兴趣的同学请阅读有关书籍。

以上各种投资方法和技巧各有特点,投资者必须根据证券市场的实际情况和适合自己的投资思路择优选用。不同的市场行情往往需要使用不同的投资技巧,在"牛市"和"熊市"以及"牛市"转为"熊市"或者"熊市"转为"牛市"的行情中,往往要采取相反的投资方法,才能取得较好的投资收益。

第四节　证券投资操作策略

在科学管理资金和合理利用各种投资技巧的前提下,重要的工作应当转向证券投资操作策略的制定。因为操作策略制定的成功与否关系到投资者证券投资的经济效益的高低问题。

以投资股票为例,经济有高潮也有低潮,股价有上升也有下跌。一般地说,没有只涨不跌的股票,也没有只跌不涨的股票。根据股票市场中股票价格时涨时落的变化特点,我们可以把它归纳为四种不同的行情,即升(牛)市、高价位调整市、跌(熊)市、低价位调整市。

这四种不同的行情往往分别占有股市运行的一段较长时间,投资者必须根据不同的市况采取相对应的投资操作理念、投资策略和投资方法,运用正确的操作技巧。比如在"熊市"的末期买进股票,并敢于长期持有,或者在"牛市"的末期卖出股票,便能获得丰厚的投资回报。在调整市多多学习思考,少操作,快进快出,高抛低吸,争取股票投资的利益最大化和亏损最小化,有效防范投资风险,才能成为股市的赢家。

一、"牛市"中的操作策略

(一)"牛市"形成的背景

股市经历了一段较长时间的下跌和低价位区间调整,投资者对股市失去信心,人们谈股变色,股市中大多数股票价格极低,每日成交量极度萎缩,正当面临新一轮国民经济复苏与发展即将到来之时,或因受到影响股市的重大利好刺激,极有可能迎来股市的一段较长时间的盘升行情,即形成"牛市"。

(二)"牛市"的市场特征

股市人气开始转旺,入市资金持续增加,不断吸引后来投资者入市购买股票,做多意愿强烈,多方占优,成交日趋活跃;股票成交量也日趋放大,不时创出新高,甚至天量;股票供不应求,股价不断盘升,不时创出新高,甚至天价。经验告诉我们,"牛市"总是在股市人气旺盛到高潮后结束,并步入高价位调整市阶段。

(三)投资技巧

1. 选择买进的时机

投资者要把握好以下几个关键时机:(1)在"牛市"来临前买进持有;(2)在"牛市"开始时买进持有;(3)在"牛市"股价上升过程中,每次回调都是投资者买进的好机会,但在很高价位买进后要随时保持警惕,注意择机卖出。

2.选择有上升潜力的股票

投资者要选择跌幅较大,行业景气,业绩较好,成长性高,涨幅较小,成交活跃的股票。

3.选择卖出的时机

投资者要关注大盘走势,注意择机卖出,特别是在"牛市"后期要及时获利了结。

4.注意控制风险

投资者要顺势而为,以买进股票为主,在选股时不要买进"牛市"中的"熊股",必须对各种股市信息做理性分析,进行独立思考,谨慎操作,切记不要被"牛市"过盛的人气冲昏头脑,要克制自己的冲动,时刻牢记股市大幅度上涨后聚集的风险。

二、"熊市"中的操作策略

(一)"熊市"形成的背景

股市经历了一段较长时间的盘升行情(也就是"牛市")和高价位区间调整之后,又面临新一轮国民经济发展速度受阻,并开始下降之时,或因受到对股市形成利空因素的制约和影响下,极有可能导致股市进入一段较长时间的盘(阴)跌行情,即形成"熊市"。

(二)"熊市"的市场特征

股市中投资者开始出现恐慌情绪,投资者入市买进的意愿降低,反而争相卖出手中股票,资金流出股市的步伐加快,造成股票供大于求,空方占优,股价不断盘跌,持股投资者账面亏损增加。随着行情展开,由于空方此时占优,从而进一步打压股价,一直到达谷底,股市继而步入低价位调整市阶段。

(三)正确的投资与操作技巧

在"熊市"刚来临时,赶紧卖出手中股票,以获利了结或减少亏损。对于进取者来说,可以通过选择"熊市"中的"牛股",谨慎操作。另外,如果股价已经连续下跌多时,并出现阶段性底部,可以用一部分资金选择有潜力的股票,及时买进抢反弹,但投资者必须见好就收,快进快出。因为每次反弹都是空方卖出(出货)股票的好机会,一波反弹结束后股价还会创新低,以寻求新低价位的支撑。对于已经被深度套牢的持股者,只要所买进的股票成长性较好,可以做长线投资,等待下一轮牛市到来,再择机卖出。

三、调整市中的操作策略

(一)调整市形成的背景

股市处在"牛市"和"熊市"的转换时期,可分成两个不同阶段,一是高价位调整市;二是低价位调整市。调整市中,既没有更大的利好推动股价继续盘升,从而形成高价位调整市;也没有更大的利空推动股价继续盘跌,从而形成低价位调整市。

(二)调整市特征与投资操作策略

股票市场上多数股票价格也表现上下两难,即使有涨有跌,其涨幅或跌幅也很有限。高价位调整市发生在"牛市"之后,大多数持股者都有或多或少的账面盈利。但由于股价普遍很高,接下来将是"熊市",所以持股者的投资风险近在眼前,必须保持高度警惕。俗话说,高价位调整市中久盘必跌,投资者最好随时准备出货,才能回避风险,保住投资收益。

低价位调整市发生在"熊市"之后,但由于股价普遍很低,接下来将是"牛市",所以投资风险较小,可大胆买进行业景气、有一定业绩支撑、价格相对较低的股票,进行短期投机或长线投资。也就是说买进这些股票之后,一旦短期内股价有一定程度上涨,可先行部分卖出,待价格回调时,再买进持有,反复操作,积少成多,提高投资效率。在买进这些股票之后,一旦短期内股价不涨反跌,就应着眼长远,做长线投资的准备,低价位调整市中久盘必升,只有耐心等待"牛市"的到来。

四、建仓策略

建仓策略即股票买入策略,包括买入哪些股票,何时买入,以何种价位买入,买进多少数量和批次等。

(一)入市点的选择

入市点包括两方面的含义:一是买入时点,即何时买入为最佳时间;二是买入价位,即以什么价格买入为最好价格。

1. 买入时点的选择

买入时点的选择可以从以下几方面来加以考虑:

(1)经济周期规律。证券市场是反映国民经济发展状况的晴雨表,是一国宏观经济状况的超前反映。尤其是股票市场,其股票价格指数的走势规律大体上与宏观经济运行的周期规律相似。经济研究专家通过对我国股市及宏观经济的连续跟踪研究发现,准确地把握我国宏观经济周期性运行规律,就能提前把握整个股市的走势,就不会被每天股市行情的短期波动所左右。这就能帮助投资者树立正确的投资信念,在"牛市"中做足行情,在"熊市"中坚持离场观望,以回避风险。

首先,在宏观经济末期,股市开始走出低谷,这时的操作策略是大胆建仓。其次,在宏观经济复苏期,股市持续上涨,此时的操作策略是大胆持股。第三,在宏观经济繁荣期,股市继续上涨,可能于繁荣期结束前2～3个月达到股市最高点,此时的操作策略是平仓出场,获利了结。第四,在宏观经济紧缩期,股市进入下降走势,处于"熊市"阶段,市道长期低迷。此时的操作策略是持币观望,等待新一轮经济周期的到来。

(2)经济环境。股市大盘走势与一国经济环境和经济政策密切相关。如果一个国家的经济状况良好,利率维持较低水平,本国货币坚挺,宏观经济保持低通胀、高增长,经济稳定持续增长,这就为股市的长期"牛市"提供良好的经济环境。反之,就会导致股市长期低迷,影响股票市场的健康发展。在操作策略上,投资者在经济环境稳定向好时期,股价又相对较低时,应积极进行投资操作;反之,投资者在经济环境恶化时期,股价又相对较高时,应以持币观望为主。

(3)图形趋势与技术指标。一波升市行情的展开,只有在股市经过大幅下跌,筹码被充分消化换手之后,图形趋势处于低位横盘整理,技术指标极其疲弱的情况下才有可能产生。就算一波中级行情或短期波段行情的启动,也都要求图形趋势经过充分调整,股价处于相对低位,才有可能发动行情。也就是说股市只有经过充分调整才有投资介入的价值,才能吸引投资者买进股票。

2. 买入价位的选择

买入价位的选择可参照以下几方面的因素来加以综合决策:

(1)图形关口。这是指一些特殊的底部图形,如头肩底、双底、圆低和上升中继图形以及三角形、旗形等,股价突破其颈线关口上行,便是最佳的买入价位。这里要注意的一点是识别虚假突破。有的庄家或主力机构会在价格底部区域用其手中筹码故意打压股价,造成图形向下形成空头陷阱的假突破来迷惑散户,不但使散户因误判不敢买进这些股票,而且还会使一些投资者恐慌斩仓,当这些庄家骗到足够的筹码后,再抬高股价,从中谋利。也有的庄家或主力机构在价格高位区域还用其手中少许资金故意拉高股价,造成图形向上形成多头陷阱的假突破来迷惑散户,不但使散户因误判不能及时卖出这些股票,而且还会使一些投资者跟风买进,当这些庄家边拉高边出货,骗取利润并成功出逃之后,就让股价下跌,造成散户深度套牢。

(2)心理价位。这是指股价或股价指数在上行过程中,对某个价位或指数区域屡攻不破,对投资者造成很大的心理影响。但股价一旦突破该价位或指数区域,将一路上行或下行,此价位将是较好的买进或卖出价格。这里也有一个有效突破的问题,必须在股价或指数回抽或回调确认其有效突破后才实施买进或卖出行为。

(3)低位区域。当股价在K线上处于低位区域,或接近历史最低价时,是买入的最好价位。此时股价在底部徘徊,交头清淡,成交量极小,是一个很好的买入价位,股市谚语历来有"地量地价"之说,投资者应在股价低位大胆买进。

(二)选股策略

在证券投资中,尤其是股票,投资者面对一千多只股票,而每只股票的价格表现千差万别。股票选得好,股价一路上升,投资者可获得满意的差价收益;如果股票选得不好,股价不升反降或久盘不升,投资者可能得不到差价收益,甚至亏损。因此在证券投资中,选股之道甚为重要,可以从以下几方面来参考选择股票。

1.个股基本面

要掌握个股的基本面情况,这些基本情况包括上市公司经营业务、产品市场占有率、资产状况、盈利能力、投资项目前景、管理水平、重大变动等,还包括公司的股本结构、流通盘大小、股东状况、送配方案等。这些个股的基本情况对我们选择股票将有很大的帮助。

2.个股成长性

对个股成长性的判断相当重要,可能该股现年业绩一般,收益也不高,但与前几年相比却保持一个高成长性。投资这类股票,投资者将能分享公司成长所带来的收益。

3.重大题材

在证券投资中,应随时关注上市公司的信息披露及相关报道,比如新项目的投资、获得巨额贷款、税收优惠、高层人士变动等,尤其是公司兼并、收购、资产重组等,会成为股票市场上一大热点。通过重组,给原上市公司注入了新的活力,可能带来利润的高速增长,并促进上市公司经营转向高科技等朝阳行业,使一些昔日的垃圾股顿时身价倍增。比如北大科技控股延中实业,在短短三个月的时间内其股价从重组前的9元上升到36元,涨幅高达300%。类似的题材很多,投资者应密切关注。

五、持仓策略

在前一阶段买进股票后,就应考虑股票的持有问题。因为股票市价增值往往有一个过程,即波段行情。有的股票在投资者刚买进不久就可获利,而有的股票在投资者买进之后,要等待很长的一段时间才可获利。因此,投资不同类型的股票其持仓情况是不同的。在持仓过程中应考虑如下几个方面的问题。

(一)持股时间

投资者买进股票时,通常以股票投资组合的策略来实施。在组合的股票中,股票类型不同,其持股时间也应不同。

1.绩优股

绩优股由于业绩优良,市盈率低,一般会有一个较长时间的持股过程。这类股票不动则已,升势一启动,往往涨幅惊人。

2.成长股

成长股由于多数投资者对其潜在成长性的价值认识不足,其股价表现不活跃。投资者买进后,通常要有一个较长时间的持股过程。当这类股票上涨后,持股者应根据上市公司成长性的价值考虑继续持有或获利了结。如果公司成长性能持续增长,则可中长线持有;如果公司的成长性是由于短期效益影响所致,则可中短期持有,不应期望过高,并择机获利了结。

3.题材股

题材股启动往往很突然,短期内涨幅惊人,主要是受上市公司重大消息的影响所致。对它们的投资可视其题材的实质性内容,中短期持有。如果有实质性优良资产注入,能给上市公司带来业绩提升,这类股票可中长期持有;如果是市场传闻或企业的短期化行为,这类股票只能短线持有,不宜过于贪心,以免遭套牢之苦,应择机获利了结。

(二)持股结构的调整

组合投资做好后,并非一成不变。投资者还应根据市场情况、股价反应、上市公司信息和基本面状况等因素,应在必要时对持股结构加以调整。如某些短线投机操作的股票,有一定获利后即可卖出,再考虑买进其他有投资或投机机会的股票;如果某些股票买进较长时间后,其股性呆滞,也应考虑换股操作。

另外,如果发现组合投资中,持股结构在行业的组合上不理想时;或组合的风险变大时;或该组合过于呆滞时,都应考虑进行持股结构的调整。

六、平仓策略

平仓是股票投资的最后一个阶段,它也涉及一个卖出点的选择问题。卖出点的选择包括两方面的含义:一是卖出时点的选择,即何时卖出为最佳时间;二是卖出价位的选择,即以什么价格卖出为最好价格。

卖出点的选择在实际操作中判断难度是很大的。过早卖出,股价及指数还在继续上扬,此时投资收益将丧失一个利润空间,达不到收益最大化;如果迟迟不卖出,一旦大市逆转,比如不涨反跌,将使触手可得的投资收益逐渐缩减,甚至反而被套牢。因此,实际操作中应将两者结合起来考虑。卖出点的选择应重点考虑以下几方面的因素。

1.宏观经济周期

当宏观经济从鼎盛期步入衰退期时,应果断平仓出场。这时股市可能还在继续上涨,但基本面已经发生变化,如通胀率很高、经济过热、股资膨胀、物价上涨、银行加息等,这些因素可直接导致股价指数在某一天发生暴跌,并步入漫长的"熊市"。

2.图形技术讯号

当股价或指数经过几波上扬后,积累了很多的获利筹码,同时,市场风险正在日益加大,应果断择机平仓。

(1)当图形走出反转形态,如头肩顶、双重顶、圆顶、单日反转等,这时投资者应保持警惕,一旦股价或指标向下突破颈线关口,应立即清仓出场,否则将遭受很大的市场风险,导致投资亏损。

(2)当各项技术指标如 RSI、MACD、KD、MA 移动平均线等均处在高位超买状态,并形成死叉,此时应警惕技术指标所发出的卖出信号,随时准备平仓出场,特别是指标反映高位价量相背离的情况,更应考虑及时平仓了结,以回避投资风险。

(3)当波浪理论显示股价或指数已走完第五波衰竭波时,应警惕市场随时出现的下跌风险。当然还应结合宏观基本面来判断是否见顶,还是进入中期调整或短期技术回档。也就是判断即将来临的下跌浪是大浪下跌还是一波中、小浪的回调,这在投资者制定投资策略时相当重要,应引起高度重视。

3.支撑区域

支撑区域通常是股价或指数屡试不破的成交密集区,对股价构成强劲支撑。该区域中换手率通常较高,属相对平衡区域,多空双方在此形成对峙。如果大市发生逆转,图形走势向下突破支撑区位,说明空方在此占据优势,大市下跌将不可避免,应立即平仓出场。尤其是一些整数关口和心理价位,它们都是广大投资者非常敏感的价位,一旦向下破位,将引起恐慌性抛售。此时应果断清仓出场,尽可能回避市场风险,保证收益的最大化。

第五节　投资资金管理

在证券投资中,不管是买卖股票还是买卖国债或基金,合理分配与使用资金,使资金的使用效率最大化,就会产生良好经济收益。如果资金的使用管理是盲目而无条理的,那可能会带来较大的风险,使证券投资遭受不必要的损失。

一、资金管理的原则

1.风险分散原则

在实际的证券投资中,市场存在着很大的投资机遇,但同时也充满着极大的投资风险。有句谚语:"不要把所有鸡蛋都放在一个篮子里。"这种观点实际上就是一种风险分散原则。好比某一投资者将全部资金都用来追逐某一只股票,如果该投资者在该股票价格上升初期就获利了结,那么他将赚取一些利润;当然如果该投资者在该股票价格大幅度上升后,及时获利了结,那么他将会获得暴利;一旦该股票价格急剧下跌,甚至阴跌不止,假如该投资者没有及时卖出而被套牢,那么将给该投资者带来巨大的经济损失。正确的资金运用方法应该是将全部资金分阶段投资于多种不同的证券,或多个不同行业的股票。这样,"东方不亮,西方亮",就算投资者因投资决策失误而买进的少数股票下跌,但只要投资者因投资决策正确而买进的多数股票价格上涨,总体来说还是可以盈利的。

2.时效性原则

对投资证券市场的资金,一定要注意其时效性问题,投资者如果对其价格走势判断及时准确,就可能获利;如果判断不及时也不准确,可能在相当长时间内无法获利,甚至可能出现账面亏损。这就要求我们在证券投资时,一定要考虑到资金运用的时效性,将资金合理分配。比如,选择了一只成长性较好的股票,其价格目前相对较低,具有上涨的潜力,持有该股票的时间越长,投资获利往往也越大。因此,就必须耐心做足上升波段,争取最大的盈利,来弥补因长期持股占压资金造成的时间价值损失,从而提高资金运用的时效性。同样,如果选择了一只强势股,可能短期就能获利,但由于投资者追买时,价格已经有一定涨幅,因此持有此类股票不宜太久,有一定盈利即可卖出,这样的操作也是充分考虑了资金的时效性。所以,持股结构中应既有长线资金,也有短线资金。就是说用部分资金购买并长期持有潜力股,又用另一部分资金做短线投资,快进快出,谋取短期利益。

3. 相对集中原则

当某一只股票行情出现相当好的短线投资机会时,投资者应调集部分资金实行重点投资操作。因为短线操作持股时间短,获利的机会多,但价格升幅大小难以预料,只适宜快进快出,及时获利了结即可。只有靠资金的相对集中进行多次滚动操作,才能充分利用短线投资机会,创造出更好的投资收益,提高资金的使用效率。

4. 机动性原则

股票投资操作中,应随时备有机动资金,以防不测,这便是资金机动性原则。因为证券市场是充满风险的,尤其是股票市场,其风险相对较大。在投资者对行情进行分析时,不一定每次都对股价的变动趋势预测得那么准确,稍有不慎,便会被套牢。如果此时有机动资金,便可用成本摊低法,在股价处于较低位时再增加购买该股票,当股价稍有反弹时即可部分解套;如果此时没有资金援助,就将长期饱受套牢之苦。不仅如此,假如此时别的股票有很好的上涨机会,由于账上没有资金可用,将白白浪费投资获利的机会。

二、组合投资管理

证券市场上的投资品种较多,机会和风险各不相同,因此有必要将有限的资金合理安排,优化投资结构,进行组合投资。

首先,确定投资股票和债券的资金分配比例。投资债券的风险很小,收益稳定但不是很高;而投资股票的风险较大,收益也不稳定,但却存在着较多的投资机会。不同类型的投资者对投资股票和债券有着不同的资金分配比例(见表 9-1)。

表 9-1　各种资金分配比例

投资者类型	投资国债(%)	投资股票(%)
保守型	80	20
稳健型	50	50
进攻型	20	80

其次,确定股票的投资组合。在股票市场中,上市公司千差万别,投资机会和风险各不相同。根据经营业绩和成长性情况,上市公司股票大体可分为绩优股、成长股、垃圾股和题材股。不同偏好的投资者对它们的投资侧重点有所不同(见表 9-2)。

表 9-2　各类投资侧重点

投资者类型	投资绩优股（%）	投资成长股（%）	投资垃圾股和题材股（%）
保守型	50	30	20
稳健型	33	33	34
进攻型	20	50	30

从上表中可以看出，保守型投资者为了降低风险，偏重于投资绩优股；稳健型投资者对这三种类型的股票采取平均分配投资的方法；而进攻型投资者更注重对成长股和题材股的投资，并在垃圾股和题材股中寻找暴利机会。

第六节　证券投资的风险控制

有言道"市场风险难测，务请谨慎抉择"、"股市有风险，入市须谨慎"。证券投资风险具有明显的两重性，即它的存在既有客观性，也有主观性；既是绝对的，也是相对的。这种风险是不可避免的，也是可以进行控制的。对此，投资者应运用一系列投资策略和技术把承受风险的成本降到最低程度。

一、风险控制的基本原则

1. 回避风险原则

回避风险是指事先预测风险发生的可能性，分析和判断风险产生的条件和因素，在投资活动中设法避开或改变投资的方向。在证券投资中的具体做法是：放弃对风险性较大的证券的投资，转而投资其他风险性较小的证券或其他金融工具或不动产等。相对而言，回避风险原则是一种比较消极和保守的控制风险的原则。

2. 减少风险原则

减少风险原则是指人们在从事投资活动过程中，不因风险的存在而放弃既定的目标，而是采取各种措施和手段设法降低风险发生的概率，减轻可能承受的经济损失。在证券投资过程中，投资者在已经了解到投资于股票有风险的前提下，一方面，不放弃证券投资动机；另一方面，运用各种技术手段，努力抑制风险发生的可能性，削弱风险带来的消极影响，从而获得较丰厚的风险投资收益。对于大多数投资者来说，这是一种进取性的、积极的风险控制原则。

3. 留置风险原则

这是指在风险已发生或已经知道风险无法避免和转移的情况下，正视现实，从长远利益和总体利益出发，将风险承受下来，并设法把风险损失降到最低。在证券投资中，投资者在自己力所能及的范围内，确定承受风险的程度，在股价下跌，自己已经亏损的情况下，往往采取"壮士断臂"式的果断"割肉斩仓"，进行自我保护。

4. 共担（分散）风险原则

在股票投资中，投资者借助于各种形式的投资群体合伙参与证券投资，以共担投资风险。这是一种比较保守的风险控制原则。它使投资者个人承受风险的压力减弱了，但获得高收益的机会也少了，遵循这种原则的投资者一般只能得到平均收益。

二、风险控制的措施

1.充分及时掌握各种股票信息,进行投资前的风险评估

信息对股市的重要性就如同氧气对于人一样,充分及时掌握各种股票信息是投资成功的法宝。掌握信息的关键在于获取信息、分析处理和利用信息。投资者利用所掌握的信息,经过周密的分析论证,按照自己对风险的承受力来决定自己的投资行为和投资组合,作出自己的投资决策。

2.运用技术分析法

这是指投资者根据股票的市场价格和交易量变动的趋势及两者之间的联系,对市场未来行情作出预测,择机买卖股票,以期免受价格下跌造成的损失,并谋取投资收益。这种技能的主要依据是统计数据和图表。技术分析的理论基础是道氏理论,主要工具有价格走势图表,如前面所介绍过的 RSI、MA、OBV 等。

3.运用投资组合法

这是最能体现分散风险原则的投资技巧。有效的投资组合应当具备以下三个条件:即所选择的各种资产,其风险可以部分地互相冲抵;在投资总额不变的前提下,其预期收益与其他组合相同,但可能承受的风险比其他投资组合小;投资总额不变,其风险程度与其他投资组合相同,但预期的收益较其他组合高。为了使自己所进行的投资组合满足这三个条件,投资者应当使投资多元化。投资多元化包括股票品种多元化、投资领域多元化和买卖时间多元化。

4.利用期货、期权交易减少投资风险

股票指数期货交易是一种新的金融交易品种。运用股票指数期货进行保值,可以为投资者大大降低投资风险。

三、中小投资者投资操作时应注意的问题

股市行情变幻无常,中小投资者要想在股市中有所作为,应注意树立风险意识,用理性心态看待股市的涨涨跌跌,纠正以下五种常见的投资决策错误。

1.认为只有逆势而为才能赚钱

在证券市场中,往往少数人赚大钱,而多数人获小利甚至亏损。因此,有人认为:要在股市中赚钱,必须有与众不同的投资思路,逆势而为是上策。但这并不可取。投资股票的第一课是要熟悉股市的行情变化规律,这是投资者不断学习和琢磨的过程,股市没有简单的重复,没有人能保证自己百分之百地摸准股市脉搏,顺势而为尽管不能让你时时赚到钱,但逆势而为同样不一定使你次次碰好运,有时候会铸成大错。

2.认为股票下跌之后必然反弹

股市运行规律和物质世界里的物理常识并不一样,从总体来说,股票价格升了又跌,跌了又升。但也有的股票价格涨得很高了并非必然下跌;有的股票价格即使跌得很低并非必然上涨。那些我们昨天想买而没有买进的股票,只涨不跌,使我们感到遗憾;而那些我们抱着不放,以为总有一天会上涨的股票,却下跌不止,久不见涨。

3.认为小道消息很重要

信息就是金钱,在股市中信息很重要,先知先觉者往往能在较快的时间里以较低价格

买进待涨的股票;同样能在较快的时间里以较高价格卖出待跌的股票。这样一来,他们就可以轻松赚钱,并能及时回避风险。在私底下传来传去的小道消息,不一定都是正确有用的,大多数都是虚假的,最后会不攻自破。对此我们应该保持警惕。比如说,股价一阵狂升后,有小道消息称,某上市公司业绩大幅度提高或者某公司要进行重大资产重组,目前股价还不高,有可能还要上涨一大截等,可后来该股票竟然不涨反跌,甚至创新低。这说明有人故意利用小道消息引诱不明真相的投资者上钩,使他们高价接盘买进,而知情者便借机卖出,谋取暴利。

4. 认为抵押款也可以用来炒股

投资的第一要诀应该是只把多余的钱拿来炒股。股市每时每刻都存在风险,比如说,在某个时候,尽管股价已经处于较低的价格,理论上已经具有投资价值,此时利用抵押款买进股票,但如果股价还是持续阴跌,当升势尚未到,而抵押款的偿还时限已到,投资者只好在股市最低迷的时期,不得不亏本抛出股票来偿还抵押金,这是我们可以想象的最令人头疼的事情。

5. 认为股评家的建议没有错

股评家每天在电视广播等公众传媒上为股民分析股市行情。他们的收入来源是出场费,这取决于收视率,同股民的盈亏没有直接关系。他们对前市的分析所说的大道理只是"马后炮"或者说"事后诸葛亮",对于有些常识的投资者都能明白,他们对后市走势的判断又往往是模棱两可,让投资者难以琢磨,当然在股市最不景气或最红火的时候,要蒙对股市走势也不是什么难事。

因此,对于股评家的评论,切记仅供参考,不能当作金科玉律,照搬硬套,而必须独立思考,自主决策,不断提高辨别是非的能力和投资决策的能力。

第七节　理性投资者的素质与培养

由于受到许许多多错综复杂因素的影响,股市价格往往处在连续波动中,有时是有理性的,表现为该涨时涨,涨得过头了就会回落调整;该跌时跌,跌得过分了就会回升调整。但有时又极不理性,往往表现为上涨时一涨再涨,股市里热气腾腾,股价升势凌厉牛气冲天,出现股市投资过热,造成股市严重泡沫化,累积持股风险;一旦股市崩盘,股市里寒气逼人,股价急速下跌一泻千里,使人丧失持股信心,谈股色变,严重影响股票市场的健康发展,当然也孕育着新的投资机遇。因此,证券投资者,特别是中小散户投资者,应该克服非理性投资行为,树立理性投资理念,才能把握好投资机会,在股票市场中应变自如,得心应手,成为股市高手或赢家。就像一位学者所提倡的:"把握知识要点、解悟分析要略、精通实战要诀、守住风险要害。"要想成为理性投资者,应当具备如下几个方面的素质。

1. 投资者要具备良好的投资知识与技能素质

投资者应该努力学习和掌握证券(股票)相关知识和投资技术技巧,在向书本学习的同时,还要在实战中学习,用与时俱进的观念为指导,时刻跟踪了解和掌握最新的证券(股票)信息,进行独立思考,不断提高适应证券市场发展和变化的能力,对证券市场未来可能的发展方向作出较准确的判断,形成并坚持自己独特的理性投资理念。

2. 投资者要树立理性投资理念

在进行投资决策时,投资者应该克服人言亦言、盲目跟风、犹豫不决、追涨杀跌等不理性投资行为。波浪理论告诉我们,波浪中有波峰,也有波谷,股票时涨时跌,实属正常。因此,投资者必须用理性的投资理念做指导,该卖时就坚决地卖,该买时坚决地买。比如在"牛市"后期,当股市出现非理性上涨或过度上涨的"诱多"行情时,能够识别股市投机性上涨带来的巨大风险,投资者必须时刻对股市保持高度警惕,择机抛售手中的股票,获利了结,落袋为安是正确的选择。又比如在"熊市"后期,当股市出现非理性下跌或过分下跌的"诱空"行情时,能够识别股票因大幅下跌后投资价值突显所孕育的投资机会,树立持股信心,择机分批买进,等待新的上升行情给投资者带来投资收益。

3. 投资者要具备良好的股市心态

投资者要有扎实的证券知识和过硬的股市投资技能,还要有良好的股市心态。因为投资者首先是人,而人的投资行为往往受到心理活动的支配,成熟而稳健的心态是实施理性投资行为最重要的前提条件。股市中有很多事实证明,如果投资者没有良好的股市心态,就很容易在股市中被各种言论或现象所迷惑,自我矛盾、自我否定、迷失方向,致使投资失败,应引以为戒。而良好股市心态的形成,一要坚持不懈地用科学、理性的投资理念指导投资行为;二要在股市中经受长期反复的磨炼,不断积累股市实战的成功经验,吸取股市投资失败的教训,不断发展理性思维,牢固树立理性的投资理念,才能成为真正的理性投资者。

思考题

1. 投资股票前需要做哪些准备工作?
2. 证券投资分析一般应包括哪些内容?
3. 为什么说股市是一个心理王国?
4. 投资资金管理应遵循哪些原则?
5. 股票投资技术主要有哪几种?
6. 怎样进行股票建仓、持仓和平仓操作?
7. 典型的股市走势可以分成哪四种形态?
8. 牛市形成的背景如何?牛市思维的内涵有哪些?
9. 熊市形成的背景如何?熊市思维的内涵有哪些?
10. 理性投资者应具备哪些素质?

第十章

证券市场监管与法规 ▷▷▷ ▷

学习目标

本章介绍证券市场监管的原则、目标、对象、内容以及证券相关的法律法规等,使学生了解和掌握证券市场监管与法律法规的相关知识以及证券从业人员的资格要求与经纪人监管等内容,以增进对我国证券市场现状的了解,为将来从事证券服务工作或投资活动做准备。

重点难点

1. 证券市场监管的原则;
2. 证券市场监管的目标;
3. 证券交易监管的对象;
4. 我国证券法律制度体系的构成;
5. 证券从业人员的资格要求与经纪人的监管。

学习内容

第一节 证券市场监管的原则与目标

一、证券市场监管的意义与原则

(一)证券市场监管的意义

证券市场监管是指政府及其证券监管部门为弥补市场机制本身的缺陷,运用法律的、经济的以及必要的行政手段,对证券的发行承销、交易转让等行为以及证券中介机构的行为进行引导、监督和管理。它是金融监管体系的重要组成部分,对证券市场的稳定、规范、健康发展具有积极作用。加强证券监管的意义主要体现在以下几方面。

1. 抑制市场过度投机,防止泡沫经济

证券价格在一段较长时期内(或者高频率的)远远偏离其真实价值时,就形成了过度投机。证券市场运行的本质在于虚拟资本的流动,这是它区别于一般市场的内在特性,也是解释其高投机性的主要根据。虽然证券市场内生投机偏好具有其存在的必然性和一定经济意义上的合理性,部分学者甚至主张适当放任这种行为以保持市场活力,而现实的股市中从事短期投机的人也确实要比做长期投资的人多得多。但是应该指出,作为市场的监管者在考虑问题的时候更须注意分寸并始终保持必要的谨慎和警惕。因为过度投机无论如何总是与非理性的心理预期相联系的,由此引起的连锁反应常常使证券价格最终无力恢复到均衡水平。价格信号的严重扭曲和失真只能说明市场已经失灵,并且在可以预见的时间内市场本身都将无法矫正这种谬误,如任其发展就会有损于公平,进而影响资源的有效配置,甚至令证券市场对企业的激励约束功能适得其反,此时就需要外力介入干预,否则金融风险和泡沫经济将不可避免。

2.保护广大投资者特别是中小投资者的利益

投资者只有充分了解证券发行人的资信、证券的价值和风险状况,才能够比较正确地选择投资对象,降低投资风险,谋求投资收益。可是问题在于,只要证券市场固有的某些缺陷,如信息不对称、信息失真或失灵等现象的广泛存在,成为部分机构投资者或庄家用来操纵股价、垄断市场、鱼肉中小股民的手段。要解决这个问题,只能在坚持"公开、公平、公正"原则的基础上加强对证券市场的监管,提高操纵者的违规成本,增强市场效率,切实维护投资人信心。

3.完善市场体系,确保融资功能

完善的市场体系能够促进证券市场筹资和融资功能的发挥,有利于资本的合理流动,有利于改善上市公司治理结构,有利于体现先进行业的优先支持。要达到这个目的,仅靠市场自身的调节是不够的,必须有专门的监管机构来统筹安排。经过十多年的发展,我国证券市场体系已经形成并逐步趋向完善,管理层对于发行公司恶意包装欺诈上市、券商擅自挪用客户保证金、中介机构提供虚假证明等一系列扰乱市场秩序的行为进行了严肃查处,从而使得市场各参与主体之间的权利与义务、法律责任等关系更加明确,基金、信托、担保、股权转让等各类契约关系也更加规范。实践经验一再证明,行之有效的制度约束对理顺市场各方关系、确保市场运行通畅、提升市场融资功能具有积极意义。

(二)证券市场监管的原则

1."三公"原则

"三公"是指公开、公平、公正,这是证券监管最基本的原则,是实现有效监管的根本保障。

(1)公开原则。这主要是要求证券市场信息透明度公开化、完全化、对称化,严禁利用内幕信息从事市场活动。按照这一原则,凡是与市场参与者利益相关的所有信息,包括上市公司财务报表、经营状况等资料以及各种发行信息、交易信息、政策信息乃至监管信息,都必须依法及时向社会公开。信息的公开性和透明度与证券市场效率之间呈正相关的关系,因此公开原则是实现市场公平和公正的必要条件,也是证券监管的精髓所在。

(2)公平原则。要求证券市场不存在任何歧视或特殊待遇,所有参与主体享有完全平等的权利。机会均等和平等竞争是证券市场正常运转的前提,因此无论是筹资者还是投资者,无论是监管者还是被监管者,无论是机构大户还是中小散户,只要是合法的市场主体,其进出市场的自由不应受到限制,其投资机会不应存在差别,其税负地位、享受服务、利益分配、获得信息等方面亦应完全平等。

(3)公正原则。这要求证券监管部门对一切被监管者给予公正待遇,具体来说就是,立法者应确保立法公正,司法者应做到执法公正,管理者应做到仲裁公正。公正原则是证券监管的生命线,如果政府及其证券监管部门在立法、审批、处理违规行为和纠纷仲裁等活动中有失公正,那么作为监管者就没有公信力,市场各方就会拒绝接受其管理。

2.保护投资者利益原则

这一原则直接体现了证券监管的意义所在,是不同国家、不同时代证券监管者不懈奋斗的共同追求和最终目的。大量的普通投资者用自己的收入来购买证券,为市场的繁荣源源不断地输送资金,是证券业赖以生存的基础,是证券机构从业人员的衣食父母。监管者只有把投资者的利益放在第一位,制定出正确的决策,切实维护弱势群体的权益不受侵犯,才能增强社会各界对证券市场的信心,有力地促进人们增加投资。

3.依法管理的原则

依法管理并非否定经济调控方式和行政管理方式在一定客观条件下存在的必要性,而只是强调必须依法治市,绝不能无法可依、执法不严或以人治代法治。监管部门要加强法制建设,在法律框架内实施管理。

4.政府监管与自律管理相结合原则

证券中介服务机构及其从业人员必须加强自我约束、自我管理和自我纠错,这是管好证券市场的基础。以证券交易所、证券业协会为主要力量的自律管理体制已经成为政府集中统一监管的必要和有益补充,其作用日趋重要。

二、证券市场监管的目标与手段

(一)证券市场监管的目标

首先,发挥国家证监会的组织作用,并努力克服其缺陷和消极作用,保护市场参与者的合法权利,监管证券中介机构依法经营,防止人为操纵、欺诈等不法行为,维护证券市场的公平、透明与效率,并促进其融资功能的发挥。这是证券监管的现实目的。

其次,从宏观层面来讲,证券监管者应根据国民经济稳定和发展的前提,调控证券市场与证券交易规模,引导投资方向,使证券市场更加稳定、健全、高效,并与经济发展相适应。这才是证券监管的最终目的。

(二)证券市场监管的手段

1.法律手段

这是证券市场监管最主要、最常用的手段。其优点在于约束力强,同时又不失灵活性,容易为公众所接受。一个以证券法为核心,专门证券管理法规或规则相补充,其他相关法律相配套的证券法律体系,是运用法律手段进行监管的基础和前提。

2.经济手段

这是一种间接调控手段,虽然相对比较灵活,但调节过程可能比较慢且往往存在时滞效应。常见的有两类:一类是金融手段,比如通过调整利率、再贴现率和存款准备金率,或者通过公开市场操作,影响货币供应量和证券供求关系;另一类是税收政策手段,比如调整所得税、印花税的比率或结构,影响证券交易成本。

3.行政手段

这种方式比较直接,但缺乏灵活性,运用不当可能会违背市场规律,遭到市场无情的惩罚。比如实行证券发行上市审批制、证券中介服务机构市场准入制、强行紧急闭市制度等。

必须承认,行政调控存在于任何一个国家的证券市场监管历程中,只不过是在市场发育初期,法律尚未健全或是市场机制尚未理顺,或者突发事件较频繁时使用得多一些,而在市场进入成熟稳定的发展阶段之后使用得少一些罢了。全盘否定行政干预存在的合理性和积极作用是不符合历史事实的。

第二节   证券市场监管的机构和职责

一、中国证券监督管理委员会及其派出机构

中国证券监督管理委员会简称中国证监会,成立于 1992 年 10 月,是国务院直属行政事业单位,中国证监会设在各地的派出机构称为证券监管办公室(简称为"证管办"),由此组成一个证券监管体系。中国证监会的主要职责有:统筹规划证券市场的发展方针;核准股票发行,审批证券经营机构的筹备设立申请;经常性地进行市场稽核与调查,监督整个证券市场的法律执行情况;依法审查上市公司、中介机构和交易所的财务记录;对证券商、投资者和上市公司的违规行为进行处罚;为中介机构及其从业人员制定行为规范和资格管理办法;监管证券交易所的设立与运作;指导证券业协会的业务活动等。

二、证券交易所

证券交易所处于证券监管的前沿,担负着一线监管的重要责任。它的主要职责有:提供证券交易的场所和设备;制定证券交易所的业务规则;接受上市申请、安排证券上市;组织监督证券交易;对会员和上市公司进行监督;设立证券结算机构;管理和公布市场信息等。

三、证券业协会

中国证券业协会成立于 1991 年 8 月 28 日,是中国证券业的自律性组织,是依法注册的非营利性会员制团体法人。按照《证券法》的规定,凡依法设立的综合类证券公司、经纪类证券公司都应当加入协会;经中国证监会认可的基金管理公司、证券咨询服务机构,只要拥护协会章程并有加入协会的意愿,均可申请加入协会,成为团体会员。

中国证券业协会的最高权力机构是会员大会。理事会是会员大会的执行机构,在闭会期间负责开展日常工作,对会员大会负责。其业务范围主要是:协助证监会教育和组织会员执行证券法律法规;依法维护会员的合法权利,向证监会反应会员在经营活动中的问题、建议和要求;制定会员应遵守的规则,监督检查会员行为,对违反自律规则及协会章程的,按照规定给予纪律处分;对会员之间、会员与客户之间的纠纷进行调解;组织证券从业人员的业务培训,每年举办证券从业人员资格考试,并为考试合格者颁发证券从业资格证书;收集、整理证券信息,编辑出版证券业务书刊,为会员提供服务;开展证券业的民间国际交流等。

四、我国现行的证券监管机构关系

在一个复杂的、完备的证券监管机构系统中,自律管理机构与政府监管机构应该能够

各司其职、互为补充、互相促进、相得益彰。我国经过反复的探索,建立起了一个由国务院、中央金融工作委员会、中国证券监督管理委员会、地方证券监督管理办公室、沪深证券交易所、中国证券业协会、各地证券经营机构及中介机构组成的完整的证券监管体系。

第三节　证券市场监管的对象与内容

一、证券发行监管

起初我国证券发行实行按年度计划指标额度分配的制度,发行公司须通过省级人民政府或中央企业主管部门初审和中国证监会复审的二级审批程序方可拿到上市指标,这种计划经济色彩过于浓厚的管理体制必然造成指标的稀缺和分配的不公,为监管腐败和寻租行为的滋生提供了温床。2001年以来,我国证券发行管理制度进行了一系列重大改革,取消了发行额度分配计划,在股票首发、增发、配股中全面推行"核准制"。这种制度的实施标志着我国证券发行监管开始朝着市场化的方向迈进。不过在国外成熟的证券市场上普遍实施"注册制",这种做法更崇尚自由竞争的市场经济理念,它实际上是在信用担保的基础上事后追踪;而核准制则强调政府干预作用,它突出了事前预防的谨慎思想。这两种制度的差异反映了不同国家的政府监管者对于证券监管目标定位的分歧。从理论上讲,证券发行从核准制向注册制逐步过渡将是市场经济条件下各国证券市场发展的必然趋势。

二、上市公司监管

上市公司是指依法公开发行股票,获得证券交易所审查批准后在证券交易所上市交易的股份有限公司。从理论上讲,它的所有经营活动均应纳入监管范畴。首先,监管者要督促上市公司按照"产权明晰、权责明确、政企分开、管理科学"的现代企业制度的要求,切实转换经营机制、规范运作;其次,所有上市公司应该严格按照《中华人民共和国公司法》和国际惯例,建立并完善由股东大会、董事会、监事会和经理层共同组成的法人治理结构;再次,要确保上市公司履行持续信息披露义务,接受公众监督。对于无法达到上述监管要求、经营不善、治理混乱、连续亏损的上市公司,应对其股票实施特别处理,剥夺其融资权利,乃至依法令其清盘退市。

三、证券经营机构监管

证券经营机构承担着资本市场融资渠道的"车轨"职能,对其实施监管是否有效关系到市场的稳定和兴衰。对其监管的内容包括市场准入监管、流动性监管、定期报告制度监管和经营情况监管等。

四、中介机构监管

这里指对从事证券业务的律师事务所、会计师事务所以及资产评估机构、证券投资咨询机构、证券信用评级机构等的监管。2001年以来,国内外发生多起证券造假案令人震惊,在我国股市的"银广夏"、美国股市的"安然公司"等案件中,负责审计、会计工作的中介机构严重违背了诚信原则,它们与上市公司勾结起来共同欺骗投资者,对市场信用秩序造成了极坏影响。实践证明,建立中介机构信用档案、提高中介机构违规成本、促进中介机构公平竞争优胜劣汰,对于维护投资者信心、增加市场公信力是十分必要的,是始终不能松懈的长期任务。

五、证券交易监管

(一)反操纵市场监管

所谓操纵市场,是指某一机构或个人利用其资金、信息等优势或滥用职权,操纵市场、影响市场价格;制造证券市场假象,诱导或者致使投资者在不了解事实真相的情况下作出证券投资决策;扰乱证券市场秩序,以达到获取或减少损失的目的的行为。根据我国《证券法》有关条款和《刑法》第 182 条的规定,通过操纵证券交易价格和交易额,从而获取不正当利益或者转嫁风险的,没收非法所得,并处以违法所得 1 倍以上 5 倍以下的罚款;构成犯罪的,依法追究刑事责任;操纵行为受害者还可以通过民事诉讼获得损害赔偿。

(二)反内幕交易监管

内幕交易是指内幕人员利用内幕信息买卖证券或者根据内幕信息建议他人买卖证券以及非内幕人员通过不正当手段或其他途径获取内幕信息,并根据该信息买卖证券或者建议他人买卖证券。根据我国《证券法》第 70 条规定,知悉证券交易内幕信息的知情人员或者非法获取信息的其他人员,不得买入或者卖出所持有的公司证券。《刑法》第 180 条规定,从事内幕交易的人员,情节严重的,将处以罚款并追究刑事责任。

(三)反欺诈行为监管

反欺诈行为监管所强调的是禁止在证券发行、交易及相关活动中从事欺诈客户、虚假陈述等行为。就证券公司来说,常见的欺诈行为有:将自营业务和代理业务混合操作;违背代理人的指令为其买卖证券;以获取佣金为目的,诱导客户进行不必要的证券买卖;保证客户的交易收益或者允诺赔偿客户的投资损失;不在规定时间内向被代理人提供证券买卖书面确认文件等。为禁止证券欺诈行为,国务院于 1993 年 9 月 2 日发布了《禁止证券欺诈行为暂行办法》,规定了欺诈者必须承担的民事赔偿责任,而新修订的《刑法》第 181 条还明确了相应的刑事责任。

第四节 我国证券法律法规体系的构成

一、我国证券法律法规体系的历史演变

随着党的十一届三中全会的召开,消失了长达 38 年之久的证券交易又重新出现在中国,经过二十多年的改革与发展,我国的证券市场已经成为我国企业筹措建设与经营资金的重要场所。我国证券法律法规体系建设也经历了从 1981 年到 1990 年的萌芽阶段、1990年到 1992 年的政府强制阶段、1993 年到 1995 年的法制化阶段和 1996 以来的法制健全阶段,逐步形成我国证券法律法规体系。

二、我国证券法律法规体系的构成

我国证券法律法规体系是由《中华人民共和国证券法》、《中华人民共和国公司法》、《刑

法》以及证券行政法规和部门规章组成。

(一)证券法

这部法律是规范证券市场运行的核心法律,调整对象是证券市场各类参与主体,其核心旨在保护投资者权益。它共分12章,分别是总则、证券发行、证券交易、上市公司收购、证券交易所、证券公司登记结算机构、证券交易服务机构、证券业协会、证券监管机构、法律责任、附则。概括起来,其主要内容有以下五个方面。

1.关于一般原则

证券的发行、交易活动必须实行公开、公平、公正的原则。证券业和银行业、信托业、保险业分业经营、分业管理。证券公司与银行、信托、保险业务机构分别设立。

2.关于证券发行

公开发行股票,必须依照公司法规定的条件,报经证监会核准;发行公司债券,必须依照公司法规定的条件,报经国务院授权的部门审批。

3.关于证券交易

证券交易以现货进行交易。证券公司不得从事客户融资或者融券的证券交易活动等。禁止上市公司法人以个人名义开立账户,买卖证券等。

4.关于上市公司收购

上市公司收购可以采取要约收购或者协议收购的方式。通过证券交易所的证券交易,投资者持有一个上市公司已发行股份的5%时,应当在3日内向证券交易所做书面报告,并予以公告。

5.关于法律责任

经核准上市交易的证券,其发行人未按照有关规定披露信息,或者所披露的信息有虚假记录、误导性陈述或者有重大遗漏的,由证监会令其改正,对发行人进行经济处罚等。

(二)公司法

这部法律的调整对象为公司(包括股份有限公司和有限责任公司)的组织和行为,其核心旨在保护公司、股东和债权人的合法权益。它共分11章,分别是总则、有限责任公司的设立和组织机构、股份有限公司的设立和组织机构、股份有限公司的股票发行和转让、公司债券、公司财会和会计、公司合并和分立、公司破产解散和清算、外国公司的分支机构、法律责任、附则。概括起来,其主要内容有以下三个方面。

1.关于有限责任公司

有限责任公司由2个以上50个以下股东共同出资设立。有限责任公司的注册资本不得少于下列最低限额:以生产经营为主的公司,人民币50万元;以商品批发为主的公司,人民币50万元;以商业零售为主的公司,人民币30万元;科技开发、咨询、服务性公司,人民币10万元。有限责任公司股东会由全体股东组成,股东大会是公司的权力机构。

2.关于股份有限公司

股份有限公司注册资本最低限额为人民币1000万元。设立股份有限公司,应当有5人以上为发起人,其中须有过半数的发起人在中国境内有住所。国有企业改建为股份有限公司的,发起人可以少于5人,但应当采取募集设立方式。以募集设立方式设立股份有限公司的,其发起人认购的股份不得少于公司股份总数的35%,其余股份应当向社会公开募集。

3. 关于禁止行为

国有企业改建为股份有限公司时,严禁将国有资产低价折股、低价出售或者无偿分给个人,并对发起人、国家公务员、公司领导成员的相关行为进行了界定。

(三)新的刑法

我国于 1997 年 10 月 1 日起实施的新《刑法》规定了七种证券犯罪行为,即欺诈发行股票、债券罪;提供虚假财务会计报表罪;擅自发行股票和公司、企业债券罪;内幕交易、泄露内幕信息罪;编造并传播影响证券交易虚假信息罪;诱骗他人买卖证券罪;操纵证券市场罪。

(四)其他相关行政法规和部门规章

在证券监管实务中,最具操作性的还有大大小小、种类繁多的行政法规和部门规章,因为它们所规范的对象比较具体,所提出的监管措施也比较明确。包括一般性行政法规和部门规章,比如《股票发行与交易管理暂行条例》、《禁止证券欺诈行为暂行办法》和《证券交易所管理办法》等;特殊性行政法规和部门规章,比如境外上市相关法规、网上交易相关法规、退市相关法规等。

目前证监会对证券交易违法行为的查处仍受到一些因素的制约。首先是立法的不完善,如信息披露制度仍存在一些缺陷,关于内幕交易、操纵市场的规定只是原则性的,认定标准很难把握,缺乏对公司大股东、高管人员诚信义务与责任的规定等。其次是证监会执法手段有限,如不能直接查询、冻结涉案当事人的资金。第三是查处工作人力不足。在违法行为涉及大量个人账户、异地分散操作时,监管机关更是力不从心,而一旦处置不及时,还可能给违法者转移、销毁证据乃至潜逃的可乘之机。

我国加入世界贸易组织之后,按照有关承诺,将逐步审慎地开放资本市场和证券市场。为了规范管理证券市场,推进证券法制化进程,我国还将根据需要对现有法律法规作出相应调整。

第五节　证券业从业人员的监管

一、证券业从业人员的道德规范

我国对证券业从业人员进行分类管理。把证券业从业人员分成 11 种类,即机构正、副总经理;证券业务部门的正、副经理;证券营业部的正、副经理;代理发行业务的专业人员;证券自营业务的专业人员;证券咨询服务的从业人员;电脑管理人员;其他从业人员等。我国规定证券业从业人员的道德规范是(十八个字):正直、诚信、勤勉、尽责、廉洁、保密、自律、守法。

二、证券业从业人员的基本要求

(1)热爱本职工作,准确执行客户指令,为客户保密。

(2)努力钻研业务,提高自己的业务水平和工作效率。

(3)遵守国家法律和有关证券业务的各项制度。

(4)积极维护投资者的合法利益,珍惜证券业的职业荣誉。

（5）文明经营、礼貌服务，保证证券交易中的公开、公平与公正。

（6）服从管理、服从领导，自觉维护证券交易中的正常秩序。

（7）团结同事、协调合作，合理处理业务活动中出现的各种矛盾。

（8）热心公益事业，爱护公共财产，不以职谋私，不以权谋私。

三、证券业从业人员不得从事的行为

1. 内幕交易行为

内幕交易行为是指内幕人员利用职务之便，违反法律法规，泄露内幕信息，致使以不正当手段获取内幕信息的其他人员，根据内幕信息或建议他人买卖证券的行为。内幕信息是指为内幕人员所知情的，尚未公开并可能影响证券市场价格的重大信息。所谓重大信息，主要包括股份公司或基金公司重大的人事变动或法律诉讼事件；公司重大的生产经营决策；公司经营业绩大增或大减；公司提出异常的分红方案；公司重大的重组、收购、兼并、分立等事项。内幕交易会造成信息的不对称性，其危害性主要表现在：违反了证券市场的"三公"原则；侵犯了广大投资者的合法利益；损害了上市公司的利益；扰乱了证券市场的运行秩序。

2. 操纵市场行为

操纵市场行为是指以获取利益或者减少损失为目的，利用资金、信息等优势或者滥用职权，影响证券市场价格，制造证券市场假象，引诱其他投资者在不了解事实真相的情况下作出证券投资决策，扰乱证券市场秩序的行为。

3. 欺诈客户行为

欺诈客户行为是指证券经营机构、证券登记清算机构及证券发行人（或代理人）在证券发行、交易及其他相关活动中诱骗投资者买卖证券以及其他违背投资者真实意愿、损害投资者利益的行为。

4. 虚假陈述行为

虚假陈述行为是指对证券发行、交易及其相关活动的事实、性质、前景、法律等事项作出不真实、严重误导或者有重大遗漏的陈述或者诱导，致使投资者在不了解事实真相的情况下作出证券投资决定的行为。

5. 其他违反规定的行为

其他违反规定的行为还包括：（1）擅自挪用投资者账户的资金；（2）违反规定提供融资或透支交易；（3）违反规定买卖证券等。

其实，国内各证券公司结合公司业务发展的需要，都有制订公司内部管理规定，规范公司内部从业人员的管理行为。

四、证券从业人员的业务素质

证券从业人员泛指在从事证券发行、交易以及为证券业提供相关服务的工作人员。证券从业人员被认为是"金领"阶层，通常工作条件较好，待遇也较高，为很多大、中专毕业生所青睐。那么，要当一名合格的证券从业人员，必须具备有关知识、能力和素质三方面的条件：

（1）证券从业人员要有一定的证券及证券市场的知识素质。证券从业人员必须深刻认

识到证券及证券市场的特点,了解证券行业的特殊性,有目的地培养符合证券服务行业要求的相应的服务意识和服务技能。

(2)证券从业人员要具有相关的工作技能素质。证券从业人员除了要具有证券相关基本知识之外,还要求较熟练地掌握电脑操作技能,有团队合作精神,具备证券营销能力、组织协调能力以及热情周到的服务意识等。

(3)证券从业人员还要具有相应的职业道德和法律素质。证券从业人员必须始终按照证券从业人员的基本要求、道德规范和相关的法律规范自己的言行,严格要求自己,提高组织纪律性,自觉抵制不良思想影响,与违法乱纪行为作斗争,不断提高自身职业道德素质和法律素质,出色地完成组织交给的各项具体工作任务。下图为联合证券有限责任公司接收高校实习生实习的合影:

第六节　证券经纪人的管理

一、证券经纪人资格

随着我国资本市场规范化、市场化、国际化的发展趋势日渐显著,不断提高证券机构的竞争能力和风险控制水平,提升证券业从业人员和广大证券市场参与者整体素质就显得尤为重要。尤其是经纪人制度的推行,已经是迫在眉睫的一个现实需求。为了填补这个空白,2009 年 3 月 17 日我国出台了《证券经纪人管理暂行规定》,证券经纪人的基本要求就是要通过证券从业资格考试。《中华人民共和国证券法》、《中华人民共和国投资基金法》以及中国证监会颁布的《证券业从业人员资格管理办法》规定,从事证券业务的专业人员,应当参加从业资格考试并取得从业资格。凡年满 18 周岁、具有高中以上文化程度和完全民事行为能力的人员都可参加证券业从业资格考试。资格考试共设五个科目,分别是《证券市场基础知识》、《证券发行与承销》、《证券投资分析》、《证券交易》、《投资基金》。

为适应资本市场发展的需要,中国证券业协会根据一年来法律法规的变化和市场的发展,对《证券业从业资格考试统编教材》进行了修订:第一,根据我国债券市场发展的最新情况,在《证券市场基础知识》、《证券发行与承销》中增加了有关公司债券、中期票据的基本概念及发行与承销的相关规定,在《证券投资分析》中增加了有关债券组合管理的内容;第二,增加了《证券公司监督管理条例》及《证券公司风险处置条例》的相关内容;第三,根据中国证监会颁布的有关证券发行的新规定及《上市公司重大资产重组管理办法》,相应修订了《证券发行与承销》中的内容;第四,根据证券公司监管法规和实务操作中的变化,调整了《证券交易》中有关证券公司经纪业务和营业部经营管理的相关内容;第五,根据中国证监会新颁布的有关证券公司资产管理业务的规则,对《证券交易》中的相关章节进行了修订;第六,根据新发布的有关基金销售的规范及有关境内合格机构投资者的规定,在《投资基金》中增加了基金销售业务规范及 QDII 基金的相关内容;第七,结合新会计准则,修订了有关基金估值、基金会计核算的相关内容,并修订了《证券投资分析》中有关公司财务分析的内容;第八,对原教材中的基本概念、理论和基本框架进行了较为全面的梳理和修订,对错漏之处进行更正,删除了已不再适用的内容。

二、证券经纪人的管理

目前,我国对证券经纪人的管理严格按照《证券经纪人管理暂行规定》进行。其规定共有 28 条,具体如下。

第一条　为了加强对证券经纪人的监管,规范证券经纪人的执业行为,保护客户的合法权益,根据《证券法》和《证券公司监督管理条例》(以下简称《条例》),制定本规定。

第二条　证券公司可以通过公司员工或者委托公司以外的人员从事客户招揽和客户服务等活动。委托公司以外的人员的,应当按照《条例》规定的证券经纪人形式进行,不得采取其他形式。

前款所称证券经纪人,是指接受证券公司的委托,代理其从事客户招揽和客户服务等活动的证券公司以外的自然人。

第三条　证券公司应当建立健全的证券经纪人管理制度,采取有效措施,对证券经纪人及其执业行为实施集中统一管理,保障证券经纪人具备基本的职业道德和业务素质,防止证券经纪人在执业过程中从事违法违规或者超越代理权限、损害客户合法权益的行为。

第四条　证券经纪人为证券从业人员,应当通过证券从业人员资格考试,并具备规定的证券从业人员执业条件。

证券经纪人只能接受一家证券公司的委托,并应当专门代理证券公司从事客户招揽和客户服务等活动。

第五条　证券公司应当在与证券经纪人签订委托合同前,对其资格条件进行严格审查。对不具备规定条件的人员,证券公司不得与其签订委托合同。

第六条　证券公司与证券经纪人签订委托合同,应当遵循平等、自愿、诚实、信用的原则,公平地确定双方的权利和义务。

委托合同应当载明下列事项:

(一)证券公司的名称和证券经纪人的姓名;

(二)证券经纪人的代理权限;

(三)证券经纪人的代理期间;

(四)证券经纪人服务的证券营业部;

(五)证券经纪人的执业地域范围;

(六)证券经纪人的基本行为规范;

（七）证券经纪人的报酬计算与支付方式；

（八）双方权利义务；

（九）违约责任。

证券经纪人的执业地域范围，应当与其服务的证券公司的管理能力及证券营业部的客户管理水平和客户服务的合理区域相适应。

第七条 证券公司应当对证券经纪人进行不少于 60 个小时的执业前培训，其中法律法规和职业道德的培训时间不少于 20 个小时。证券公司应当对证券经纪人执业前培训的效果进行测试。

第八条 证券公司应当在与证券经纪人签订委托合同、对其进行执业前培训并经测试合格后，为其向中国证券业协会（以下简称协会）进行执业注册登记。执业注册登记事项包括证券经纪人的姓名、身份证号码、代理权限、代理期间、服务的证券营业部、执业地域范围和公司查询与投诉电话等。

证券公司应当在为证券经纪人进行执业注册登记后，按照协会的规定打印证券经纪人证书，并加盖公司公章，颁发给证券经纪人。证券经纪人证书由协会统一印制、编号。

第九条 证券经纪人证书载明事项发生变动的，证券公司应当将该证书收回，向协会变更该人员的执业注册登记，并按照本规定第八条第二款办理新证书的打印和颁发事宜。

证券公司终止与证券经纪人的委托关系的，应当收回其证券经纪人证书，并自委托关系终止之日起 5 个工作日内向协会注销该人员的执业注册登记。证券公司因故未能收回证券经纪人证书的，应当自委托关系终止之日起 10 个工作日内，通过证监会指定报纸和公司网站等媒体公告该证书作废。

第十条 取得证券经纪人证书后，证券经纪人方可执业。证券经纪人应当在执业过程中向客户出示证券经纪人证书，明示其与证券公司的委托代理关系，并在委托合同约定的代理权限、代理期间、执业地域范围内从事客户招揽和客户服务等活动。

第十一条 证券经纪人在执业过程中，可以根据证券公司的授权，从事下列部分或者全部活动：

（一）向客户介绍证券公司和证券市场的基本情况。

（二）向客户介绍证券投资的基本知识及开户、交易、资金存取等业务流程。

（三）向客户介绍与证券交易有关的法律、行政法规、证监会规定、自律规则和证券公司的有关规定。

（四）向客户传递由证券公司统一提供的研究报告及与证券投资有关的信息。

（五）向客户传递由证券公司统一提供的证券类金融产品宣传推介材料及有关信息。

（六）法律、行政法规和证监会规定证券经纪人可以从事的其他活动。

第十二条 证券经纪人从事客户招揽和客户服务等活动，应当遵守法律、行政法规、监管机构和行政管理部门的规定、自律规则以及职业道德，自觉接受所服务的证券公司的管理，履行委托合同约定的义务，向客户充分提示证券投资的风险。

第十三条 证券经纪人应当在本规定第十一条规定和证券公司授权的范围内执业，不得有下列行为：

（一）替客户办理账户开立、注销、转移，证券认购、交易或者资金存取、划转、查询等事宜。

（二）提供、传播虚假或者误导客户的信息，或者诱使客户进行不必要的证券买卖。

（三）与客户约定分享投资收益，对客户证券买卖的收益或者赔偿证券买卖的损失作出承诺。

（四）采取贬低竞争对手、进入竞争对手营业场所劝导客户等不正当手段招揽客户。

（五）泄漏客户的商业秘密或者个人隐私。

（六）为客户之间的融资提供中介、担保或者其他便利。

（七）为客户提供非法的服务场所或者交易设施，或者通过互联网络、新闻媒体从事客户招揽和客户服务等活动。

（八）委托他人代理其从事客户招揽和客户服务等活动。

（九）损害客户合法权益或者扰乱市场秩序的其他行为。

第十四条 证券公司应当按照协会的规定，组织对证券经纪人的后续职业培训。

第十五条 证券公司应当建立健全的证券经纪人执业支持系统，向证券经纪人提供其执业所需的有关资料和信息。

第十六条 证券公司应当建立健全的信息查询制度，保证客户能够通过现场、电话或者互联网络的方式随时查询证券经纪人的姓名、代理权限、代理期间、服务的证券营业部、执业地域范围及证券经纪人证书编号等信息，能够通过现场或者互联网络的方式查看证券经纪人的照片。

证券公司应当按月或者按季将证券经纪人所招揽和服务客户账户的交易情况及资产余额等信息，以信函、电子邮件、手机短信或者其他适当方式提供给客户。证券公司与客户另有约定的，从其约定。

第十七条 证券公司应当建立健全的客户回访制度，指定人员定期通过面谈、电话、信函或者其他方式对证券经纪人招揽和服务的客户进行回访，了解证券经纪人的执业情况，并作出完整记录。负责客户回访的人员不得从事客户招揽和客户服务等活动。

第十八条 证券公司应当建立健全的异常交易和操作监控制度，采取技术手段，对证券经纪人所招揽和服务客户的账户进行有效监控，发现异常情况的，立即查明原因并按照规定处理。

第十九条 证券公司应当建立健全的客户投诉和纠纷处理机制，明确处理流程，妥善处理客户投诉和与客户之间的纠纷，持续做好客户投诉和纠纷处理工作。证券公司应当保证在营业时间内，有专门人员受理客户投诉、接待客户来访。证券公司的客户投诉渠道和纠纷处理流程应当在公司网站和证券营业部的营业场所公示。

证券经纪人被投诉情况以及证券公司对客户投诉、纠纷和不稳定事件的防范和处理效果，作为衡量证券公司内部管理能力和客户服务水平的重要指标，纳入其分类评价范围。

第二十条 证券公司应当将证券经纪人的执业行为纳入公司合规管理范围，并建立科学合理的证券经纪人绩效考核制度，将证券经纪人执业行为的合规性纳入其绩效考核范围。

证券公司应当将证券营业部对证券经纪人管理的有效性纳入其绩效考核范围。

第二十一条 证券经纪人在执业过程中发生违反证券公司内部管理制度、自律规则或者法律、行政法规、监管机构和行政管理部门规定行为的，证券公司应当按照有关规定和委托合同的约定，追究其责任，并及时向公司住所地和该证券经纪人服务的证券营业部所在地证监会派出机构报告。证券经纪人不再具备规定的执业条件的,证券公司应当解除委托合同。

证券经纪人的行为涉嫌违反法律、行政法规、监管机构和行政管理部门规定的,证券公司应当及时报告有关监管机构或者行政管理部门;涉嫌刑事犯罪的,证券公司应当及时向有关司法机关举报。

第二十二条 证券公司应当建立健全的证券经纪人档案,实现证券经纪人执业过程留痕。证券经纪人档案应当记载证券经纪人的个人基本信息、证券从业资格状态、代理权限、代理期间、服务的证券营业部、执业地域范围、执业前及后续职业培训情况、执业活动情况、客户投诉及处理情况、违法违规及超越代理权限行为的处理情况和绩效考核情况等信息。

第二十三条 证券公司应当在每年1月31日之前,向住所地证监会派出机构报送证券经纪人管理年度报告。年度报告应当至少包括下列内容:

(一)本年度与证券经纪人有关的管理制度、内控机制和技术系统的运行与改进情况。

(二)本年度证券经纪人数量的变动情况,报告期末证券经纪人的数量及在证券营业部的分布情况。

(三)本年度证券经纪人委托合同执行情况、证券经纪人报酬支付和合法权益保障情况。

(四)本年度证券经纪人执业前培训和后续职业培训的内容、方式、时间和接受培训的人数以及下一年度的培训计划。

(五)本年度与证券经纪人有关的客户投诉和纠纷及其处理情况,当前可能出现集中投诉的事项、形成原因及拟采取的化解措施。

第二十四条 协会负责制定有关自律规则,组织或者办理证券经纪人的资格考试、注册登记、证书印制与后续职业培训,并对证券公司委托、管理证券经纪人的情况和证券经纪人的执业行为进行监督检查,对违反自律规则的证券公司和证券经纪人予以纪律处分。

协会建立证券经纪人数据库,向社会公众提供证券经纪人执业注册登记信息的查询服务。

第二十五条 证监会及其派出机构依法对证券经纪人进行监督管理。对违法违规的证券经纪人,依法采取监管措施或者予以行政处罚。对违反规定或者因管理不善导致证券经纪人违法违规、客户大量投诉、出现重大纠纷和不稳定事件的证券公司,可以要求其提高经纪业务风险资本准备计算比例和有关证券营业部的分支机构风险资本准备计算金额,并依法采取限制其证券经纪人规模等监管措施或者予以行政处罚。

证券公司和证券经纪人的失信行为信息,记入证券期货市场诚信信息数据库系统。

第二十六条 证券公司应当将与证券经纪人有关的管理制度、证券经纪人制度启动实施方案报公司住所地证监会派出机构备案。经住所地证监会派出机构现场核查,确认其相关管理制度、内控机制和技术系统已经建立并能有效运行,证券经纪人制度启动实施方案合理可行,证券经纪业务已经满足合规要求后,证券公司方可委托证券经纪人从事客户招揽和客户服务等活动。

证券营业部在启动实施证券经纪人制度前,应当将证券公司与证券经纪人有关的管理制度和证券经纪人制度启动实施方案报所在地证监会派出机构备案,并接受所在地证监会派出机构的监管。

与证券经纪人有关的管理制度,应当至少包括证券经纪人的资格管理、委托合同管理、执业前与后续职业培训、证书管理、行为规范、报酬计算与支付方式以及本规定第十五条至第二十二条规定的事项等内容;证券经纪人制度启动实施方案,应当至少包括实施该制度的证券营业部的选择标准和确定程序、实施该制度的基本步骤等内容。

第二十七条 证券公司的员工从事证券经纪业务营销活动,参照本规定执行。

证券公司的证券经纪业务营销人员数量应当与公司的管理能力相适应。

第二十八条 本规定自 2009 年 4 月 13 日起施行。

思考题

1. 证券市场监管的意义是什么?

2. 证券市场监管的原则有哪些?

3. 证券市场监管的手段有哪几种?

4. 证券市场监管的机构有哪些?

5. 我国证券法律制度体系由哪些构成?

6. 证券从业人员的道德规范有哪些具体内容?

7. 证券从业人员不得从事哪些行为?

8. 证券从业人员应该具备哪些业务素质?

9. 证券经纪人需要哪些资格条件?

第十一章

证券投资典型案例分析

≫ ≫ ≫   ≫

案例一　股市评论(日评)

五一节黄金周过后的第一个交易日,沪深两市迎来黑色星期一,在成交量极度萎缩的情况下,两大指数双双收出长阴,将投资者心中的红五月之梦无情地击碎。那么,该如何理智看待近期大盘的加速下跌呢?作者认为:

首先,从波浪理论分析,本次调整属于大四浪调整。以沪市为例,第一浪启动点从2003年1月6日的1311点,截止到2004年4月7日的1783点完成了一个标准的上升三浪形态,目前正在运行第四调整浪。具体划分情况是:1311点至1649点是第一上升浪,1649点至1307点是第二调整浪,1307点至1783点是第三主升浪,1783点调整至今属于第四调整浪。并且大盘调整到目前点位(1560点)仍属正常范围,预计在1527点附近,将很可能展开一波反弹行情。但随后还会有第五浪和第六浪调整,第六浪下跌的幅度还要看基本面因素的改变情况而定。

其次,从周期理论分析,本次调整存在着必然性。一是从周期走势看,大盘从1307点上涨到1783点,期间一共运行了21周,而21周被公认为是一个非常重要的时间周期,往往属于变盘的敏感时间。如果要完成较为充分的调整,起码需要两、三个月的调整期,目前调整显然不够充分。

第三,受到国家实施控制经济过热的宏观政策和措施的影响,自4月下旬以来的调整使场内资金主动退出或离场力度加大,而进场吸纳的增量资金明显不足,无力顶住股指的下跌势头。但随着股市经过前段时间的大幅下跌,昨日沪市成交额也大幅度萎缩至63亿的近期新低,表明大盘抛压大幅减轻,意味着一波反弹行情可能展开。(《海南日报》2004年5月11日)

思考题

1. 股市评论用语方面有什么特点?
2. 根据以上作者提供的资料,请你指出这段时间大盘走势的主要特点。
3. 请你谈谈应如何作投资决策?

案例二 股市评论（周评）

上周大盘没有找到突破口，横盘整理一周时间。我们认为，本周继续横盘整理的可能性不大，势必选择突破方向。至于向哪个方向突破，向上或向下的可能性都很大。向上的理由主要是前期的超跌。大盘自 4 月中旬下挫以来，沪指有 170 余点的跌幅，期间市场一直未有像样的反弹。在这种情况下，杀跌动能进一步释放于理不通。而且从上周市场表现看，个股的跌幅显著收窄，且大盘也开始走平，显示空方尽管没有完全停止行动，但操作趋于谨慎还是有迹可查。一旦多方有所作为，市场变盘向上的机会甚大。

当然，市场形势依然复杂，走势存在诸多变数，再次向下突破也并非不可能。首先，市场谨慎心态未有改观。近期两市成交量始终维持低量水平，这是投资者信心不足的具体表现。其次，近期盘中热点炒作集中在小市值的超跌股上，说明只是盘中存量资金所为，缺乏增量资金的支持。在这种情况下，多头显然无法占据绝对优势。第三，目前基金等主要机构态度暧昧，影响市场做多情绪。基金重仓股表现欠佳，显示当前机构态度倾向做空，而基金等主流机构是当前市场最主要的做多力量，其态度对大盘走向起着关键性作用。因此，我们认为，即使本周大盘选择向上突破，弹升空间与力度也不要过分乐观。在行情仍未明朗的情况下，建议投资者继续观望为宜。（苏武康，《海南日报》2005 年 5 月 23 日）

思考题

1. 根据以上作者提供的资料，请你指出这段时间大盘走势的主要特点。

2. 你认为投资者应如何进行操作？是建仓、持仓或是平仓？为什么？

案例三 股市时评

近日海虹控股的暴跌引起了市场的关注。尽管海虹的跳水原因众说纷纭，但归根结底还是其业绩低于市场的预期，仅有 2 分钱的半年报业绩与去年全年 5 角钱的绩优网络高科技股形成了鲜明的对照。尽管海虹有许多美丽有加的网络概念，但依旧遮不住业绩苍白的虚弱本质。

概念，用游刃股市多年的杨百万的话来说，就是庄家想出来欺骗散户钱财的伎俩。有经验的股民都知道，庄家即将开始拉升股价继而大涨的时候，往往开始在市场散布有利于该股提升的种种"利好"消息，制造"概念"，吸引散户跟进支撑股价而从容出逃。回顾海虹控股的"制造概念"轨迹，无疑也是这种思路的体现。

例如，1999 年 12 月 29 日海虹控股启动，股价连续逼高，创下 83 元的新高。随后该公司就进入了一个信息发布的密集期。2000 年 4 月，收购 2 家互联网专业公司各 70％股权；5 月，与上海梅林签署协议受让电子商务公司股权；后来又增持"85818 网站"22％股权。而此时，伴随着这些信息的披露，海虹控股的股价却步入漫漫阴跌。

无独有偶，在 2003－2004 年海虹控股的炒作行情中，其股价涨幅又超过 1.5 倍，同样随后信息披露又进入了一个高峰。先是预测 2004 年前三季度业绩将大幅度增长，后又披露已收到合作方韩国 NHN 集团股权受让的全部款项，并透露双方合作进展情况良好，随即在

"9.14"行情展开一波凌厉的拉升。

因此,不难看出,海虹控股几乎是个虚幻概念中的股票。2000年在网络股行情中依托联众游戏,连涨28天。2001年又推出迪斯尼中国网站,2002年涉足健康网,股价翻番,2004年和韩国ACT02的合作,又让股价翻倍,环顾中国上市公司借概念炒作的风气,无以复加至此,唯恐海虹控股一家。

一个长期被包装、炒作的公司只能靠不断的编织概念来维系,究竟"概念"是馅饼还是陷阱,相信广大中小散户一目了然。因为"概念"只是编织在谎言的基础之上的,唯有业绩才是铸成股价的牢固基石。(陈岚桦,《海南日报》2005年9月13日)

思考题

1.作者对股市中庄家借助"概念"炒作股票的态度如何?是馅饼还是陷阱?

2.你认为理性投资者应该怎么正确看待股市中的各种"概念"、"题材",才能把握好投资机会呢?

案例四 1994 年行情描述

我国股票市场经过1990年开办初期的火暴和非理性大幅度上涨,在1992年达到一个高峰后,受市场传闻称:有的专家、学者和人大代表纷纷发表意见,认为股市如同赌场,要求中国政府关闭股市的利空影响,1993年开始持续盘跌。到1994年下半年,日平均成交量极低,许多股票的市场价格已跌破发行价,甚至跌破净资产值。股市里投资者悲观情绪升到了极点,人心惶惶,斩仓割肉,纷纷离场观望,亏损累累。当年发行的新股也少人问津,谈股变色,股市十分低迷。

思考题

1.根据以上作者提供的资料,请你指出这段时间大盘走势的特点。

2.依你看股市将会发生什么样的变化?投资者应该采取怎样的投资策略?

案例五 股评专家的预言

1995年底,我国股票市场从年初开市那天起持续盘升,深圳股指从约1000点上升至6230点,股指上涨了六倍,大多数股票的价格都上涨了几倍甚至十几倍。当股指在高位盘整期间,有的股评家信誓旦旦地认为:当下股市成交极为活跃,每日成交量很大,买卖股票的投资者众多,在股市中账面盈利的人很多,预言深圳股指要涨到10000点,建议投资者大胆买进股票,不久的将来一定有更大的收益。

思考题

1.请你指出这段时间大盘走势的主要特点。

2.你如何看待这位"股评家"的评论?

3.你认为投资者应该怎么办才好呢?

案例六　税率下调　股市上涨

为进一步促进证券市场的健康发展,经国务院批准,财政部决定从 2005 年 1 月 24 日起,调整证券(股票)交易印花税税率,由现行 0.2% 调整为 0.1%。即对买卖、继承、赠与所书立的 A 股和 B 股转让书据,由立据双方当事人分别按 0.1% 的税率缴纳证券(股票)交易印花税。

"降税"利好如同一支强心剂,提震着低迷已久的沪深股市。今日沪深股市大幅振荡走高。沪综指开盘 1258 点,最高 1265 点,最低 1239 点,报收 1255 点,上涨 21 点,两市成交 157 亿元,比上交易日有所放大。(《海南日报》2005 年 1 月 25 日)

思考题

1. 为什么说"降税"是"利好消息"? 它为什么能刺激股市上涨?

2. 你如何理解我国"政策"对股市的影响?

3. 你认为投资者应该怎样在"政策市"中投资才能获利?

案例七　推出权证要考虑市场基础

近一周来,上市的宝钢权证又上演了证券市场上积习已久的丑陋一幕。宝钢权证从毫无道理的暴炒到暴跌,直到宝钢正股(A 股)也跌破行权价,大股东放弃承诺。这个市场盼望 9 个月的权证目前理论上已经成为废纸一张。短短一周多的时间,从天堂到地狱,仅一步之遥,权证的恶炒已经完全丧失了设计者的初衷和本意,还奢谈什么"只许成功,不许失败"呢?

有常识的人都知道,权证不是股票,只是可以在特定期间按约定价格购买或出售特定证券的凭证。这一定义包含了非常丰富的内容,无论是看涨还是看跌,没有绝对的利弊,关键要看是否适用于特定的市场和公司。可是宝钢发行认购权证,仍与沪深早期的权证如出一辙。在像沪深股市基础如此脆弱、问题重重的市场上,要再搞权证之类的衍生交易,给投机者恶炒之机,这不是给市场雪上加霜吗? 笔者在权证上市前就预言,权证很可能如去年的中小企业板的昙花一现,只是没想到如此迅速由炙手可热的黄金成为废纸。

九年前沪深股市有过惨痛教训,只有认购权证交易的市场,因其单边指向,往往容易陷入要么疯狂爆炒,要么仓皇崩塌的极端局面,很难形成真正的市场对冲效益。在这样的制度基础上,奢谈金融创新,最终结果只能是助长投机。(陈岚桦,《海南日报》2005 年 9 月 2 日)

思考题

1. 你如何理解"权证"?

2. "权证"与股票有什么区别?

3. 你认为投资者应该怎么投资"权证"才能获利?

案例八 为什么炒股？

笑话，炒股不就为了赚钱吗？是啊，不赚钱，到股市来干什么？吃饱了撑的？应该说，这个想法一点都没有错，但投资者有没有想过，为什么股市往往是"十人炒股，七亏二平一赚"呢？为什么亏钱的又总是我呢？之所以老是亏钱是不是我们自身的认识或理念有偏差呢？

有道是，君子喻于义，小人喻于利。在为什么炒股这个问题上，我们能否提升一下境界：炒股是要赚钱，这是毫无疑问的，但更重要的，炒股是为了更好地提升、升华自己的认识水平、自身的人格、自身的世界观。

也许有人会说，你说的这些好像和炒股有点不搭界、太离谱。其实，如果我们研究一下那些成功人士的经历，便会发现他们都有一个共性：阅历丰富，修养很高，对各种问题的看法往往高人一等，能见别人所未见。索罗斯为什么能够成功狙击英镑？巴菲特为什么能够成为世界第一股王？我国股市中一些高手为什么能够在股市低迷，投资者唯恐避之不及时大胆进货，而在市场高涨人气亢奋时急流勇退呢？他们这样的成就难道仅仅是凭运气而取得的吗？

股市是最能锻炼人的地方，那些品德高尚、心态平和的人，往往有意想不到的收获；而那些只抱着赚钱的想法去炒股的人，往往陷入痛不欲生的境地，既赔钱，又伤身体。孙子兵法提倡"不战而屈人之兵"，也许就是这个道理。

思考题

1. 你说说人们为什么去炒股？
2. 你认为作者对炒股秉持何种态度？这种态度对你有何借鉴或启迪作用？
3. 你听说过索罗斯或巴菲特吗？他们是怎样的人物？

案例九 炒股其实并不难

说炒股不难，要是放在热烘烘的牛市中，那肯定没有异议；但在市场人气低迷，交易清淡，广大投资者普遍被套亏钱的时候，则少不了要被人笑话，奚落一番。尽管如此，本人还是认为，炒股的确不难。

何以见得？因为说白了，炒股就是看好就买，不看好就卖那么简单。

你也许会说，本来我看好肯定会涨的，可是一进去又跌了。我说，既然错了，你出来就是了；你会说，出来要又涨了呢？我说，你又进去呀。你会说，进进出出亏钱不说，还要白付手续费，岂不是变成为"券商"打工了吗？我说，那你进去之前，何不提高你对市场分析的准头，有比较大的把握后再进去呢？在你没有把握之前，何不空仓以待。要知道，在股市中，并没有人拿着枪逼着你非买股票不可。你会说，要是失去赚钱机会怎么办？其实，现在的市场如此之大，光股票就有 1000 多只。此股没有机会并不等于彼股没有机会，就是同一只股票，真要有行情，行情的展开也是有一个过程的，更不用说股市机会常常有。请记住，人的精力、水平有限，我们不可能抓住所有的机会，我们只能抓住我们能抓住的机会。

股谚道：在股市中，就连鹦鹉都能赚钱，只要它分清牛市还是熊市。炒股之所以让人觉得很难，除了我们人为地把它复杂化外，最根本的还是不能正确对待自己存在的恐惧、贪婪、侥幸心理等弱点，一句话，不能正视市场，战胜自己。（陈平，《海南日报》2004 年）

思考题

1. 你同意作者"炒股并不难"这一观点吗？为什么？

2. 你认为"炒股并不难，但赚钱并不易"这一观点对不对呢？为什么？

案例十　要投资　先求知

近日，一久未谋面的友人问我，闲时都干些什么，我说，看点书，研究一些东西。看他有点惊异的表情，我只好补充说，本人尽管是一个老股民，但确实还有不少东西需要学习、需要充电。其实，要在波诡云谲的证券市场中胜出，每个投资者都面临不断学习的问题。

有道是磨刀不误砍柴工。要做好一件事，没有一定的知识储备，恐怕是不行的。大家知道，股市是少数人获利，大多数人亏损的地方，要想在股市中胜出，如果不能技高一筹，岂能先人一步。更何况，股市变化的历史不会简单重复，一月之内，一周之内，甚至一天之内，市场的走势都有不同特点，不学习，不研究，行吗？

随着我国证券市场的发展和投资者的成熟，学习和研究更有必要了。这从基金、券商等机构纷纷设立研究部门可见一斑。如果说占有资金、信息优势的大机构，尚且重视学习研究，作为一个中小投资者就更有必要了。当然，各人的经历、处境不同，学习研究的侧重点也应不同。

现实中，我们见到的往往是，股市涨了，投资者学习研究的热情很高，股市跌了，很多人便失去了学习的兴趣。这也难怪证券类刊物市场也随着股市涨跌而时好时坏了。三天打鱼，两天晒网，缺乏持续性、系统性的学习，恐怕是难以取得好的效果的。

有位投资大师说过，为了提高自身的操作能力，他曾经把自己封闭起来，不仅学习了大量先人总结出来的经验，而且还背诵了大量沪深股市的经典走势图，以至于眼睛都熬出血来了。自古一分耕耘一分收获，老天不负苦心人。闲时不烧香，急来抱佛脚，而又想在股市中胜出，是不可能的。

思考题

1. 请你说说作者"要投资，先求知"观点的理由有哪些？

2. 你认为学习证券知识对证券投资行为有没有帮助？为什么？

案例十一　以史为鉴，大底在哪？

大家现在最关心"底"在哪里？其实有一个非常客观的参考标准，那就是市场平均静态市盈率。以史为鉴：1994 年 325 大底，平均市盈率 10.65 倍，平均股价 4.24 元；1996 年 512 大底，平均市盈率 19.44 倍，平均股价 6.17 元；2005 年 998 大底，平均市盈率 15.42 倍，平均股价 4.77 元。由此可见，中国股市的历史大底就在市场平均市盈率 15 倍左右。今天，市场平均市盈率为 22 倍,说实话,不算太远了。但市场不会直奔 15 倍市盈率随即兴起一轮牛市的,其过程会超乎想象的复杂,其时间也会超乎想象的漫长,这便需要我们付出超乎想象的耐心。

我并不艳羡在熊市中大赚特赚的顶尖高手,就像我下围棋从来不曾嫉妒过李昌镐。我们要承认任何领域都是有天才存在的。但我不是,你也未必是。对我来说,熊市不亏就是赢,将来牛市不翻倍就是亏。每一次牛熊轮回的理由都是不同的,毕竟历史虽会重演但不会简单复制。但其本质的规律却是:市场平均市盈率在 20 倍和 60 倍之间穿梭运动,这个规律 100 年内有效。

刚才我回顾了一下历次历史大底,那不妨再回顾一下中国股市几次重要的历史大顶:1997 年 1510 点大顶平均市盈率 59.64 倍,平均股价 15.16 元;1999 年 1756 点中期大顶平均市盈率 63.08 倍,平均股价 14.1 元;2001 年 2245 大顶平均市盈率 66.16 倍,平均股价 17.51 元;2007 年 6124 点,沪深两市当天所有股票的平均市盈率是 71 倍,平均股价 22.54 元。

虽然我们不能把顶部精确到 60 倍还是 70 倍,但是在 60 倍以上清仓都是明智之举。我所能指出的只是一个思路,指定出一个顶部区间和底部区间,却不试图精确到一个点。一亿个股民一亿张嘴,你说 2500 点,他说 1800 点,事后看总会有几百万人说对,都是股神? 未必。继道琼斯指数击穿 12000 点,美股也正式进入了熊市。至此,全球主要股票市场已经相继步入了熊途。大势所趋,短时间内难以逆转。

牛市耕田,熊市冬眠。我向来讨厌"滑头"这两个字,觉得作为职业投资者,一定要有长远的眼光和鲜明的立场。熊市就做个坚定的空头,牛市就做个坚定的多头。这个立场不能犹豫和含糊。看网上的调查,超过七成的人认为亏损的原因是管理层的监管混乱和言而无信,仅有百分之七左右的人认为是自己技艺不精。可见,推脱责任几乎是大多数人的本能。但是不是推掉了责任就可以赢利呢? 显然不可能。生存环境恶劣是客观事实,我们无力左右,便只能适者生存。如果哪个物种抱怨地球环境实在太差了,那这个物种的消亡恐怕也就为时不远了。概括一下中国股市的运行特点,就是"大起大落、大开大阖"。

我们都是为了倒腾差价而来,没有起落波折哪来的价差? 所以说中国股市是投机者的天堂实不为过。问题的关键就在于"大起"的时候我们在做什么?"大落"的时候我们又在做什么? 大起,就是牛市,我们应该做的就是满仓不畏震荡;大落,就是熊市,我们应该做的就是空仓不为利诱。而我们大多数人是怎么做的呢? 牛市时,忙进忙出赚些蝇头小利;熊市时,眼睛一闭,心一横,满仓挺着不动了。到头来把责任一推了事,嘴是痛快了,可钱包瘪了。

思考题

1.请你说说作者预测股市"大底"的依据是什么?

2.你同意作者关于牛市和熊市中股票投资的理念吗? 为什么?

案例十二　股市投资的黄金机会在何时?

股神巴菲特鼓励逆市入场,这让许多股评专家开始鼓动人们学习"股神"进入股市抄底,普通投资者的机会是否真的到来了?

首先,我们应该了解巴菲特的意思和初衷,巴菲特虽然被称作"股神",但事实上他是一个战略投资家,并不是我们想象的股市"炒作"高手,巴菲特买股票是为了投资而不是为了炒作,这是美国股神巴菲特和中国自己的股神杨百万的最大不同。巴菲特是从战略的眼光看待今天的美国金融危机带来的机遇,虽然不能说巴菲特是趁火打劫,但巴菲特绝对不会见便宜不捡,而且他捡到的资产并不是谁都能够捡到,并且巴菲特也不是什么资产都捡,他在资本市场中绝对不做慈善家。中国的投资公司就不可能像巴菲特一样享受"特权",另外巴菲特也是爱国的,美国金融体系出现问题,自然巴菲特要带头伸出援助之手,美国经济的崩溃对巴菲特也是灾难。所以,巴菲特的出手和号召入市并不关 A 股市场的事,拿巴菲特说事有些勉强,中国股市有没有投资的机会还应该分析中国经济发展的现状,还应该考虑中国股市的体制和机制。

现在股市跌到这种程度,目前 A 股市场的静态估值已经处于过去 10 余年来的低位,平均股票只有 6 元多一点,百元股已经绝迹,而 1 元面值的股票重现市场,这些现象是否说明投资者的黄金投资机会已经到来。

回答这个问题并不复杂,关键要看研究的对象是哪些投资者,而且投资者目前的投资状态是什么。我们说的普通投资者就是一些小散户,他们不是巴菲特,没有巴菲特那么有钱,而且理财的目的主要是为了让辛辛苦苦挣来的钱能够保值增值。

股市跌到这种程度,对没有进入股市的普通投资者而言,现在入市绝对是一个不错的机会,股市市值已经缩水 70% 以上,许多股票比发行价都低很多,比如中煤能源的价格只是发行价的一半,现在购买这一类的股票比中签还实惠(当然中签者出手了就赚了),作为长期投资绝对不会赔钱。因为前面已经有大量高价被套的投资者给你垫背,就是股市再跌损失也不大,因为下跌空间已经很小,比如中石油,就是再跌一半,每股也只是下跌 6 元,而对 30 元以上购买中石油的投资者而言,就幸福多了,更何况再下跌一半的可能性极小。另外就是企业分红措施也使目前入市投资收益不小,许多公司的现金分红收益和存款利息接近。所以,入市风险不大,最大的风险就是没有选对股票,如果选择了垃圾股,以后就反向的机会了。

已经入市的投资者现在是否可以开始增持股票? 股市是风险投资,一定要用"闲"钱进行投资,问题现在是否有"闲"钱,如果有,现在可以拿出一部分投资,至少这部分投资比前期的股市投资收益高;如果没有闲钱,最好不要去赌,因为目前虽然下跌的空间有限,但是并不等于股市没有下跌的可能,随着经济形势的恶化,股市什么事情都可能发生。就算股市不再暴跌,但复苏的日子也不会那么快就来临,可能在相当长的时间内股市维持低位徘徊。如果不是闲钱,急用时很有可能又被迫割肉,把浮亏变成实损,也许没有等到天亮,你就已经在黑夜中死去。

股市现在具有长期投资价值,但是不等于每个投资者都能享受这个机会,前期判断失误被套牢的投资者不需要懊丧,因为基金也同样被套牢,专家理财也不过如此。谁都不是神仙,股市暴跌到今天是当初许多投资者没有想到,而且多数人也没有巴菲特的投资理念和眼光(巴菲特中石油抛售时,许多人为巴菲特算账,说股神少赚了多少),否则遍地都是股神了。现在股市虽然处于低位,并不等于现在股市投资就没有风险,尤其是短期波动仍然不可确定,而且股市走出低迷没有时间表。

　　所以,普通投资者面对机会一定要慎重对待,机会永远是相对的,自己的投资需要量力而行,而且要相信自己的判断,遵循自己的投资理念,不能有人忽悠就失去理财的原则,人们投资失败往往是利益的诱惑下失去自己当初制定的投资原则。

思考题

　　1. 根据作者的说法,巴菲特的投资理念是怎样的?

　　2. 作者认为当时是长线投资者入市的好机会,你同意吗? 为什么?

案例十三　　某证券公司与股民对话

　　问:您认为今天大盘的表现主要由什么原因造成的?

　　答:由于惯性下跌,后来由于有护盘迹象,大盘开始企稳。

　　问:它对明天的大盘会有什么影响?

　　答:给人一种整理的错觉,开盘后会有小幅上升。

　　问:您认为明天大盘的走势如何?

　　答:大盘有可能横盘,强势整理;或加速下跌,清理浮筹,为下一波上升打开空间!

　　问:应该如何操作?

　　答:寻找强势股或前期涨幅不大,有预期业绩的股票。

　　今日股指继昨日大跌后再度出现恐慌性调整走势,上证指数盘中最低下探至 1540 点,下午大盘逐渐摆脱周边市场暴跌影响,在中国石化和长江电力的推动下展开强势反弹,股指反弹逼近 1600 点,中小企业板块今天反弹势头最为强劲。午后,多方资金开始逐步回流,与上一交易日相比个股的活跃程度有所提高,工程建筑板块涨幅居前。

　　大盘在扩容加速的背景下,昨日收出了一根近半年上升行情以来单日最大的阴线,也创下 4 年来的单日最大跌幅,对市场人气有较大杀伤力,此次调整出现在历年往往见年内或下半年最高点的 6 月份,的确令人有形成近半年上升行情阶段性高点的感觉。估计明天大盘可望在技术指标超卖下继续展开反弹,压力位在 1635－1645 点,该位附近如受压而重新回落则可确认本周二高点确立,后市仍将击破今日低点再下寻支撑;如果能收复 1635－1645 点则短期走稳,并有再上攻 1700 点以上的机会,可以说 1635－1645 点是短期强弱的分水岭。

　　大盘在 30 日均线位置展开了动荡,震荡趋势依旧强烈,目前阶段要回避前期热炒个股的高位调整风险,而低价、底部放量走强、有题材的个股是趋利避险的不错选择。

思考题

　　1. 从这组问题中,你看到了在重挫的证券投资市场中投资者最关心的问题是什么?

　　2. 这组问题中投资者关心的问题全面吗? 你认为还有哪些问题是应该关注的?

案例十四　　放开视野,别做井底之蛙

　　本周 A 股市场跌宕起伏,惊心动魄。上半周,市场本欲利用 60 日均线的心理支撑做一

次技术性反弹，但在内部和外部多种因素制约下反弹失败，股指最终破位下行。

造成股市下跌的直接原因是人大批准财政部发行 15500 亿特别国债和授权国务院停减利息税。尽管这两项政策的启动早在预料之中，但由于发布时间正处在市场心理最为敏感的时期，终于成为压死骆驼的最后一根稻草。其实，即使没有这两项政策的信息，这一步也是早晚要走的，两条信息只不过改变了下跌的节奏。

按投机市场的一般规律，像前五个月那种市场的连续暴涨，总会导致深幅的调整，多数投资者也料到这一点，所不同的是大家对于何时调整，哪个板块回落存在较大分歧。按照投机的心理规律，每个参与者总是希望自己的股票逆势上涨，成为沙漠中的绿洲，但是事情却不一定总是天遂人愿。

这一次几百只股票累计跌幅达到或超过 50％，使得大家很不适应，可能因此迁怒于政府的某项政策，进而怀疑目前是不是牛市。我想，答案是不难得出的，只不过投资者在感情上不容易接受罢了。大牛市的第一轮调整，其剧烈程度是惊人的，50％左右的调整也在合理范围，只是由于这一次牛市连续上涨的时间太长，使很多老股民都不习惯市场下跌了。投资者感到不舒服还有一个原因，认为这是一个由于本币升值带来的超级牛市，据说可以涨几十倍，所以大家买股票时几乎忘记了股市还有下跌一说，只有到暴跌来时才开始捶胸顿足。

股市能不能涨几十倍我不清楚，但投资者之间互相挣钱倒是真的，所以下跌是再正常不过的事情。前五个月股市暴涨，几百只股票涨幅超过 200％，这固然有某种道理，但是不是由于本币升值导致却是一个疑问。其实，决定 A 股市场涨跌的因素非常多，本币升值未必股市就不跌。从本质上说，目前中国政府正在与国际资本进行有史以来最大的一场财富博弈，其价值总量达到几十万亿元人民币，而股市的上涨不过是这个游戏的一个组成部分，所以即使本币升值，市场也是涨跌皆可的，关键是其他配套措施怎样设计。

就说本次计划发行的 15500 亿元人民币特别国债，只不过是一系列政策的一个开端，它要解决的主要不是目前股市涨跌的问题，而是国际资本平衡和国家金融安全问题，而随着这个政策及配套措施的推出，股市的运行机制必然发生变化。在这个新的机制下，A/H 之间过于扭曲的定价机制会得到有力的纠正，人们对市场的看法也会发生变化。

近期我一直提示由 QDII 导致的 A/H 股价格并轨问题，当初很多人不以为然，但事实证明它恰恰是最近股市下跌的最直接诱因。根据我们对 37 只完全可比较的 H 股的表现分析，在 5 月 29 日到 6 月 29 日期间，相关 A 股下跌了 12％，而对应的 H 股却上涨了 7％，A 股相对于 H 股的跌幅高达 19.7％。这 37 只 H 股占大盘指数的比例超过 50％，他们的市场行为决定了 A 股市场的走向。我们注意到，在这一期间，A 股的各主要指数的跌幅均在 10％以内，市场似乎没有多大跌幅，但是从股价并轨所反映的问题却比这个严重得多，它的进一步分析也揭示了近期多数小盘股暴跌的本质原因。

回头看看各大券商和基金公司的研究报告，发现他们对 QDII 的影响性分析不是轻描淡写，就是嗤之以鼻，更有机构甚至撰文正面否定这一命题，然而一个月来的实践却把他们的结论击得粉碎。之所以出现这种认识上的偏差，主要是当事人大多只从事 A 股投资，而对 H 股的定价机制及其对 A 股的反向作用缺乏实践和真实感受，纸上谈兵，焉能不错？

股市博弈是一种创新行为，真知源于实践而非书本，尤其对于一个处于转型和制度创新的国家。我们多数投资者目前还只是单纯地操作 A 股，缺少在国际市场操作的实践，因而对于国际资本流动、汇率形成机制等对股票价格的影响缺乏起码的认识,而在这个基础上形成的股市理念,难免失之偏颇,甚至有井底之蛙的感觉。目前市场上流行的关于本币升值、股票估值模型以及境内外股价比较等基本的投资理念,如果拿到国际市场的背景下考量,大多数是站不住脚的,而中小股民由此作出的趋势判断,也大多是以讹传讹、自欺欺人。如果想改变这种状况,建议有能力的投资者不妨操作一点 H 股,稍微体会一下其中的感觉。你不需要太多的资金,只要拿出本金的 10% 就够了。俗话说,屁股指挥脑袋,只有利益相关时,你才可能体会到其中的奥秘,也才知道目前 A 股市场的定价机制面临多大的政策风险。(《联合晨报》2007 年 7 月 2 日)

思考题

1. 文章中所提出的问题是否存在?中国股市是否存在这样的问题?
2. 文中多次提到政策风险,你知道什么是政策风险吗?
3. 你知道中国股票与国际发达国家股票的定价机制有什么不同吗?

案例十五　经济低谷正好挑选优秀企业

在全球性的金融海啸和经济危机冲击下,企业业绩下滑,消费不振,现在该如何投资,用什么眼光来挑选企业呢?

巴菲特有一句名言,当大潮退去的时候,我们才能知道谁在"裸泳"。这句话是形容在市场高潮时盲目的投机者,遇到市场大调整就暴露出他们的愚蠢。

对企业来说也是同样道理,在经济处于极度高潮时,滥竽充数、低劣的公司也会表现很好,甚至是更高的增长,我们不容易区分好公司和差公司。但当经济衰退时,低劣的企业就会麻烦不断,产品积压,资金链断裂,甚至破产倒闭,无法熬过经济的严冬。而经济低潮往往是优秀公司脱颖而出的时候,这时候,投资者也更容易挖掘到优秀的公司,而且以低廉得多的价格买到这些好公司的股票。

其实,经济调整就像人累了要休息一样,经济低谷期的休整可以为优秀公司提供更好的发展机会,劣质公司的退出反而给优秀公司提供了更大的发展空间。更具深远意义的是,经济发展本身就是"创造性毁灭"的自我实现与发展,一大批企业倒下了,从而释放出资源。而优秀的公司或者新兴产业则会从中吸纳资源,成为下一轮经济高涨期的领军人物。

经济低谷期也正是勇敢、睿智的投资者的天赐良机,此时投资应该把握两个方面:首先,应该寻找那些能够提供足够防御性和安全边际的、增长能力强的公司,多配置那些毛利率比较稳定的公司。其次,潮起潮落总有时,在低谷期也应该多下工夫,挖掘那些能成为下一次经济高涨期的领头羊,这些领头羊往往是那些把握了时代发展脉搏、迎合了产业调整和升级需求以及科技进步的公司,一旦经济恢复并逐渐好转,这些公司就会脱颖而出。

思考题

1. 作者在短文中给出什么投资建议?
2. 你赞成作者的观点吗?
3. 当一个国家的经济处在低谷期,股票价格也在低位徘徊时,应如何进行选股投资?

案例十六　两个股民在 6124 和 1664 之间的故事

　　王希望和李聪明是好朋友，都工作5年了，两个人都是活泼开朗的年轻人，平常工作认真努力，非常有上进心。但是伴随着阅历的增长和工作时间的积累，两个人都深深感到生活的压力，买房、买车、组建家庭，都需要有一定的经济基础。在2007年1月，股市从2006年一千多点涨到两千多点，看到市场上很多人都欢呼雀跃，于是两个人商量决定各自拿出多年工作积累的10万元投身于股海，希望能把自己奔向小康的步子迈得大一点。两个人在2007年1月9日开户入场了。

　　到2009年1月9日，短短两年的时间让两个股市新人都经历了中国股市最惊心动魄的时刻，而两个人的资金也因为各自操作的不同有了不同的差别。两个人进入股市的时候都分别设定了自己的目标和操作方法，在进入股市之前，王希望已经看过了不少有关巴菲特的书，他决定要做一个稳健的价值投资者。而李聪明却认为中国的市场有别于美国，不能照搬巴菲特那一套，而且身边有那么多一夜暴富的例子，他决心自己也要创造一个传奇。王希望认为投资要稳健，经过研究，他选择的都是一些如双汇发展、五粮液、保利地产、上海汽车、盐湖钾肥等一些优质的一线蓝筹股。而李聪明认为王希望的选择固然不错，但是在热火朝天的中国证券市场应该选择一些热点股票，应该给自己做一个短期收益的目标，只有这样才能实现资产的迅速积累。

　　打开李聪明的股票交易一看，他确实是一个既勤奋又聪明的投资者，在2007年1月到2007年9月短短半年多的时间里，他的股票交易栏足足可以翻开50页，买过的股票从一线蓝筹到ST股甚至有涉嫌违规的杭萧钢构等股票，而也是短短半年多的时间，李聪明的资产也从初始的10万元迅速增长到了75万元，而王希望的资产也从10万元积累到了30万元。这时上证指数也从他们入市时的两千多点飚升到了五千多点，尽管市场上众说纷纭，说中国证券市场存在泡沫也好，说中国经济已经追赶世界发达国家也好，李聪明此时认为自己是一个非常适合在资本市场运作的投资者，自己具备了与生俱来的天赋和聪明才智，这时他决定辞职，倾注所有的精力在资本市场上，因为在短短的时间内，他的资产就增长了7.5倍，他能看到自己辉煌的日子就在不远处向他招手了。而王希望却认为虽然在这段时间内自己的操作成果比李聪明差了一半多，可是他坚信巴菲特最重要的一条原则，要想森林茂密，一定要保证孕育他们成长的土壤不流失，所以资金的安全性不论何时何地都是最重要的一条。这时候他觉得中国的A股市场已经临近最高点状态，而任何事物的发展都不可能违背萧条、复苏、发展和高潮这四个周期的经济发展规律，于是他决定退出市场保住自己的胜利成果，等待股市调整期的到来。他甚至劝阻李聪明不要做出这么冲动的决定，但是李聪明却认为王希望是一个保守的投资者，因为要想迅速暴富，有时除了技术还要靠胆量。于是就同一件事情两个人第一次产生了这么不同的意见和想法。在2007年最高点的6124到2008年10月最低点的1664，所有关注中国证券市场的人都知道当所有的中国股票投资者才刚刚进入甜美的梦境的时候，一场突如其来的地震犹如4.12一样让所有的投资者还没来得及品尝胜利的果实，就已经要丢盔卸甲地面临眼前的废墟，这是怎样一场在云间飘荡的惬意到人间愁苦满是的美梦和噩梦交织在一起的离奇现实呀！

　　到了2009年的1月，距离两个人初次入市整整两年的时间，李聪明这时候似乎已没有开始时的那份张扬与自信,而此时他的资产总额只有8万多元,甚至都没有自己初入市场的投入多,而且还为此丢了一份工作。而王希望这时却认为中国的证券市场的一番大调整已经告一段落,可以在这里寻找一个合适的切入点再次进入股市。

我们都不知道后面的故事将会如何发展,但是我们都看到了王希望和李聪明在6124到1664的A股市场中的故事,聪明的读者,你从中得到了什么启示呢?

思考题

1.你认为作为一个资本市场的投资者,需要具备什么素质?

2.有人说2007年的中国A股市场是百年不遇的市场,假如你是2007年股市中的一员,你会是王希望还是李聪明?为什么?

案例十七　投身股市牢记"五不"

股市有道"股市有风险,入市须谨慎",但总是有人认为自己会创造奇迹,所以就总是有那么多人经不住诱惑,不太理会这条警句,一波又一波地投身股海。不过,我认为炒股不完全是坏事,它不至于要像对待毒品一样而远离。但我们必须牢记股市风险,时刻提醒自己谨慎行事。

1. 不要赶新潮

2007年是中国股市前所未有的黄金期,就像中国的大学热。有人说,股市评论员如博士生导师,老股民如大学教授,新股民如扩招的大学生,炒基金的如函授生,不炒股也不炒基金的人则有落后时代之嫌,被人笑为不懂新潮的"老三界"。时过境迁,如今来看,赶股市新潮的投资者多被潮水打得鼻青脸肿,头破血流而一败涂地,只有不为新潮所动的"老三界"还安然若初。原来,新潮不是随时都能赶的,不是任何人都适合赶的。如果游泳本领不高,还是老老实实去过桥、去划船或者从河边绕行吧,总比淹死强。

2. 不可太贪婪

很多人都有股票账户浮盈的时候,那金额不断上涨的"红"字让人热血沸腾,总认为自己已经望到了百万或千万富翁的项背,富贵指日可待。最后是该出手时没出手,没有把那些数字变现,最终眼睁睁地看它由多到少,再由红到绿,甚至绿到让人眼前发黑。或者是这次轻易赚了一点小钱,就投入大钱指望翻上几番,而忽视了亏起来也是会翻番的。只为那更多一点的财富就让自己与成功失之交臂,为了一粒芝麻而丢掉了一个西瓜,这就是贪婪。知足常乐,是很有道理的。

3. 不轻信专家

股市涨跌的风险大家都可以理解,而股评专家如果推波助澜就更可怕了。他会在指数达6000点的时候说要涨到8000点,建议大家坚持长期投资;又会在指数跌到1600点的时候说可能还要跌,建议大家要谨慎抢反弹。纵观一年多来难以自圆其说的股评家,不难发现他们更像是股市里的算命先生,偶尔有预言正确的时候,更多的时候却是误导投资者。既然专家都不那么可信了,那么市场中来路不明的小道消息就更不可靠。投资者只有学会自己思考,才不会让别人控制自己的脑袋。

4. 不能太专一

倾其所有把资金投资到股市里的股民目前是很惨的,割肉吐血出来吧,血汗钱就化为乌有,不出来吧,那些资金不知会套到何年何月,可谓进退两难。如果对股票的爱不那么专一,为自己留一点资金回旋的余地,受伤就不会那么重了。

5. 不必去后悔

股市不相信眼泪,股市只以成败论输赢,要么出局另起炉灶,要么稳坐钓鱼台等待时机,解决错误的办法不是后悔,而是反思,是对策,是行动。后悔不起丝毫作用,致命的错误往往没有后悔的时间,明确下一步选择、走好下一步才是立刻要做的。

思考题

1. 从作者的投资"五不"建议中,你是否感到无所适从呢?
2. 作为股票投资者,能从作者的见解中得到什么启示呢?

案例十八 三分之一理财法

林某,在一家 IT 企业工作,月薪约五千元,多年工作后有了些积蓄。从 1994 年开始,她便尝试炒股。当时买得也不多,一般只买一两只股票,见好就抛。前几年,她买了一套百余平方米的房子,觉得自己可算"安居乐业"了,没什么后顾之忧,理财方面比以前更加积极。

她告诉记者,她现在实行的是"三分之一理财法",即除去生活的必需费用,余下的闲钱分成三份,三分之一用于储蓄,三分之一用于炒股,三分之一用于期货。令记者不解的是,她在银行的存款是活期。她的解释是,银行存款利息太低,本来就是负利率,银行存款主要是为了不时之需,存活期就是为了取用方便。

在炒股方面,由于现在股市行情不好,她比较谨慎,从不满仓,只用账户资金的 20%～30% 购买股票,并且只作长线。她明白短线炒作可能会更好,但她要上班,没有太多时间观察和分析股市行情,只好"放长线",期望"钓大鱼"。

她去年开始委托别人给她做期货,没想到,期货给她带来了较高收益,账面资金一度增值两倍。后来虽然价格起起伏伏,现在账面上依然还是赚钱的。但她知道期货的风险很大,所以始终没有追加太多投资。

她对投资房地产很感兴趣,非常看好海南目前的房产,认为利润很大,但苦于还没有足够的资本。她告诉记者,等她有了足够的资金,一定要贷款再买套房子,或租或售,一定有很好的收益。(陈海虹,《海南日报》2005 年 5 月 23 日)

案例十九 违法炒股要不得

海南省三亚市某信托投资公司海口证券营业部于 2001 年 3 月 21 日与某客户签订了一份《证券投资委托操作协议书》,规定由客户将 190 万元交给证券营业部操作一年,保证其年收益 12% 以上,到期不足 12% 的由证券营业部补足,盈利超过 12% 以上的部分由双方对半分成。然而协议期满后,证券营业部却因投资亏损,无法按《协议书》履行义务,未能向客户支付到期的本金和收益,该客户不得不向法院提起诉讼,要求对方按《协议书》履行义务,支付其投资额 190 万元及其 12% 的收益。

经法院审理认为：该客户与证券营业部所签订的《证券投资委托操作协议书》违反了《证券法》第142条"证券公司除经纪业务，不得接受客户的全权委托而决定证券买卖、选择证券品种、决定买卖数量或者买卖价格"及第143条"证券公司不得以任何方式对客户证券买卖的收益或者赔偿证券买卖的损失作出承诺"的规定，属无效合同。但该合同取保的财产，应当予以返还。法院判决由证券营业部返还该客户本金190万元和占用时间的利息。有关证券主管部门责令该证券营业部停业整顿。（《海南日报》2004年6月22日）

思考题

1. 为什么说该《协议书》是无效合同？
2. 投资者和证券公司应从中吸取哪些教训？

案例二十　给营销新手的五个建议

有人问著名的销售战略专家康耐斯（Jill Konrath）："如果你是一名新手销售员的导师，你能给他的五个最重要的建议是什么？"在他公司的博客上，康耐斯给出了如下回答：

第一，致力于"带来大不同"。销售人员最难认识到的一个事实是，客户在乎的不是他的产品、服务或解决方案什么，而是这些东西能给其公司带来什么样的影响。举个例子，如果我给一些主管销售的公司副总裁打电话，推销我的销售培训课程，单单只是说"嘿，我这里有个培训课程"，对方肯定说没兴趣。如果我把焦点转到他们能从我的培训课程中收获到的切实利益上，情况就不同了。

第二，不要急于求成。通常销售人员都希望在最短的时间内达成交易，于是不断地将海量的产品信息"砸"向客户，这样反而会引起客户的反感。销售应该是一件水到渠成的事情。

第三，对客户公司做足调研工作。要确保你的陌生推销电话不被对方挂断，就必须先对客户的公司进行深度调研，然后再组织你在电话里要传达的内容。

第四，多管齐下。要跟客户真正谈上话，你可能需要联系对方七到十次。多管齐下是首选，即语音邮件、电子邮件、邀请函齐上阵。

第五，站在客户的角度分析你的销售办法。重要的不是你说什么，而是客户听到的是什么。例如，自己先听一下你想发给客户的语音邮件，如果连你自己都觉得听起来毫无说服力，还是先改一改吧。（中国证券经纪人协作网2009年5月4日）

思考题

1. 你同意康耐斯先生对营销新手的建议吗？为什么？
2. 你作为证券营销新手，能从康耐斯先生的建议中得到什么启示？

案例二十一　谈谈证券经纪人新手的困惑

"我是一个从事证券经纪人工作只有短短两个月的新人，我们的业务主要是银证通，在经过两天的短期培训以后就上岗了，两个月下来，我一个客户也没有，虽然拥有了很多的客户资料,可是我由于自己的专业水平太差而没有说服力使得自己的业绩也是 0,我很想学习,可是我不知道从什么地方学起,我想哪位前辈教教我吧,先谢谢了!"

这是一般新手都会遇到的一个正常情况,不要有任何思想包袱。要想转变这种不利情况,要注意以下因素:

第一,态度决定一切。首先你要对这份工作感兴趣,将它作为自己的事业,以积极的态度来面对这项工作。只要坚持,肯定会有收获的。如果只是为了混日子,建议你早点转行,因为证券市场的经纪业务是最市场化的,什么都以数据说话,不得有半点含糊。

第二,谦恭请教他人。俗话说"三人行必有我师",其中包括你的培训老师、同行师兄或者你的客户资料上的准客户。谦恭地向他们请教,你会有所收获的。记得当初我大学毕业后在深圳一家投资公司南京分公司实习时,为了学到操盘技巧,请教了很多高人,不断地听取他们的指教建议。这不仅促使自己实战水平与客服技巧有了较大的提高(但是与此同时也忍受了包括当时在公司里面学习一年,不拿一分钱工资的痛苦代价),而且凭借着这么多年积累下来的知识,帮助我在大盘从 2245 点跌至近期的 1300 点的恶劣环境中生存下来,而且还得到了一定的发展。反观这么多年的经历,没有当初的执著,也不会有今天。正如一位名家所讲的那样:"剩下为王"、"活着比什么都好"。

第三,专业性与团队协助。证券经纪人的核心就是你的专业性,包括营销、客服和咨询方面。但你作为一个新手,首先要给自己一个好的定位,整体工作环节中的哪一节你最有可能上手,然后与别的特长的同行合作,至于你们的收益分成这方面,则由你们双方自行商定,因为这样总比你一个人做强多了。一定抛弃掉中国人那种"一个人是条龙,一帮人是个虫"的陋俗,要发挥团队协作精神,因为目前的市场已经不是个人英雄主义时代,而是分工越来越细的时代。

第四,认识并化解风险。如何处理功利性很强的客户,例如一次我在苏州某个营业部里观看一个朋友在搞一场活动,其中一个股民很兴奋地跑过来问,老师,你能否指导我炒股,我的要求不高,一个星期只要百分之十就可以了。这样的客户往往是现实存在的。但作为证券经纪人,特别是新入行的人,不要轻易地给别人承诺,而是要更正他的错误理念,告诉他这样是不现实的。因为市场是不确定的,而新手只能做些确定的事情,如帮自己的准客户收集资料,及时传递信息等等。俗话说"以勤补拙",在我这么多年的从业经历中,身边有不少人被迫离开了证券市场,不是因为自己的能力问题,而是因为牵涉理财等方面的事宜,导致这种不良的结局。特别是新入行的人,往往也会受到上面领导的压力,拼命地做成交量,这很容易出现问题,所以建议从长远的眼光来看问题,不要做那种牺牲客户的利益来维持自己收入的事。

最后,我不建议新入行的证券经纪人做银证通业务。特别是与打价格战的证券公司合作,虽然表面上得到了许多专业的培训,但最终这种模式只会造成证券公司的成功与经纪人的失败。我看到很多同行做营销这么多年,在全国各地做银证通,但最终的结果是自己发展的客户,自己带不走,因为客户看重的是便宜的跑道,而不是你的专业性。所以一次次重复原来的老路,就像大黑熊抱玉来一样,捡一个,丢一个。我们工作室的定位就是专业性、高佣金、高标准服务,这也是我们这么多年生存下来的一个原因。所以做银证通的经纪人的利润空间被压得很小,但这往往也是新入行的经纪人最容易接触到的岗位。那只能全当是一种锻炼吧,因为前面的路很长,愿一路走好。(顾照华,证券经纪人协作网 2009 年 5 月 4 日)

思考题

1. 新入行的证券经纪人会有哪些困惑？
2. 你认为有什么方法可以解困？

案例二十二　用客户账户操作股票巨亏，谁之过？

招商证券营业部的投资顾问丁某，在帮客户操作股票亏损达 1700 万后自杀，受损客户王先生和李女士将证券公司营业部告上法院。

王先生称，他在招商证券营业部开设了股票交易账户，营业部安排投资顾问丁某提供股票交易服务。丁某告诫王先生，为安全起见，不要在个人电脑上进行交易，因此王先生一直向丁某下达指令，由丁某代为买卖。但王先生发现，丁某从 2007 年起至事发，在他不知情的情况下进行大笔对敲交易，频繁买卖，并进行多笔高价买进、低价卖出的交易。王先生称，据他了解，丁某和营业部有约定，可获得交易手续费的 8% 作为奖金，因此怀疑丁某频繁翻炒股票是为赚取更多佣金。今年 8 月 1 日，王先生得知 32 岁的丁某自杀。此时，王先生的账户已损失 698 万元，由王先生受托操作的李女士账户损失达 1020 万元。

营业部受托炒股属个人违规。昨日，王先生的代理人提供了几份录音资料并当庭播放。录音中，丁某向王先生承认错误，并希望继续操作来弥补损失，还主动书写了一份《检讨书》。但被告对录音资料和检讨书提出质疑，并申请了录音与笔迹鉴定。营业部代理人表示，丁某的违法行为并不是职务行为。丁某的工作职责是日常投资咨询等，公司规定证券员工严禁接受客户对股票种类、数量、价格买卖的全权委托，丁某的行为是违反公司规定的个人行为。该代理人还说，营业部对王先生进行过风险提示，他将交易密码泄露给丁某委托交易，而且发现丁某擅自买卖后未及时告知公司，自己也应承担责任。该代理人称，丁某生前为王先生的 5 个账户操作，累计盈利 6000 万余元。

记者昨日了解到，丁某从高空坠亡后，公司已对其家属进行了抚恤。

丁某于 2008 年 6 月 10 日在她的《检讨书》中写道："我已经完全认识到错误的严重性了，被多挣钱的心理给蒙蔽了……去年刚开始，行情还是非常好的，就想做些短线，又快又能给您多挣点……但随着大盘一泻千里，短线获利机会越来越少……我辜负了您的委托，在没征得您同意的情况下多次进行股票交易，给您造成了巨大的经济损失，我愿意以后尽我一切能力帮您挽回损失。"

北京律协资深证券法律师闫忠武表示，根据证券法规，证券公司不得接受客户的全权交易委托，其从业人员也不得私下接受客户委托买卖证券，丁某的行为明显是违法的。假如证券公司对其行为毫不知情，则应由丁某自行担责；假如证券公司知情却不予纠正，在客户能举证证实的情况下，证券公司对其员工的行为应承担一定责任。同时，客户假如没有到证券公司办理正规的委托手续，轻信丁某并私下委托其操作股票买卖，自己也有一定责任。

闫律师说，对于证券公司及其工作人员的违规行为，主要监管机构是中国证监会及其下属机构，但证监会仅能监管一些重点、可疑操作，不可能兼顾每一笔交易。证券公司本身也应对其客户履行一定的监管责任，发现异常交易应及时向证券监管部门报告。

思考题

1. 为什么说这是一起违规案件？
2. 证券公司工作人员和证券公司应从中汲取哪些教训？

案例二十三　2008年证券市场违法案例

一、金信信托案

2008年7月14日,金华市婺城区人民法院对"金信信托案"主犯葛政作出一审宣判,判处有期徒刑六年,罚金40万元。2002年7月至2005年7月间,金信信托共募集资金51.7亿元,所募资金均用于投资证券市场。但其所投资的股票长期亏损,为维持公司资金正常运转,金信信托公司只能隐瞒亏损情况,继续向不明真相的投资者鼓吹高额收益,通过扩大融资弥补资金缺口。至停业整顿之时,金信信托在二级市场亏损高达34亿元。

二、天发系龚家龙信弊案

2008年8月5日,鄂州市中院判处龚家龙有期徒刑一年零七个月,并处罚金20万元。据查,天颐科技公司在亏损的情况下,为骗得监管部门批准其获取增发配股资格,作为该公司大股东的天发集团董事长龚家龙指使他人虚列销售收入,虚增营业利润。2001年至2003年间,天颐科技主营业务收入虚增5.84亿元,主营业务利润虚增1.13亿元。在中国证监会披露该公司年报有造假行为后,其股价暴跌,给股东造成重大损失。

三、唐建基金"老鼠仓案"

2008年4月8日,中国证监会对唐建"老鼠仓案"公布了处罚结果:取消唐建基金从业资格,没收唐建152.72万元违法所得,并处50万元罚款。据查,唐建自2006年担任基金经理助理起,便以其父和第三人账户先于基金建仓前买入新疆众和股票,利用其职务之便,待基金拔高该股票股价后出仓。其父亲的账户买入近6万股,获利近29万元,另一账户买入20多万股,获利120多万元,总共获利逾150万元。

四、金园汽车集资诈骗案

西安金园汽车集资诈骗案于2008年7月21日在西安作出一审判决,其主犯王可、董欣因集资诈骗罪分别被判处无期徒刑和有期徒刑十年。从2005年起,董欣与王可合作,对金园汽车虚假出资,虚增注册资本,将其包装成在海外上市的公司。通过媒体的虚假宣传,两人利用中介公司诱骗2700人次购买该公司的股票。至案发前共计骗得人民币6000余万元。两案犯于2006年9月和10月分别被公安机关抓获。

五、龙腾黑马预告网案

11月7日,证监会披露了龙腾黑马预告网案的调查与处罚结果,并将其移送公安部门立案侦查。赵东荣作为龙腾黑马预告网的实际控制人,2001年11月至2008年7月间,在未取得证券业务咨询资格的情况下,利用龙腾黑马预告网等传媒进行广告宣传,为投资者提供咨询和荐股服务,投资者盈利后需返还部分收入。通过这种模式,赵东荣向30个省区市约200多个投资者提供非法投资咨询服务,累计获得违法收入达人民币718万元。

思考题

　　1.在上述的几个违规案例中,你认为在证券市场中违规主体主要是谁? 为什么?

　　2.从上述案例中,你认为出现违规现象的主要原因是什么?

　　3.作为个人投资者,你认为应该怎样做才能避免这些违规行为给自己带来灾难呢?

第二篇
证券投资实训篇

　　本篇是全书的证券投资实训部分,主要通过互联网技术运用证券投资理论指导证券投资活动,向学生展示证券交易实时行情、图形识别、图形分析、指标分析、大盘技术走势分析、个股技术走势分析;介绍网上证券委托系统、网上证券分析(交易)系统;掌握交易系统软件的下载、安装和使用,证券交易的交易流程,市价委托和限价委托,集合竞价与连续竞价等。通过实训教学活动,使学生提高证券投资综合分析能力和证券投资实战能力。

实训一

软件下载与安装 ≫ ≫ ≫ ≫

实训目的

掌握网上证券委托系统、网上证券分析（交易）系统；掌握交易系统软件的下载、安装和使用等等。

实训重点难点

各种交易软件（包括模拟软件）的下载、安装和使用。

实训内容

一、证券网站与网上证券委托系统

伴随着互联网的发展，国内证券公司基本上都开设了自己的网站，用于宣传本公司业务，并为客户提供软件下载和咨询服务。一般证券公司的网站提供财经新闻、上市公司信息、专家在线解答以及本券商对证券市场走势的研究成果。此外，券商还提供行情的实时走势以及软件的免费下载服务，这样客户既可以通过网站以 Web 方式的查询行情，进行证券买卖委托，也可把免费的软件下载到本地计算机中，安装并通过网络查看行情以及委托交易。

网上证券委托系统是证券公司或一些专业网络公司为网上交易客户提供的一套网上证券实时分析系统，其功能包括实时动态股市行情及技术分析、实时银证转账、快速委托下单。

二、网上证券分析（交易）系统

网上证券分析（交易）系统应该功能齐全、操作简单、界面友好，具体应有以下几个特点：

（1）集股市行情分析、银证转账与委托下单功能于一身。与传统交易分析系统一样，网上证券分析（交易）系统应能提供股市动态行情、技术分析、各种灵活动态排名、详尽的历史数据、即时准确的资讯信息等；还应该具备保证金账户和股票账户管理、资金和成交流水查询、银证资金双向即时划转等功能。

（2）能够提供更为简单方便的操作使用特性，如兼顾大多数现有投资者，采用大家熟悉的仿钱龙界面和热键功能，真正实现键盘、鼠标全部兼容。

（3）支持证券名称拼音简缩输入法，在多种证券选择方法（如证券代码输入）的基础上，考虑到大多数投资者更为熟悉证券简称的情况，特别支持证券名称拼音简缩输入法。投资者即使忘记了证券号码也可以方便地指定证券名称。如深圳 A 股的"深发展"，既可以输入证券代码"000001"，也可以输入证券名称汉语拼音首字符"SFZA"来指定证券。

（4）支持证券历史数据的离线访问。这种功能用于不能随时或经常上网的投资者以及不需要在线访问的时候（如休息日等）来浏览大盘和证券历史数据、分析走势和查阅各种证券背景资料及资讯。

（5）能够为投资者保证所有交易信息的保密性与安全性，提供快速的证券委托、资金及证券查询、历史流水数据查询和银证转账。

（6）尽可能减少投资者的操作程序。在设计上充分考虑到系统的灵活性、扩充性、易于维护性和其他一些自动化及方便的特性（如服务器端动态配置），尽量减少投资者的手工干预（如主站增加、选择），减少投资者升级的几率。例如，主站动态均衡调配，保证投资者能够自动连接到负载较小的主站；又如主站扩容、增加服务器时，投资者不用任何操作，自动就能享受到更加快捷顺畅的服务。

目前许多券商及证券专业资讯网站采用的网上证券委托系统基本能够具备上述功能，不同的证券部提供不同的交易分析软件系统，投资者可根据自己熟悉的操作系统按实际情况作出选择。

三、通过 Web 方式查询行情并进行交易

首先登录证券公司网站，在 IE 浏览器的"地址栏"中输入需要登录的券商网站的域名或中文。进入主页面后可以从网站中查找券商，以 Web 方式查看行情。

选择这种委托方式无需另外安装任何软件，投资者在证券部办理了网上交易相关开通手续后，通过访问证券公司的网址，在证券公司网站提供网上交易服务的网页直接下单委托即可。例如，访问国泰君安证券网站，你只要在国泰君安证券下属的证券营业部开户并且开通网上交易，就可以在该网站中的"网上交易"一栏登录进行网上交易。无论你身在世界任何地方，只要有一台与互联网相联的电脑终端，通过访问证券公司网站的网上委托系统，你就可以随意进行股票买卖委托、查询操作，同时还能够查询大盘和个股行情，获得丰富的专业财经资讯及专家的在线咨询等理财服务。

值得注意的是，通过浏览器委托的方式安全性较使用专业自动软件委托方式差，因此建议用户用这种方式委托后修改密码。

四、通过下载软件在本地计算机进行交易

投资者在证券部开户进行网上交易时，证券部给开户客户免费提供一套用于证券委托交易的软件。客户只要将委托系统软件安装在自己的电脑中，即可接通开户的证券营业部进行网上委托交易、行情分析。此网上交易方式将行情分析和委托交易结合为一体，即可以在接收行情、进行行情分析的同时下单委托。该系统与投资者在证券部利用电脑下单相似，操作简便。大部分证券公司均提供这样的网上委托方式。

　　这种方式在应用中较为普遍,操作简单、界面直观,比较符合投资者传统买卖股票、分析行情的习惯,其行情分析系统功能强大,并可将数据下载到本地来进行离线浏览。功能较 Web 方式全面。

五、F1～F10 功能键的使用

　　F1：分时成交明细

　　F2：分价表

　　F3：上证指数(A)

　　F4：深证成指

　　F5：在分时走势图和 K 线图之间切换

　　F6：自选股

　　F7：功能树

　　F8：在 K 线图中,在各种 K 线图间切换

　　F9：委托程序选择

　　F10：该公司的基本资料

实训题

　　1. 通过 google、百度等搜索引擎下载南方证券、华弘证券、中投证券等行情软件、广发证券至强版并安装。

　　2. 查看中石油的股票信息、熟悉 F1～F10 功能键的使用。

实训二

分时走势与盘口分析

> > > >

实训目的

掌握大盘分时走势和个股分时走势图;熟悉盘面的各种术语;掌握量比、委比和市盈率在选股时的作用。

实训重点

大盘分时走势和个股分时走势图;盘面的各种术语、量比、委比和市盈率在选股时的作用。

实训难点

量比、委比和市盈率在选股中的作用。

实训内容

一、分时走势图

(一)大盘分时走势图

如图所示:

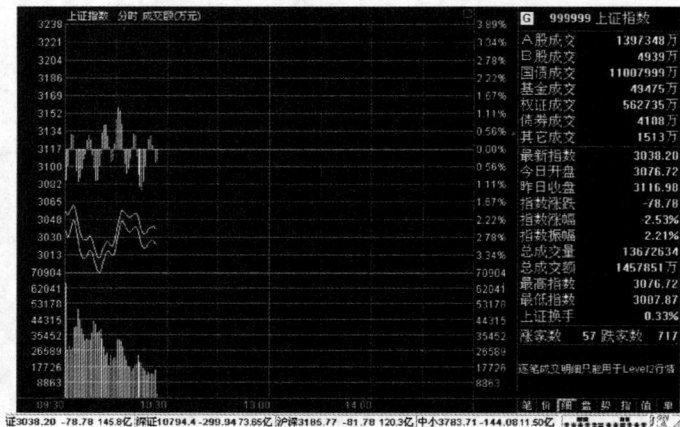

1. 白色/黄色曲线

白色曲线表示交易所对外公布的通常意义上的大盘指数,也就是加权数。

黄色曲线是不考虑上市股票发行数量的多少,将所有股票对上证指数的影响等同对待的不含加权数的大盘指数。

参考白色曲线和黄色曲线的相对位置关系,可以得到以下信息:

(1)当指数上涨时,黄色曲线在白色曲线走势之上时,表示发行数量少(盘小)的股票涨幅较大;而当黄色曲线在白色曲线走势之下,则表示发行数量多(盘大)的股票涨幅较大。

(2)当指数下跌时,如果黄色曲线仍然在白色曲线之上,表示小盘股的跌幅小于大盘股的跌幅;如果白色曲线反居黄色曲线之上,则说明小盘股的跌幅大于大盘股的跌幅。

2. 红色/绿色柱线

反映当前大盘所有股票的买盘与卖盘的数量对比情况。

(1)红柱增长,表示买盘力度强,指数上涨。

(2)绿柱增长,表示卖盘力度强,指数下跌。

(3)黄色柱线表示每分钟的成交量,单位为手(100 股/手)。

(二)个股分时走势图

如图所示:

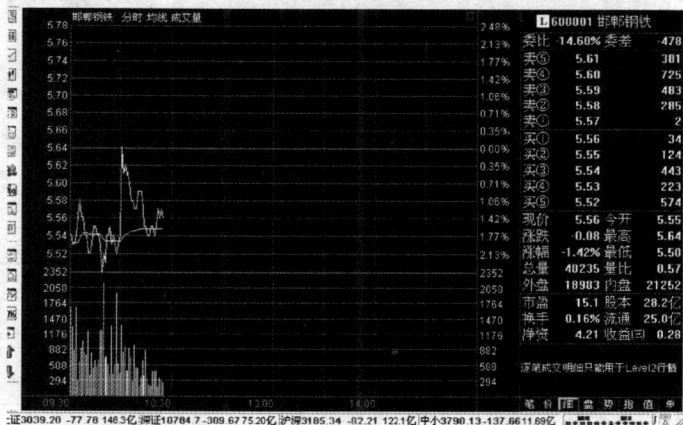

(1)白色曲线表示该种股票的分时成交价格。

(2)黄色曲线表示该种股票的平均价格。

(3)黄色柱线表示每分钟的成交量,单位为手(100 股/手)。

(三)分时走势常见几种图形

1. 狼牙走势

特征:庄家在股价到一定高度有较大赢利时连续出货,导致股价在盘中形成快速回落的低点走势,曲线尖锐,成狼牙状。

2. 堡垒型

特征:量能常数分钟内无成交量,导致分时线始终提示最后一笔的成交价格,同时由于成交量极少,任何一笔主动性买卖盘都会引起价格上升或下降,使分时走势成堡垒形状。

3. 突发上涨型

特征:股价突发性上扬,这样才可避免投资者过分追涨或上涨中做空的干扰。

4.常见下跌型

特征:开盘后不久杀跌,成交量放大,做空坚决,后期下跌中成交量始终放大,卖压重。

5.上涨中途调整型

特征:上涨中,分时线有时并不一气冲天,而是在调整中随着波动幅度越来越小再继续上涨。

二、盘口分析

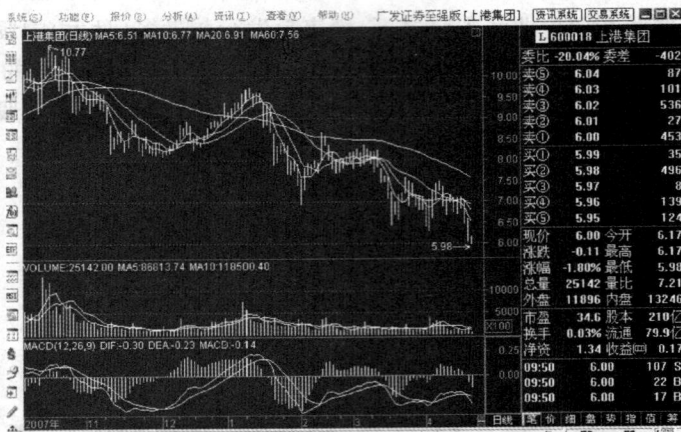

1.涨幅

涨幅 = 当日最新价－前日收盘/前日收盘价

2.量比

量比 = 当日成交量/过去5个交易日平均成交量

若量比大于1,说明当天成交量要比前5天成交量大,也就是比过去5天火爆,否则相反。以下是量比的参考数据:

量比	成交量	操作策略
0.8~1.5	正常	观望
1.5~2.5	温和放量	①如股价处于温和缓升,升势相对健康,继续持股 ②如股价下跌,则跌势难以在短期结束,可考虑停损退出
2.5~5	明显放量	若股价相应地突破重要支撑或阻力位置,可进场或适量加仓
5~10	剧烈放量	①个股处于长期低位时出现,则"钱"途无量 ②个股已有巨大涨幅时出现,则高度警惕
10以上	巨大量能	①涨势中出现,可能彻底反转,或休整期过长时,考虑出场 ②绵绵阴跌的后期出现,彻底释放了下跌动能,考虑进场
20以上	极端放量	反转意义特别强烈,连续上涨后出现,涨势将尽,出场

注:量比在0.5以下的缩量情形也值得好好关注,其实严重缩量不仅显示了交易不活跃的表象,同时也暗藏着一定的市场机会。缩量创新高的股票多数是长庄股,缩量能创出新高,说明庄家控盘程度相当高,而且可以排除拉高出货的可能。缩量调整的股票,特别是放量突破某个重要阻力位之后缩量回调的个股,常常是不可多得的买入对象。

3.委比

用于衡量一段时间内买卖力量的强弱(多空双方力量的强弱)波动范围:－100%～＋100%

委比 = (委买－委卖)/(委买＋委卖)

委买＝买1＋买2＋买3＋买4＋买5

委卖＝卖1＋卖2＋卖3＋卖4＋卖5

若委比大于0，且较大，说明买盘强劲，多方力量强，涨的可能性大；

若委比小于0，且较大，说明卖盘强劲，空方力量强，跌的可能性大。

4. 振幅

振幅＝（当日最高价－当日最低价）/前日收盘价

反映股价在当日的波动幅度。

5. 换手率

换手率＝成交量/总流通股本

反映流通盘中有多少股票在被交易，换手率越大，说明该股票被交易次数多，较热门。

6. 总市值、流通值

总市值＝当前价×总股本

流通值＝当前价×流通股

7. 市盈率

（1）市盈率是估计普通股价值的最基本、最重要的指标之一。以一定的市盈率数值为基准，一般认为该比率保持在 20～30 之间是正常的。过小说明股价低，风险小，值得购买；过大则说明股价高，风险大，高估，卖出。

市盈率是某种股票每股市价与每股盈利的比率（当前每股市场价格/每股税后利润），反映购买公司1元税后利润支付的价格，或者按市场价格购买公司股票回收投资成本需要的年份，又称为本益比。

市盈率有静态和动态之分。静态市盈率是指用现在的股价除以过去一年已经实现的每股收益。例如，万科 2007 年每股收益为 0.73 元，3 月 21 日收盘价为 24.42 元，那么静态市盈率为 24.42/0.73＝33.45 倍。

动态市盈率是指用现在的股价除以未来一年可能会实现的每股收益，但未来一年的每股收益不能用一季度的业绩乘以 4 这样简单计算的方法，因为不同公司不同行业每季度的业绩波动往往很大。

例如，万科 2007 年一季度每股收益为 0.09 元，如果简单的四个季度相加，一年的收益也就是 0.36 元而已，但实际年报披露出来的却是 0.73 元，这就是房地产行业特殊的年末结算准则造成的。

动态市盈率计算公式以静态市盈率为基数，乘以动态系数，该系数为 $1/[(1+i)n]$，i 为企业每股收益的增长性比率，n 为企业的可持续发展的存续期。

（2）市盈率是衡量股价高低和企业盈利能力的一个重要指标，它把股价和企业盈利能力结合起来，其水平高低更真实地反映了股票价格的高低。

例如，股价同为 50 元的两只股票，其每股收益分别为 5 元和 1 元，则其市盈率分别是 10 倍和 50 倍，也就是说与当前的实际价格水平相差 5 倍。若企业盈利能力不变，则说明投资者以同样 50 元价格购买的两种股票，要分别在 10 年和 50 年以后才能从企业盈利中收回投资。

但是，由于企业的盈利能力是在不断改变的，投资者购买股票更看重企业的未来。因此，一些发展前景很好的公司即使当前的市盈率较高，投资者也愿意去购买。预期的利润增长率高的公司，其股票的市盈率也会比较高。

例如,对两家上年每股盈利同为1元的公司来讲,如果A公司今后每年保持20%的利润增长率,B公司每年只能保持10%的增长率,那么到第十年时A公司的每股盈利将达到6.2元,B公司只有2.6元,因此A公司当前的市盈率必然应当高于B公司。投资者若以同样价格购买这两家公司的股票,对A公司的投资能更早地收回。

为了反映不同市场或者不同行业股票的价格水平,也可以计算出每个市场的整体市盈率或者不同行业上市公司的平均市盈率。具体计算方法是用全部上市公司的市价总值除以全部上市公司的税后利润总额,即可得出这些上市公司的平均市盈率。

(3)影响一个市场整体市盈率水平的因素很多,最主要的有两个,即该市场所处地区的经济发展潜力和市场利率水平。一般而言新兴证券市场中的上市公司普遍有较好的发展潜力,利润增长率比较高,因此,新兴证券市场的整体市盈率水平会比成熟证券市场的市盈率水平高。欧美等发达国家股市的市盈率一般保持在15~20倍左右,而亚洲一些发展中国家的股市正常情况下的市盈率在30倍左右。另一方面,市盈率的倒数相当于股市投资的预期利润率。因此,由于社会资金追求平均利润率的作用,一国证券市场的合理市盈率水平还与其市场利率水平有倒数关系。

实训题

1.判断下面图形属于分时走势的哪种图形,并评析该图形。

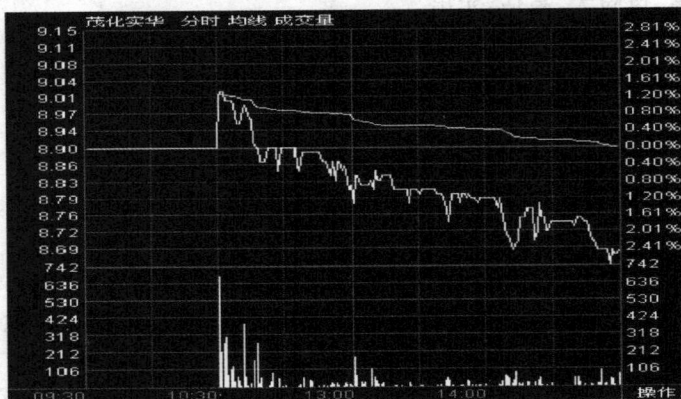

2.判断下面图形属于分时走势的哪种图形,并评析该图形。

3. 判断下面图形属于分时走势的哪种图形，并评析该图形。

4. 判断下面图形属于分时走势的哪种图形，并评析该图形。

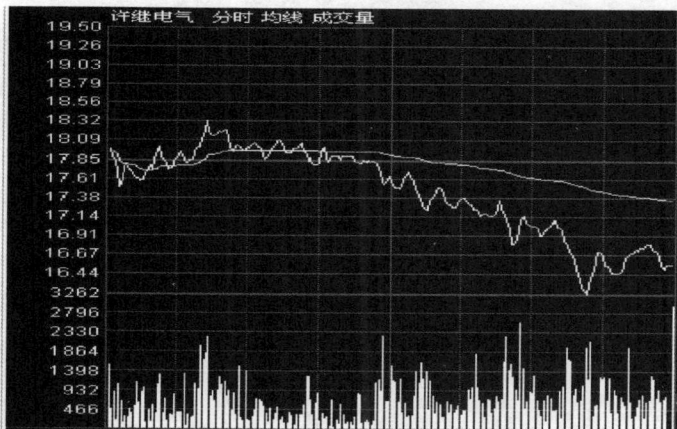

5. 判断下面图形属于分时走势的哪种图形，并评析该图形。

6. 选出金融版块的三只股票，分析量比、委比和市盈率的情况？

7. 某公司 2007 年每股盈利 1 元，年终分配为 10 送 10，现价 25 元，则其市盈率为 25 倍。但该公司经 10 送 10 以后,假若 2008 年按原股本计算,其盈利较去年增加 20%,为 1.2 元。则按新股本计算,2008 年每股赢利为多少?

8.如果简单估算市盈率,不考虑公司年终或中期股本扩张因素来投资是否合理。

9.为何不同渠道提供的市盈率有差异?

实训三

股票委托下单交易　≫≫≫　≫

实训目的

掌握证券交易的交易流程；掌握市价委托和限价委托；掌握集合竞价与连续竞价。

实训重点

市价委托和限价委托；集合竞价与连续竞价。

实训难点

集合竞价与连续竞价的规则和过程。

实训内容

凡在场内交易的证券，都要严格遵守交易规则与程序。场内交易程序一般分为六个步骤：开户、委托、竞价、清算、交割和过户，这个顺序一般不能颠倒或省略。投资者主要是与佣金经纪商打交道，而不是与证交所，尽管许多程序都须在交易所电脑中完成，并通过交易所下属的结算登记公司完成清算、交割、过户等事项，但这些手续最终都由券商办理。

一、开户

包括券商在证交所开设的账户以及投资者在证交所开设的证券账户。

二、委托

按委托价格分类，可分为市价委托和限价委托。

市价委托是指投资者向证券经纪商发出买卖某种证券的委托指令时，要求证券经纪商按证券交易所内当时的市场价格买进或卖出证券。

限价委托是指投资者要求经纪商在执行委托指令时必须按限定的价格或比限定价格更有利的价格买卖证券，即必须以限价或低于限价买进证券，以限价或高于限价卖出证券。

掌握市价委托和限价委托的优缺点以及申报规则（包括报价单位、价格最小变动单位、涨跌幅限制、委托买卖单位等）。

三、竞价

根据深、沪证券交易所的竞价规则，每一交易日中，任一证券的竞价分为集合竞价与连续竞价两部分。集合竞价是指对一段时间内接受的买卖申报一次性集中撮合的竞价方式。连续竞价是指对买卖申报逐笔连续撮合的竞价方式。证券交易按价格优先、时间优先的原则竞价撮合成交。

(一)集合竞价

所谓集合竞价,是在每个交易日上午 9：25,交易所电脑主机对 9：15 至 9：25 接受的全部有效委托进行一次集中撮合处理的过程。

1. 确定有效委托

在有涨跌幅限制的情况下,有效委托是这样确定的:根据该只证券上一交易日收盘价以及确定的涨跌幅度来计算当日的最高限价、最低限价。目前股票、基金的涨跌幅度为 10%,其中 ST 股票价格涨跌幅度为 5%,有效价格范围就是该只证券最高限价和最低限价之间的所有价位。限价超出此范围的委托为无效委托,系统作自动撤单处理。

2. 选取成交价位

首先,在有效价格范围内选取使所有委托产生最大成交量的价位。如有两个以上这样的价位,则依以下规则选取成交价位:高于选取价格的所有买委托和低于选取价格的所有卖委托能够全部成交;与选取价格相同的委托的一方必须全部成交。如满足以上条件的价位仍有多个,则选取离昨市价最近的价位。

3. 集中撮合处理

所有的买委托按照委托限价由高到低的顺序排列,限价相同者按照进入系统的时间先后排列;所有卖委托按委托限价由低到高的顺序排列,限价相同者按照进入系统的时间先后排列。依序逐笔将排在前面的买委托与卖委托配对成交,即按照"价格优先,同等价格下时间优先"的成交顺序依次成交,直至成交条件不满足为止,即不存在限价高于等于成交价的叫买委托或不存在限价低于等于成交价的叫卖委托。所有成交都以同一成交价成交。

4. 行情揭示

(1)如该只证券的成交量为零,则将成交价位揭示为开盘价、最近成交价、最高价、最低价,并揭示出成交量、成交金额。

(2)剩余有效委托中,实际的最高叫买价揭示为叫买揭示价,若最高叫买价不存在,则叫买揭示价揭示为空;实际的最低叫卖价揭示为叫卖揭示价,若最低叫卖价不存在,则叫卖揭示价揭示为空。

(二)连续竞价

连续竞价的成交方式与集合竞价有很大的区别,它是在买入的最高价与卖出的最低价的委托中一对一对地成交,其成交价为申买与申卖的平均价。

连续竞价按以下原则确定成交价:①对新进入系统的买入申报,能够成交的,则与卖出申报队列顺序成交;若不能成交,则进入买入申报队列等待成交;②对新进入的卖出申报,若能成交,则与买入申报队列顺序成交;若不能成交,则进入卖出申报队列等待成交。这样循环,直到收市。

无论是集合竞价,还是连续竞价,所遵循的原则都是"价格优先,时间优先"。

四、清算（略）

五、交割

清算之后办理交割手续,投资者买方付款领券,卖方付券领款,双方在券商处相互交换钱券的行为称为交割。这一交割行为应在证券商与证券商交割之前进行。因为投资者均在券商处开设资金账户,所购证券也都由交易所集中托管,所以投资者双方互不见面,买入方也无须知道该证券是出自谁手,反之亦一样。交割通常采用以下几种方法:

（1）当日交割。交易双方成交后,当天即可办理钱券的相互交换行为。

（2）次日交割。次日交割也称为隔日交割,投资者成交后,须在下一个交易日内完成交割手续。遇休息日则顺延。

（3）例行交割。即在规定的若干天期限内完成交割。

六、过户

股权或债权的所有权转让后,登记变更手续。

实训题

1.设股票甲的昨收盘价为 3.6 元,在开盘前分别有 8 笔买入委托和 7 笔卖出委托,根据价格优先的原则,按买入价格由高至低和卖出价格由低至高的顺序将其分别排列如下:

序号	委托买入价	数量（手）	序号	委托卖出价	数量（手）
1	3.97	10	1	3.21	9
2	3.80	2	2	3.52	5
3	3.76	6	3	3.57	1
4	3.65	4	4	3.60	2
5	3.60	7	5	3.65	6
6	3.54	6	6	3.70	6
7	3.45	3	7	3.98	8
8	3.20	8			

（1）对于上表中的买入委托与卖出委托,哪些是无效委托,哪些是有效委托?

（2）根据集合竞价的原则,首先可以确定的价位区间是什么?

（3）根据最大成交量原则,开盘价应该是多少?还剩哪些买入委托与卖出委托?数量、价位各是多少?（请写出过程）

（4）如在最后一笔配对中,买入价和卖出价不相等,其成交价该如何处理?

（5）当股票的申买价低而申卖价高导致没有股票成交时,应如何处理?

2.现仍以股票甲为例,某一时刻委托报价的排序情况如下:

序号	委托买入价	数量(手)	序号	委托卖出价	数量(手)
1	3.80	2	1	3.52	5
2	3.76	6	2	3.57	1
3	3.65	4	3	3.60	2
4	3.60	7	4	3.65	6
5	3.54	6	5	3.70	6
6	3.45	3			

(1)根据连续竞价的原则,每次配对所产生的价格为多少? 每次配对后还剩哪些买入委托与卖出委托? 数量、价位各是多少?(请写出过程)

(2)根据以上连续竞价和集合竞价的过程,说明连续竞价和集合竞价有何不同?

3.请画出证券交易的交易流程图。

实训四

K 线图分析

≫ ≫ ≫　≫

◈ **实训目的**

掌握 K 线的含义;掌握 K 线的绘制方法与类型;掌握 K 线组合图的应用。

◈ **实训重点难点**

K 线的绘制方法与类型;K 线组合图的应用。

◈ **实训内容**

一、K 线的含义

(一)K 线的绘制方法与类型

根据 K 线的计算周期可将其分为日 K 线,周 K 线、月 K 线、年 K 线。众多分析软件提供的 5 分钟 K 线、15 分钟 K 线、30 分钟 K 线和 60 分钟 K 线也具有重要的参考价值。

(二)单根 K 线的判断

一看阴阳、二看实体、三看影线长短。

掌握小阳星、小阴星、小阳线、小阴线、中阳线、中阴线、大阳线、大阴线的形状以及含义。

二、K 线的基本形状

(一)小阳星

小阳星是指全日中股价波动很小,开盘价与收盘价极其接近,收盘价略高于开盘价。小阳星的出现,表明行情正处于混乱不明的阶段,后市的涨跌无法预测,此时要根据其前期 K 线组合的形状以及当时所处的价位区域综合判断。

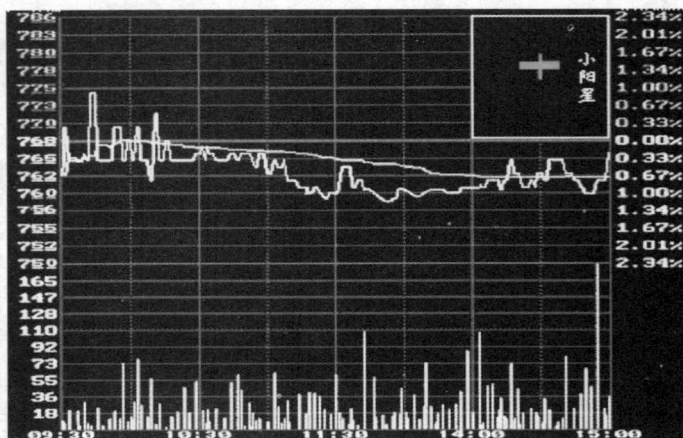

（二）小阴星

小阴星的分时走势图与小阳星相似，全日中股价波动很小，只是收盘价格略低于开盘价。表明行情疲软，发展方向不明。

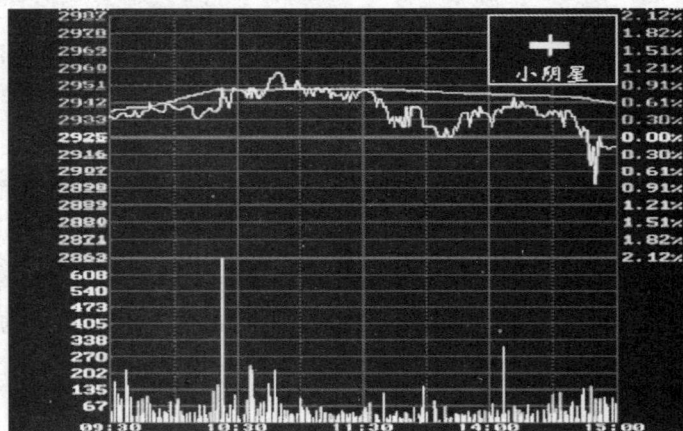

（三）小阳线

其波动范围较小阳星增大，多头稍占上风，但上攻乏力，表明行情发展扑朔迷离。

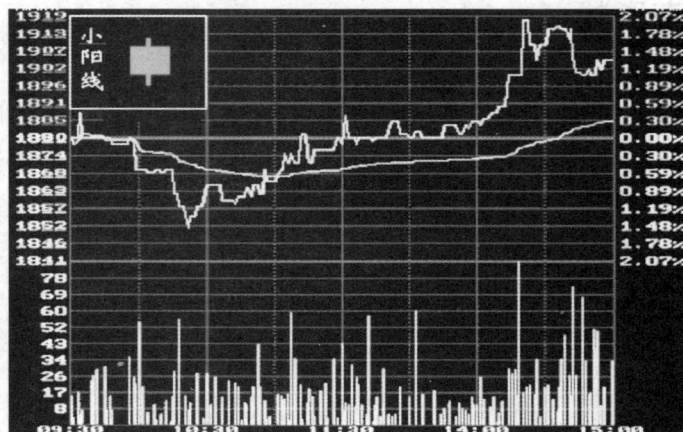

(四)小阴线

小阴线是指开盘价与收盘价波动范围较小阴星增大,小阴线在盘整行情中出现较多,也可在下跌和上涨行情中出现,多空双方小心接触,但空方略占上风,呈打压态势,但力度不大。单根小阴线研判意义不大,应结合其他K线形态一起研判。

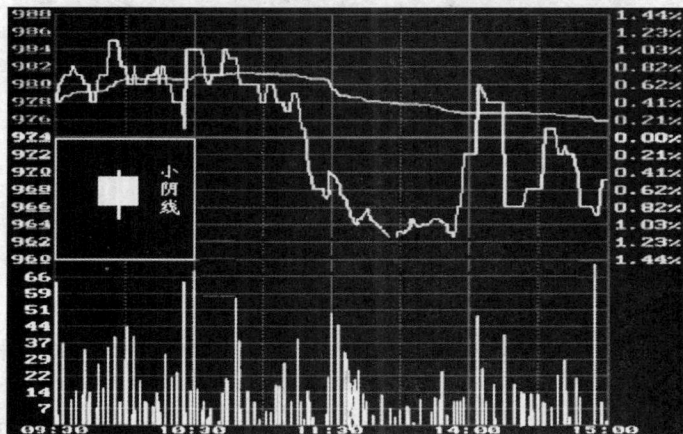

(五)上吊阳线

如果在低价位区域出现上吊阳线,如图所示,股价表现出探底过程中成交量萎缩,随着股价的逐步攀高,成交量呈均匀放大状态,并最终以阳线报收,预示后市股价看涨。

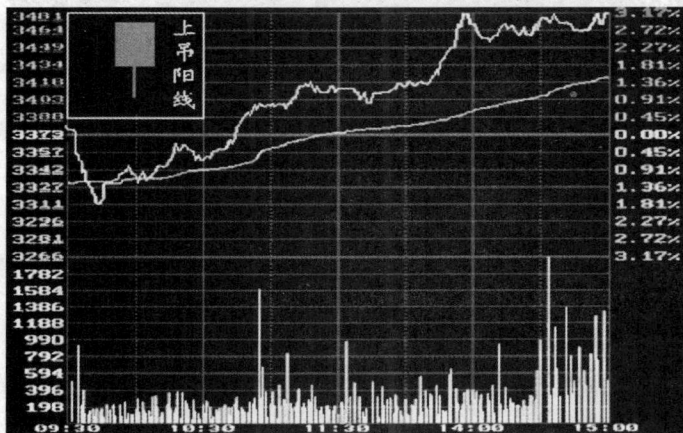

如果在高价位区域出现上吊阳线,股价走出如图所示的形态,则有可能是主力在拉高出货,需要留心。

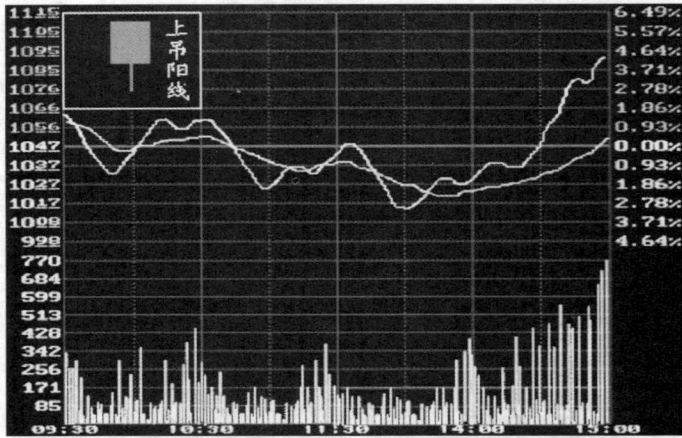

（六）上下影阳线

下影阳线的出现，表明多空交战中多方的攻击沉稳有力，股价先跌后涨，行情有进一步上涨的潜力。

上影阳线显示多方攻击时上方抛压沉重，这种图形常见于主力的试盘动作，说明此时浮动筹码较多，涨势不强。

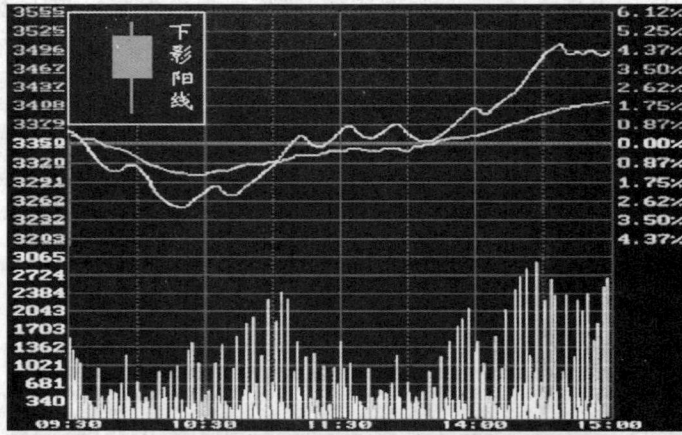

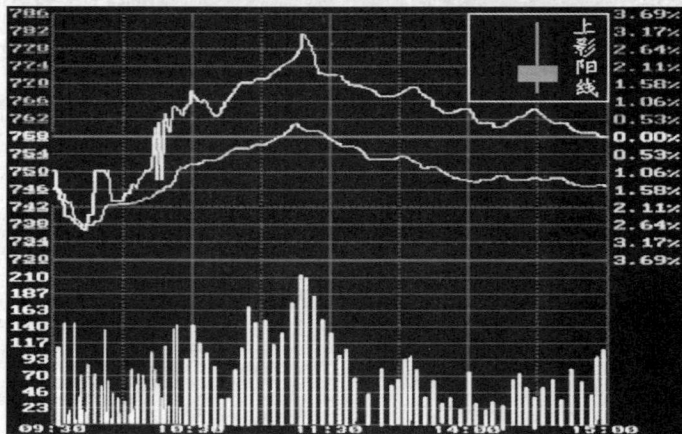

(七)穿头破脚阳线

说明多方已占据优势,并出现逐波上攻行情,股价在成交量的配合下稳步升高,预示后市看涨。同样为穿头破脚阳线,股价走势若表现出在全日多数时间内横盘或者盘跌而尾市突然拉高时,预示次日可能跳空高开后低走。

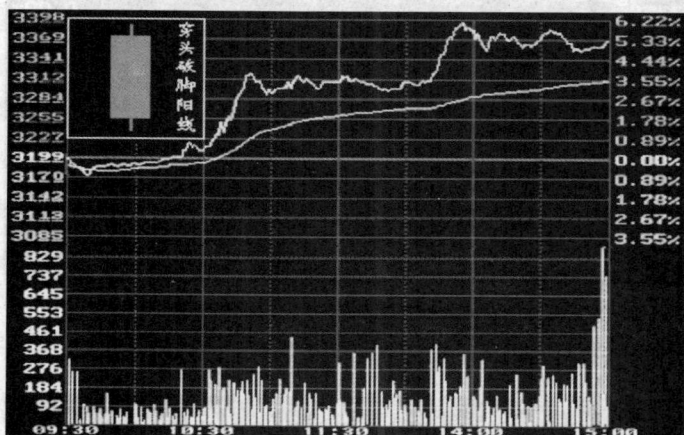

(八)光头阳线

若出现在低价位区域,在分时走势图上表现为股价探底后逐浪走高且成交量同时放大,预示为一轮上升行情的开始;如果出现在上升行情途中,表明后市继续看好。

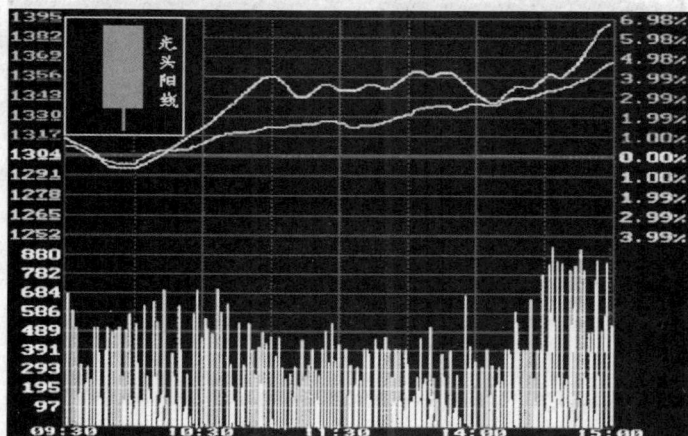

(九)光脚阳线

表示上升势头很强,但在高价位处多空双方有分歧,购买时应谨慎。

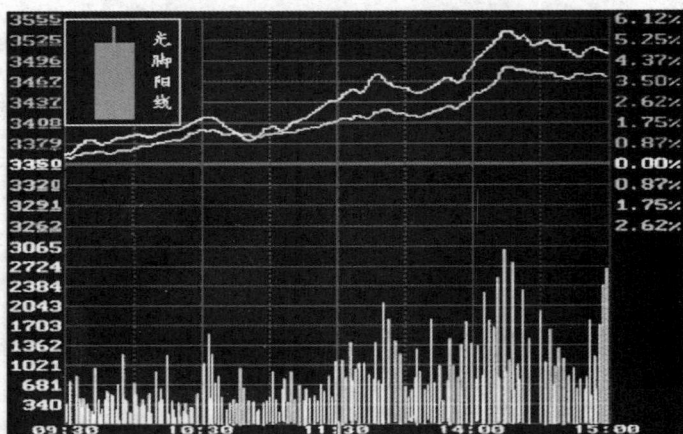

（十）上影阳线

卖方把价位压回一半，买方虽占优势，但显然其优势不大。

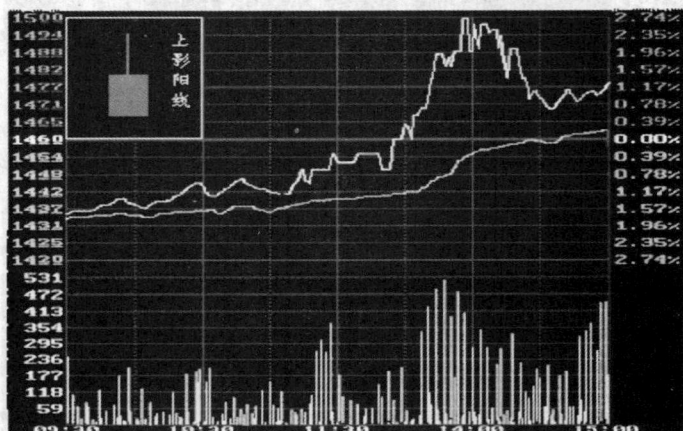

三、K线组合图的应用

（一）V型反转

V形反转形态是指股价先一路下跌，随后股价一路攀升，底部为尖底，在图形上就像英文字母V一样。

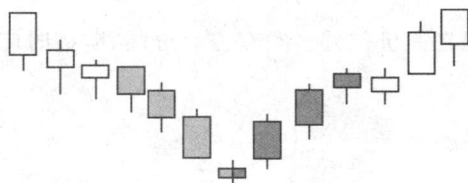

意义：下跌见底，反转上升。

（二）倒V型反转

倒V形是指股价先一路上涨，随后股价一路下跌，头部为尖顶，在图形上就像倒写的英文字母V。

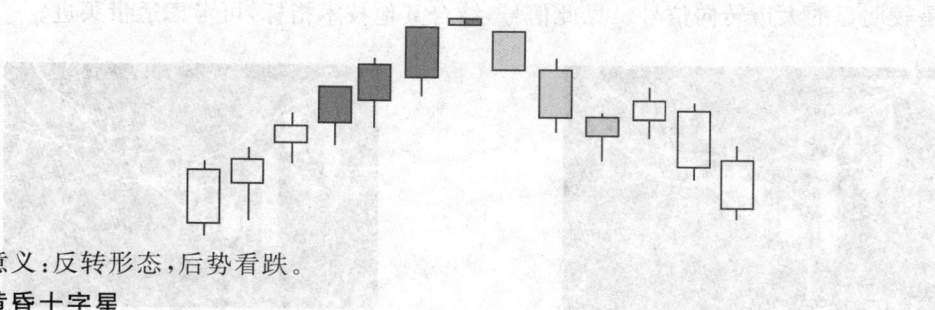

意义:反转形态,后势看跌。

(三)黄昏十字星

黄昏十字星的特征是股价经过一段时间的上涨后,出现向上跳空开盘,开盘价与收盘价相同或非常接近,而且留有上下影线,形成一颗十字星。接着第二天跳空拉出一要下跌的阴线,这就构成了黄昏十字星。

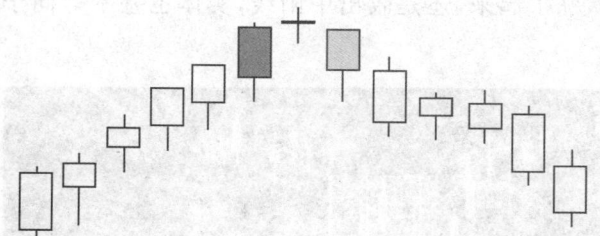

意义:它的出现表明股价已经见顶或离顶部不远,股价将由强转弱,一轮跌势将不可避免,这时就应该离场出局。

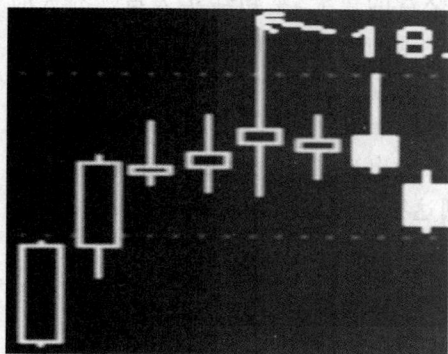

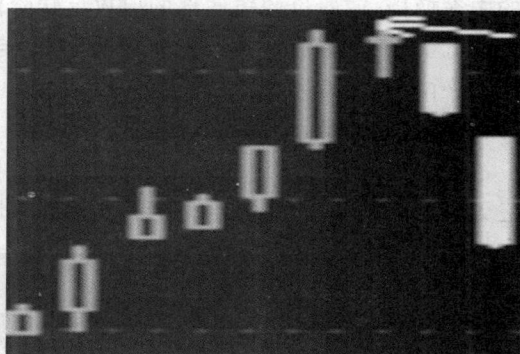

(四)早晨十字星

早晨十字星的特点是由三根 K 线组成,在下跌过程中出现,第一根是阴线,第二根是十字线,第三根是阳线,如图所示:

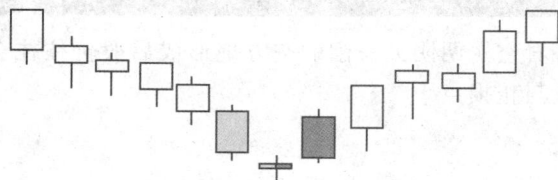

意义:股价经过大幅回落后,做空能量已大量释放,股价无力再创新低,呈现底部回升

态势,是较明显的大市转向信号。见此信号,结合其他技术指标,可考虑适量买进。

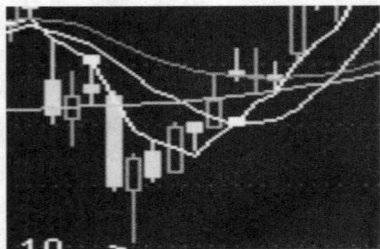

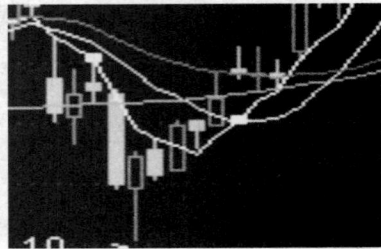

(五)两阳夹一阴

两阳夹一阴即指某只个股在第一天收出了一根实体中阳线,次日,该股的价格并未出现持续性的上升,而是收了一根实体基本等同于第一天阳线的阴线,但第三天又未承接第二天的跌势,反而再次涨了起来,还是收出中阳线,实体也基本等同于前两日 K 线的实体部分。

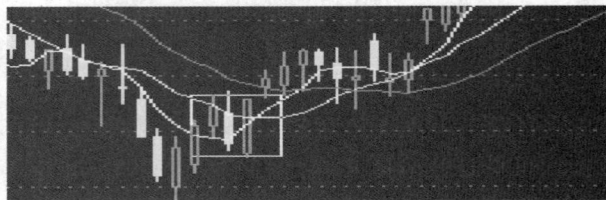

意义:多方炮,短线看涨。个股起飞前兆,一般出现在股价即将上破箱顶阶段或上攻中的中途换档,或股价脱离底部的启攻反转阶段,伴随成交量的放大,是短线买入点。介入时可逢低半仓买入,前提是均线系统呈多头排列,成交量伴随放大。变形两组两阳夹一阴和三阳夹两阴,洗清浮筹,拉升股价。

(六)两阴夹一阳

股价在高位滞涨时,某一天下跌收出一根阴线,第二天出现了一根缩量的反弹小阳,第三天再度下跌又拉出阴线,完全吞食第二根阳线并且到达第一根阴线低点甚至超出。

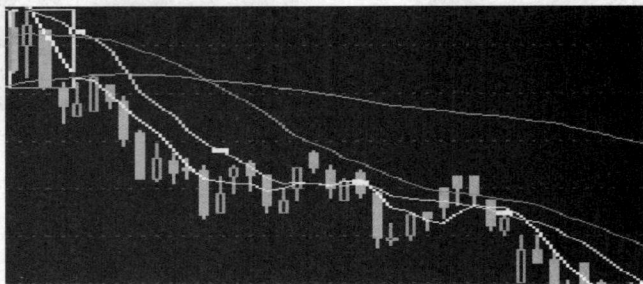

意义:空方炮,后势看空。两阴夹一阳的空方炮形成后股价往往会出现加速暴挫,因此破位之际是较好的止盈与止损点。

实训题

下列 K 线组合图形包括倒 V 型、黄昏十字星、早晨十字星、两阳夹一阴、三阳夹两阴,指出图

1、2、3、4、5分别属于哪种K线组合图形并据此说明后市该如何操作。

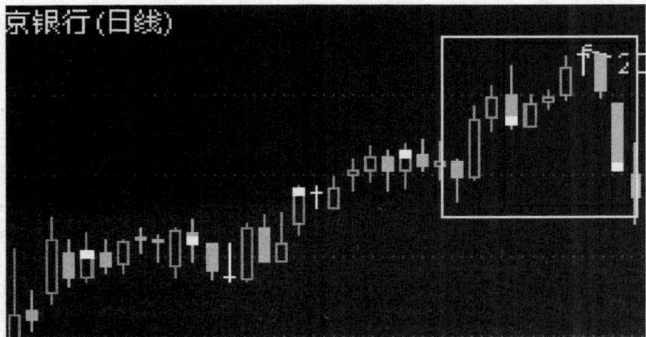

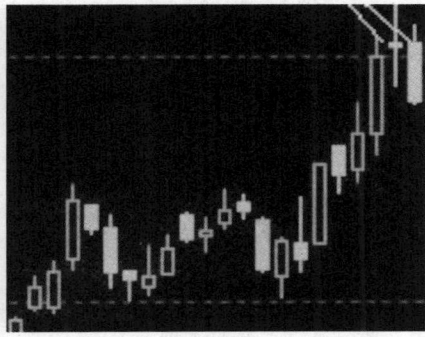

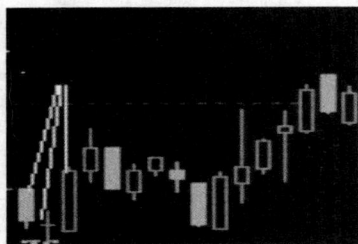

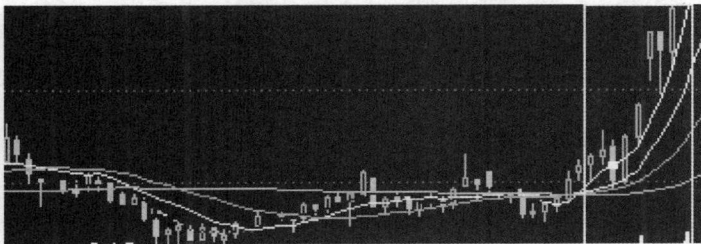

实训五

趋势分析

≫ ≫ ≫   ≫

实训目的

掌握移动平均线的含义、概念和用法；掌握支撑线、压力线和轨道线的画法、用途。

实训重点难点

移动平均线的用法；支撑线、压力线和轨道线的画法、用途。

实训内容

一、移动平均线

(一)移动平均线概念

移动平均线是用统计处理的方式,将若干天的股票价格加以平均,然后连接成一条线,用以观察股价趋势。

(二)移动平均线的计算方法

(1)日平均价＝当日成交金额÷当日成交股数(或直接用当日收盘价代替日平均价)

(2)6 日平均价＝(当日平均价＋前五日平均价×5)÷6

(3)10 日平均价＝(当日平均价＋前九日平均价×9)÷10

(4)30 日、72 日、13 周、26 周等平均价计算方法类推,其计算公式为 $MA=(P_1+\cdots+P_n)\div n$, P 为每天价格,n 为日数。

(三)移动平均线的应用

1. 黄金交叉点和死亡交叉点

所谓黄金交叉就是指上升中的短期移动平均线由下而上穿过上升的长期移动平均线的交叉,这个时候压力线被向上突破,表示股价将继续上涨,行情看好。所谓死亡交叉是指下降中的短期移动平均线由上而下穿过下降的长期移动平均线,这个时候支撑线被向下突破,表示股价将继续下落,行情看跌。

2. 多头排列和空头排列

所谓多头排列,就是日线在上,以下依次短期线、中期线、长期线,这说明过去买进的成本很低,做短线的、中线的、长线的都有赚头,市场一片向上,这便是典型的牛市了。

反之,空头排列指的是日线在下,以上依次分别为短期线、中期线、长期线,这说明我们过去买进的成本都比现在高,做短、中、长线的此时抛出都是"割肉",市场一片看坏。显然,这是典型的"熊市"。

(四)葛兰维移动平均线八大法则

1.买进法则

买1,平均线经过一路下滑后,逐渐转为平滑,并有抬头向上的迹象。另外,股价线也转而上升,并自下方突破了移动平均线,这是第一个买进讯号。

买2,股价线开始仍在移动平均线之上,但呈急剧下跌趋势,在跌破移动平均线后,忽而转头向上,并自下方突破移动平均线,这是第二个买进讯号。

买3,与买2类似,但股价线尚未跌破移动平均线,只要移动平均线依然呈上升趋势,前者也转跌为升,这是第三个买进讯号。

买4,股价线与移动平均线都在下降,问题在于股价线狠狠下挫,远离了移动平均线,表明反弹指日可待,这第4个买进讯号,为许多短线客户喜爱,但切记不可恋战,因为大势依然不妙,久战势必套牢。

2.卖出法则

卖1,移动平均线从上升转为平缓,并有转下趋势,而股价线也从其上方下落,跌破了移动平均线,这是第一个卖出讯号。

卖2,股价线和移动平均线均令人失望地下滑,这时股价线自下方上升,并突破了仍在下落的移动平均线后,又掉头下落,这是第二个卖出讯号。

卖3类似卖2,问题是稍现反弹的股价线更加软弱,刚想突破移动平均线却无力突破,这是第三个卖出讯号。要注意的是卖3与买1不同,买1是移动平均线自跌转平,并有升迹象,而卖3的平均线尚处下滑之中。

卖4,股价一路暴涨,远远超过了虽也在上升的移动平均线,暴涨之后必有暴跌,所以此处是第四个卖出讯号,以防止暴跌带来的不必要的损失。

经过长期应用,我们发现,平均线转跌为平,并有向上趋势,股价线从平均线下方突破,并始终大致保持在移动平均线之上方,这一段是"牛市";而反之,平均线转升为平,并随后下跌,股价线从平均线上方突破,这一段便是"熊市"了。

(五)移动平均线的优缺点

1.优点

(1)适用移动平均线可观察股价总的走势,不考虑股价的偶然变动,这样可自动选择出入市的时机。

(2)平均线能显示"出入货"的讯号,将风险水平降低。无论平均线变化怎样,但反映买或卖信号的途径是一样的。若股价(一定要用收市价)向下穿破移动平均线,便是沽货讯号;反之,若股价向上冲破移动平均线,便是入货讯号。利用移动平均线作为入货或沽货讯号,通常获得颇可观的投资回报率,尤其是当股价刚开始上升或下降时。

(3)平均线分析比较简单,使投资者能清楚了解当前价格动向。

2.缺点

(1)移动平均线变动缓慢,不易把握股价趋势的高峰与低谷。

(2)在价格波幅不大的牛皮期间,平均线折中于价格之中,出现上下交错型的出入货讯号,使分析者无法定论。

（3）平均线的日数没有一定标准和规定，常根据股市的不同发展阶段，分析者思维定性而各有不同，投资者在拟定计算移动平均线的日子前，必须先清楚了解自己的投资目标。若是短线投资者，一般应选用 10 天移动平均线，中线投资者应选用 90 天移动平均线，长期投资者则应选用 250 天移动平均线。很多投资者常用 250 天移动平均线判断现时市场是牛市或熊市，若股价在 250 天移动平均线之下，则是"熊市"；相反，若股价在 250 天移动平均线之上，则是"牛市"。

为了避免平均线的局限性，有效掌握买卖的时机，充分发挥移动平均线的功能，一般将不同期间的平均线予以组合运用，目前市场上常用的平均线组合有"6、12、24、72、220 日平均线"组合和"10、25、73、146、292 日平均线"组合等，组内移动平均线的相交与同时上升排列或下跌排列均为趋势确认的讯号。

二、支撑线、压力线和轨道线

市场上的股价在达到某一水平时，往往不再继续上涨或下跌，似乎在此价位上有一条对股价起阻拦或支撑作用的抵抗线，我们分别称之为阻力线或支撑线。

所谓阻力线，是指股价上升至某一高度时，有大量的卖盘供应或是买盘接手薄弱，从而使股价的继续上涨受阻。支撑线则是指股价下跌到某一高度时，买气转旺而卖气渐弱，从而使股价停止继续下跌。从供求关系的角度看，"支撑"代表了集中的需求，而"阻力"代表了集中的供给，股市上供求关系的变化导致了对股价变动的限制。

轨道线（channel line）又称通道线或管道线，是基于趋势线的一种方法。在已经得到趋势线后，通过第一个峰和谷可以作出这条趋势线的平行线，这条平行线就是轨道线。

（一）趋势线

1. 趋势线的确认

趋势线是衡量价格趋势的，由趋势线的方向可以明确地看出股价的趋势。

在上升趋势中，将两个低点连成一条直线，就得到上升趋势线。

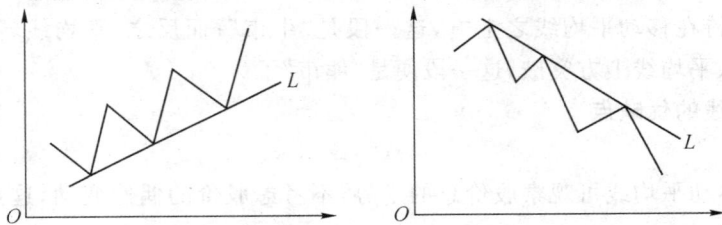

在下降趋势中，将两个高点连成一条直线，就得到下降趋势线。

由图中看出上升趋势线起支撑作用，下降趋势线起压力作用，也就是说，上升趋势线是支撑线的一种，下降趋势线是压力线的一种。

在上升趋势中，必须确认两个依次上升的低点；在下降趋势中，必须确认两个依次下降的高点，才能确认趋势的存在，连接两个点的直线才有可能成为趋势线。其次，画出直线后，还应得到第三个点的验证才能确认这条趋势线是有效的。一般说来，所画出的直线被触及的次数越多，其作为趋势线的有效性越被得到确认，用它进行预测就越准确有效。另外，这条直线延续的时间越长，就越具有效性。

2.趋势线的作用

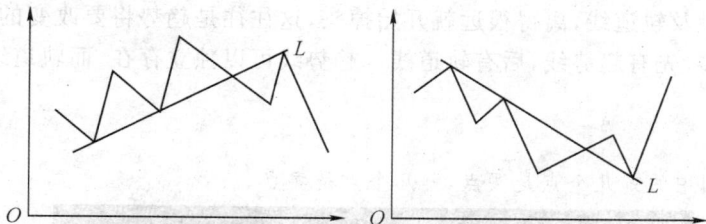

(1)对股价今后的变动起约束作用。使股价总保持在这条趋势线的上方(上升趋势线)或下方(下降趋势线),实际上是起支撑和压力作用。

(2)趋势线被突破后,就说明股价下一步的走势将要反转。越重要越有效的趋势线被突破,其转势的信号越强烈。被突破的趋势线原来所起的支撑和压力作用,现在将相互交换角度。即原来是支撑线的,现在将起压力作用,原来是压力线的,现在将起支撑作用。

3.趋势线的突破

应用趋势线最为关键的问题是:怎么才算对趋势线的突破?

这个问题本质上是对支撑和压力的突破问题的进一步延伸。这里面包含很多的人为因素,或者说是主观成分。在此提供几个判断是否有效的参与意见,以便在具体判断中进行考虑:

(1)收盘价突破趋势线比日内最高最低价突破趋势线重要。

(2)穿越趋势线后,离趋势线越远,突破越有效。可以根据各支股票的具体情况,自己制定一个界限,一般是用突破的幅度,如3％、5％、10％等。

(3)穿越趋势线后,在趋势线的另一方停留的时间越长,突破越有效。很显然,只在趋势线的另一方停留了一天,肯定不能算突破,一般至少两天才算突破。

(二)轨道线

轨道线(channel line)又称通道线或管道线,是基于趋势线的一种方法。在得到了趋势线后,通过第一个峰和谷可以作出这条趋势线的平行线,这条平行线就是轨道线。

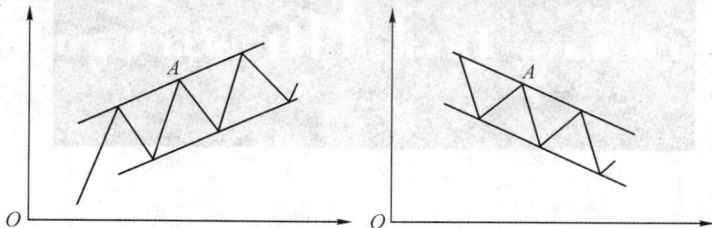

两条平行线组成一个轨道,这就是常说的上升和下降轨道。轨道的作用是限制股价的变动范围,让它不能变得太离谱。一个轨道一旦得到确认,那么价格将在这个通道里变动。如果对上面的或下面的直线形成突破,将意味着有一个大的变化。

与突破趋势线不同,对轨道线的突破并不是趋势反向的开始,而是趋势加速的开始,即原来的趋势线的斜率将会增加,趋势线的方向将会更加陡峭。

同趋势线一样,轨道线也有是否被确认的问题。股价在此位置如果的确得到支撑或受到压力而在此掉头,并一直走到趋势线上,那么这条轨道线就被认可了。当然,轨道线被触及的次数越多,延续的时间越长,其被认可的程度和重要性就越高,这一点同趋势线以及今后将要介绍的大多数直线是相同的。轨道线的另一个作用是提出趋势转向的警报。如果在一次波动中未触及轨道线，离得很远就开始掉头，这往往是趋势将要改变的信号。趋势线比轨道线重要得多，先有趋势线，后有轨道线。趋势线可以独立存在，而轨道线则不能。

实训题

1. 请指出下图中的哪几个点是买点，哪几个点是卖点。

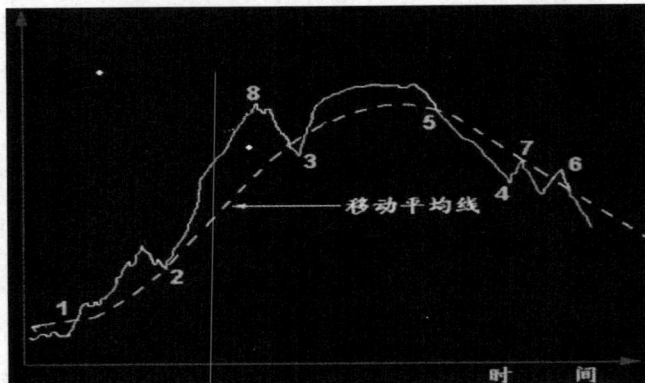

2. 根据浦发银行的走势图，画出各个时间段的支撑线、压力线。
3. 据浦发银行的图形分析支撑线和压力线相互转化的情况。
4. 画出浦发银行的轨道线。

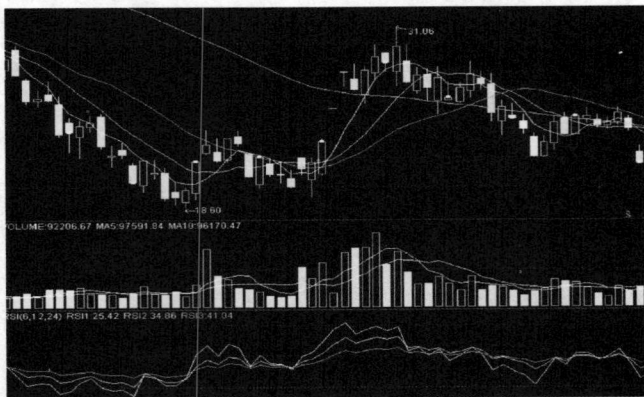

实训六

形态分析

>>> >

实训目的

掌握双顶/双底的识别、含义和应用;掌握上升/下降三角形的识别、含义和应用;掌握头肩顶/底的识别、含义和应用;掌握圆顶/底的识别、含义和应用。

实训重点难点

双顶/双底的识别和应用;上升/下降三角形的识别和应用;头肩顶/底的识别和应用;圆顶/底的识别和应用。

实训内容

一、双顶/双底的识别、含义和应用

(一)W底(双底)型

一个完整的双底包括两次探底的全过程,也反映出买卖双方力量的消长变化。在市场实际走势当中,形成圆底的机会较少一些,反而形成双底的机会较多。因为市场参与者们往往难以忍耐股价多次探底,当股价第二次回落而无法创新低的时候,投资者大多开始补仓介入了。严格意义上的双底往往要一个月以上才能形成,但是,有许多短线高手乐于在小时图或十五分钟图上寻找这种图形。这也是一种有效的短线操作方法。

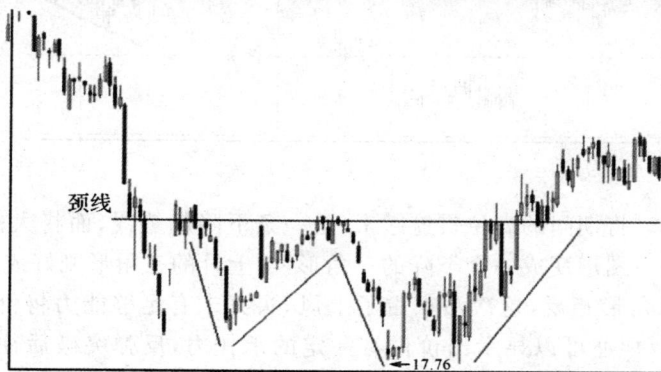

(二)M(双头)型

与双底的走势相反,一般出现在整理阶段或是多头行情的末升段。价位两次上升到达某个水平都不能升破,显示这个价位的阻力甚大。

行情研判:

(1)跌破颈线的 3% 时,形态即可确立,可采取卖出策略。

(2)下图中跌破颈线后的小反弹即为逃命波,可以加码放空。

(3)预估指数的最小跌幅,约为头部至颈线的垂直距离。

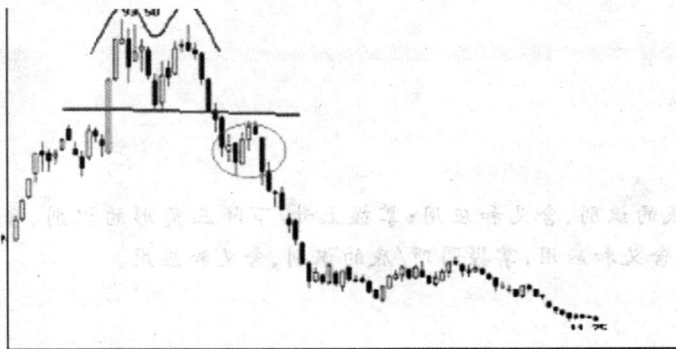

二、上升/下降三角形的识别、含义和应用

(一)上升三角形

将期间的高位贯连起来,可以得出一条横线,而将大部分的低位贯连起来,却是一条上升的趋势线。将两条线连起来,形成三角形状走势图,称为上升三角形。

作用:显示当价位升到一定水平,沽家开始出货,但一方面却有买家入货,而每一次价位回落,他们更一路追买,所以低价一路攀升,显示买意浓厚。通常上升三角形形成一段时间后,有可能突破而再展开另一升浪,但亦有可能在上升三角形突破之后,价位是向下走的。

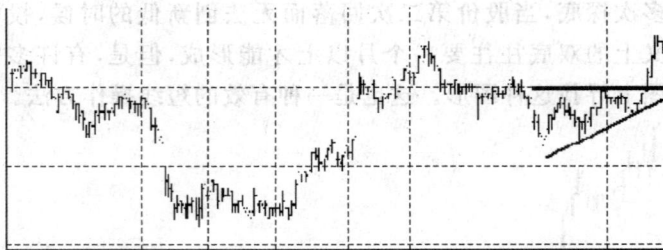

(二)下降三角形

高位一路向下移,将期间的高位贯连起来,是一条下降趋势线,而将大部分的低位贯连起来,却是一条横线。图形变成一个下降的三角形,与上升的三角形刚好成对比。

作用:与上升三角形相反,这次沽家占了上风,买方未有足够能力将价位托高,因此高点一次比一次为低。但亦可以显示出价位有一定的承托力,反弹突破后往往可升可跌,与成交量指标一同分析,宜取观望态度,静观其变。

三、头肩顶/底的识别、含义和应用

(一)头肩顶

(1)这是一个长期性趋势的转向形态,通常会在牛市的尽头出现。

(2)一般来说左肩和右肩的高点大致相等,部分头肩顶的右肩较左肩为低。但如果右肩的高点较头部还要高,形态便不能成立。

(3)就成交量而言,左肩最大,头部次之,而右肩成交量最小,呈阶梯状递减。

(4)突破颈线不一定有大成交量配合。

(5)从头部的最高点画一条垂直线到颈线,然后在完成右肩突破颈线的一点开始,向下量出同样的长度,由此量出的价格就是该股将下跌的最小幅度。

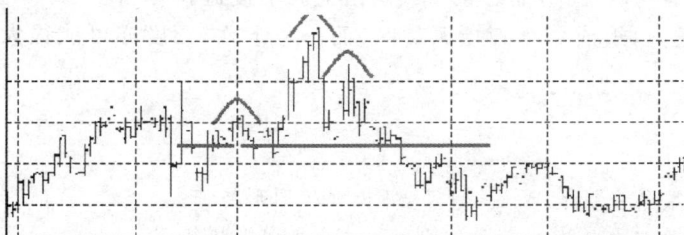

(二)头肩底

(1)突破颈线一定有大成交量配合。

(2)在突破颈线后可能会出现暂时性的回跌,但不应低于颈线,否则可能是一个失败的头肩底形态。

(3)从头部到颈线的距离,是该股将上升的最小幅度。

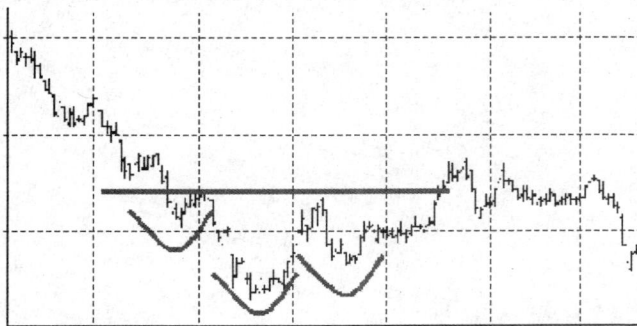

四、圆顶/底的识别、含义和应用

(一)圆形底

圆形底呈圆形,而且在底部组织。高位回落一段时间之后,跌势变得十分缓和,然后止跌,但并非立即上升,而在低位缓缓上升,形成一个圆形底部。

显示讯号及买卖策略:圆底由高位跌下,跌下喘息,一旦消化了沽盘,上升时升幅往往可以很大。

在底部徘徊时,如果成交量突然增加,要密切留意,因为价位可能在很短时间内急升,只要趁机入市,获利可能很可观。

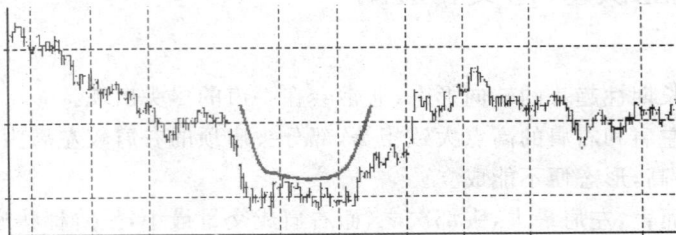

(二)圆形顶

与圆底刚刚相反,当价位由低价攀升后,升至某个水平,买盘无力为继,在高位横行一段时间,开始缓慢下跌,在图形上好象一只碟由上向下覆盖。

股价已上升乏力,组成一个圆顶派货区,而一旦下跌,幅度亦可能很大,因此应待价位未暴跌,趁早出货。

实训题

1.在金融板块股票中寻找 W 底、M 头,并请分析图形特征。

2.在金融板块股票中寻找头肩底、头肩顶,并分析图形特征。

3.在金融板块股票中寻找圆形底、圆形顶,并分析图形特征。

4.在金融板块股票中寻找上升三角形和下降三角形,并请分析图形特征。

实训七

指标分析 〉〉〉 〉

实训目的

掌握 MACD 指标的含义和应用;掌握 KDJ 随机指标的含义和应用;掌握 RSI 相对强弱指数的含义和应用。

实训重点难点

MACD 指标的应用;KDJ 随机指标的应用;RSI 相对强弱指数的应用。

实训内容

一、MACD 指标

(一)MACD 的提出

MACD(moving average convergence divergence,平滑异同移动平均线)是 Geral Appel 于 1979 年提出的,它是一项利用短期(常为 12 日)移动平均线与长期(常为 26 日)移动平均线之间的聚合与分离状况,对买进、卖出时机作出研判的技术指标。

(二)MACD 应用法则

(1)当 DIF 由下向上突破 DEA,形成黄金交叉,即白色的 DIF 上穿黄色的 DEA 形成的交叉。同时 BAR(绿柱线)缩短,为买入信号。

(2)当 DIF 由上向下突破 DEA,形成死亡交叉,即白色的 DIF 下穿黄色的 DEA 形成的交叉。同时 BAR(红柱线)缩短,为卖出信号。

(3)顶背离:当股价指数逐波升高,DIF 及 DEA 不是同步上升,而是逐波下降,与股价走势形成顶背离,预示股价即将下跌。如果此时出现 DIF 两次由上向下穿过 DEA,形成两次死亡交叉,则股价将大幅下跌。

(4)底背离:当股价指数逐波下行,DIF 及 DEA 不是同步下降,而是逐波上升,与股价走势形成底背离,预示着股价即将上涨。如果此时出现 DIF 两次由下向上穿过 DEA,形成两次黄金交叉,则股价即将大幅度上涨。

MACD 主要用于对大势中长期的上涨或下跌趋势进行判断,当股价处于盘局或指数波动不明显时,MACD 买卖信号较不明显。当股价在短时间内上下波动较大时,因 MACD 的移动相当缓慢,所以不会立即对股价的变动产生买卖信号。

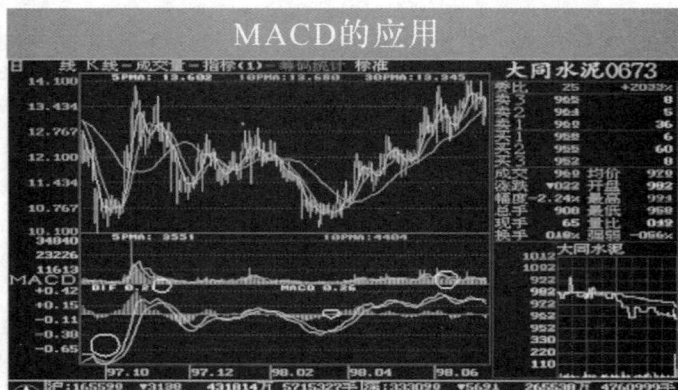

MACD的应用

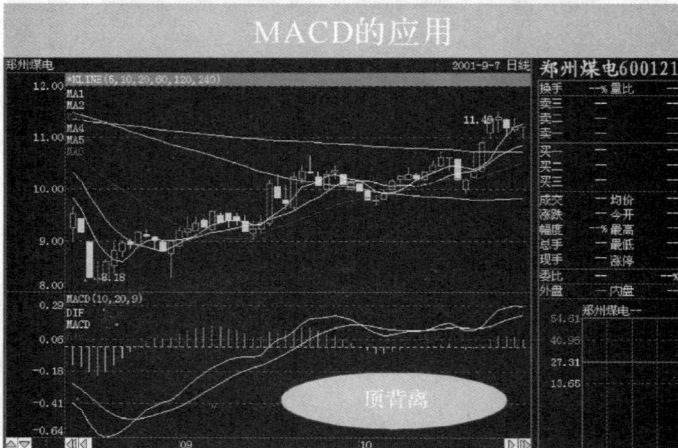

MACD的应用

MACD的应用

二、KD 随机指标

(一)KD 指标的计算公式

RSV 值＝100×（第 7 日收盘价－7 日内最低价)/（7 日内最高价－7 日内最低价），

K 值＝当日 RSV×1/3＋前一日 K 值×2/3；D 值＝当日 K 值×1/3＋前一日 D 值×2/3；

J＝3D－2K，即 J＝D＋2(D－K)，可见 J 是 D 加上一个修正值，J 的实质是反映 D 和 D

与 K 的差值。

(二)KD 指标的应用法则

超买超卖区域的判断——K 值在 80 以上,D 值在 70 以上为超买的一般标准;K 值在 20 以下,D 值在 30 以下,为超卖的一般标准。

背驰判断——当股价走势一峰比一峰高时,随机指数的曲线一峰比一峰低,或股价走势一底比一底低时,随机指数曲线一底比一底高,这种现象被称为背驰。随机指数与股价走势产生背驰时,一般为转势的讯号,表明中期或短期走势已到顶或见底,此时应正确选择买卖时机。

K 线与 D 线交叉突破判断——当 K 值大于 D 值时,表明当前是一种向上涨升的趋势,因此 K 线从下向上突破 D 线时,是买进的讯号,反之,当 D 值大于 K 值,表明当前是向下跌落,因而 K 线从上向下跌破 D 线时,是卖出讯号。

K 线与 D 线的交叉突破,在 80 以上或 20 以下较为准确。KD 线与强弱指数的不同之处是,它不仅能够反映市场的超买或超卖程度,还能通过交叉突破达到指出买卖讯号的功能,但当这种交叉突破在 50 左右发生,走势又陷入盘局时,买卖讯号应视为无效。

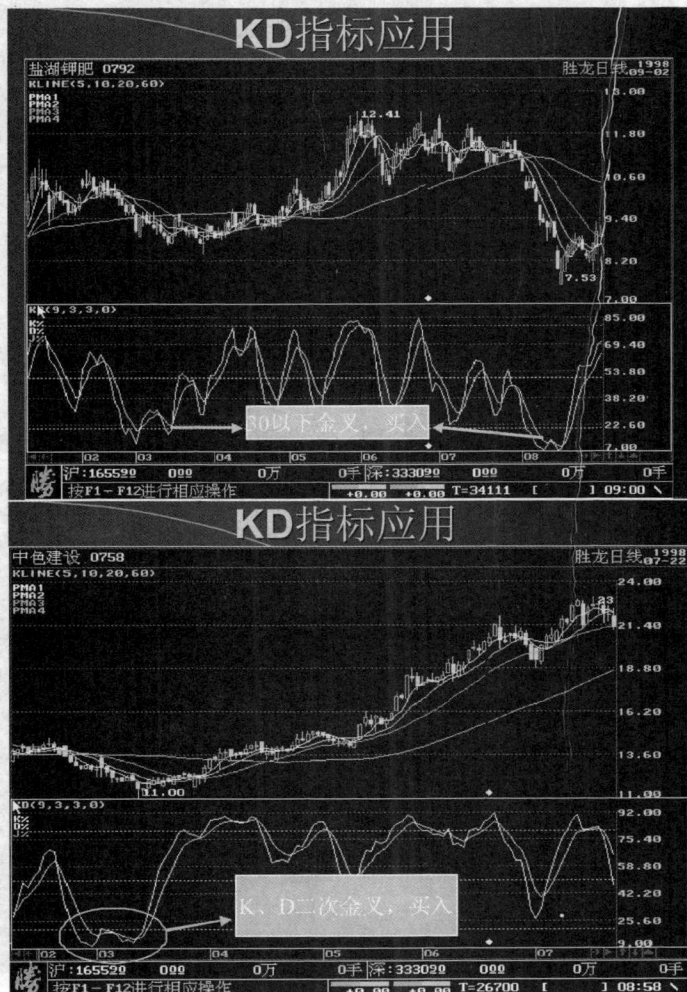

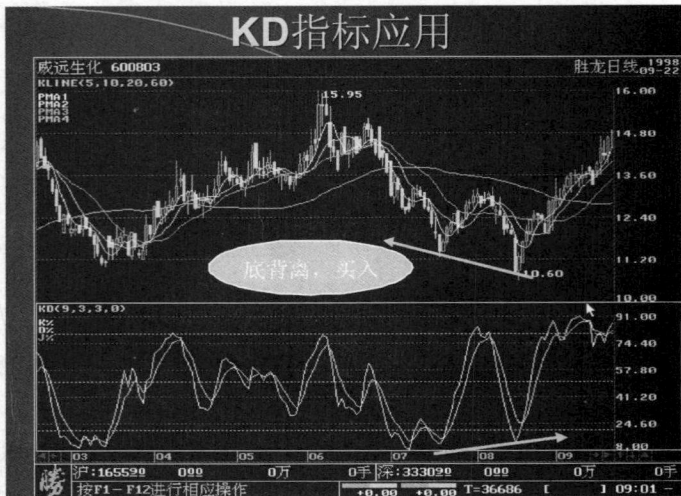

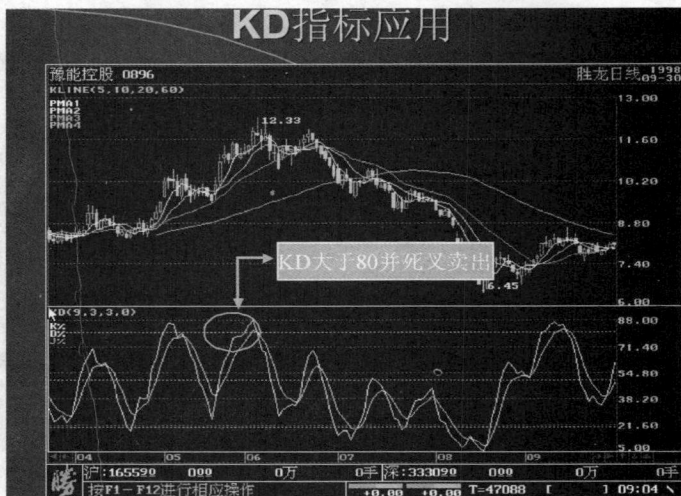

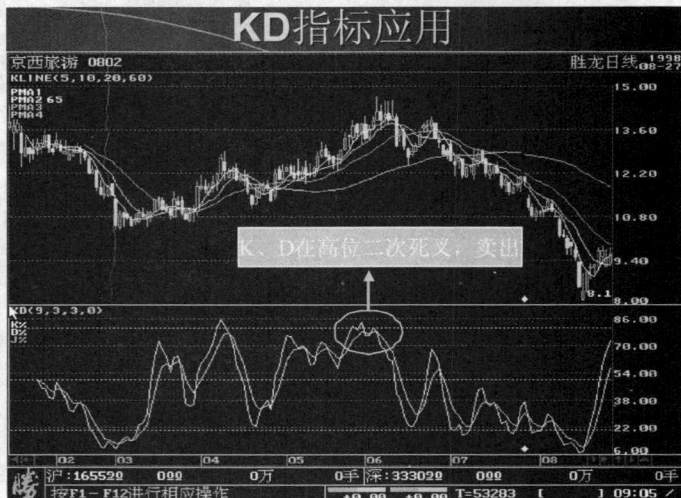

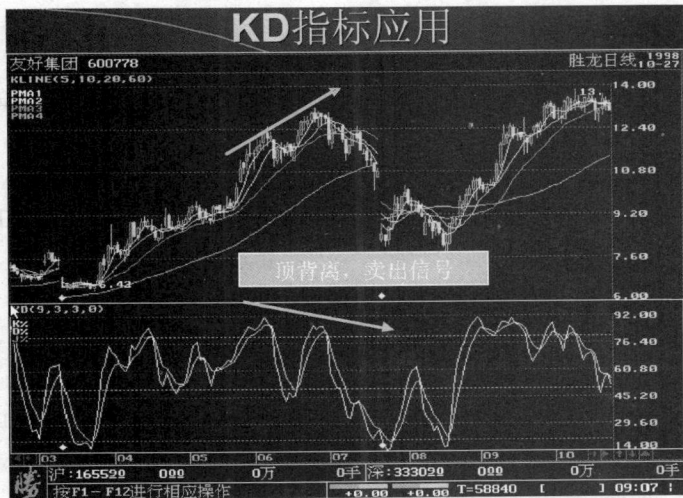

KD指标应用

友好集团 600778　　　　　　　　　　　胜龙日线 1998 10-27

顶背离，卖出信号

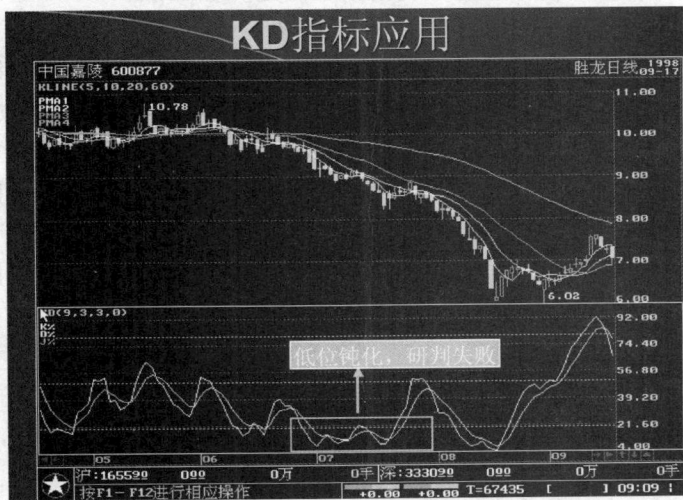

KD指标应用

中国嘉陵 600877　　　　　　　　　　　胜龙日线 1998 09-17

低位钝化，研判失败

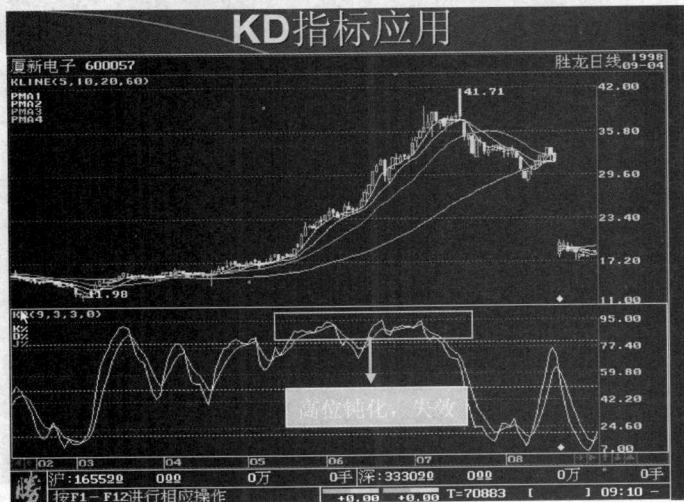

KD指标应用

厦新电子 600057　　　　　　　　　　　胜龙日线 1998 09-04

高位钝化，失效

三、RSI(相对强弱指数)

相对强弱指数是根据一定时期内上涨和下跌幅度之和的比率制作出的一种技术曲线,能够反映市场在一定时期内的景气程度。

(一)公式

RSI(n)＝n 日内收盘价涨数平均值÷(n 日内收盘价涨数平均值＋n 日内收盘价跌数平均值)×100

(二)RSI 分析要领

相对强弱指数值在 0～100 之间波动。一般变化范围在 30～70 之间,其中又以 40～60 之间较多,很少超过 80 或低于 20。

当股市经过一段下跌行情,相对强弱指数也随之从高位持续跌至 30 以下,如果由低位向上突破 60 并获确认,则表明多头力量重新占据上风。

当股市经过一段上涨行情,相对强弱指数也随之从低位涨至 80 以上,如果从高位向下跌破 40,则表明空头力量重新占据上风。

在高价区与低价区内相对强弱指数变动与股价变化不一致时大势即将反转。

相对强弱指数图形中曾经出现的最高点具有较强的反压作用;最低点则具有较强的支撑作用。

多头市场中如果有价格回档,多头的第一道防线是 RSI＝50,第二道防线是 RSI＝40,第三道防线是 RSI＝30。

空头市场中如果有价格反弹,空头的第一道防线是 RSI＝50,第二道防线是 RSI＝60,第三道防线是 RSI＝70。

多头市场中 RSI 值每次因股价回档下跌而形成的低点密集区也是多头的第一道防线。空头市场中股价处于反弹盘整阶段 RSI 所出现的高点也是空头的一道防线。盘整阶段的 RSI 值在 40～60 之间,如果市场走强,RSI 值往往可以在 80 以上。反之,股票市场交易不景气时 RSI 值在 20 以下。

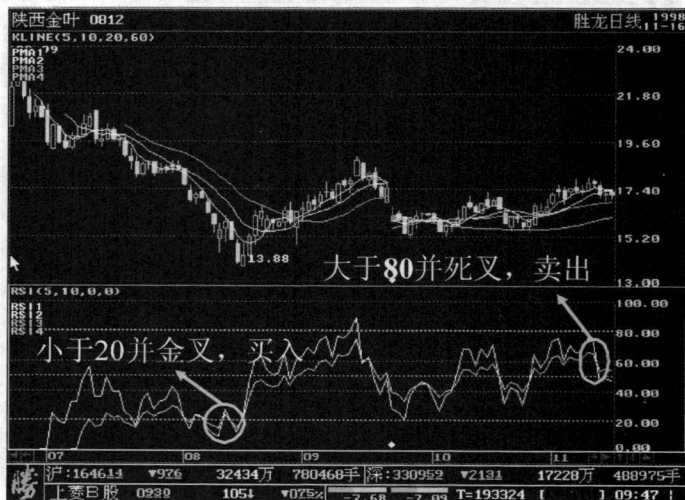

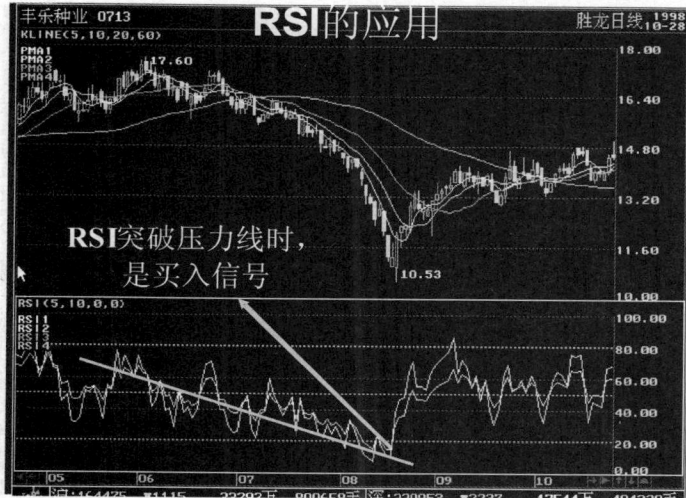

RSI的应用

RSI突破压力线时，是买入信号

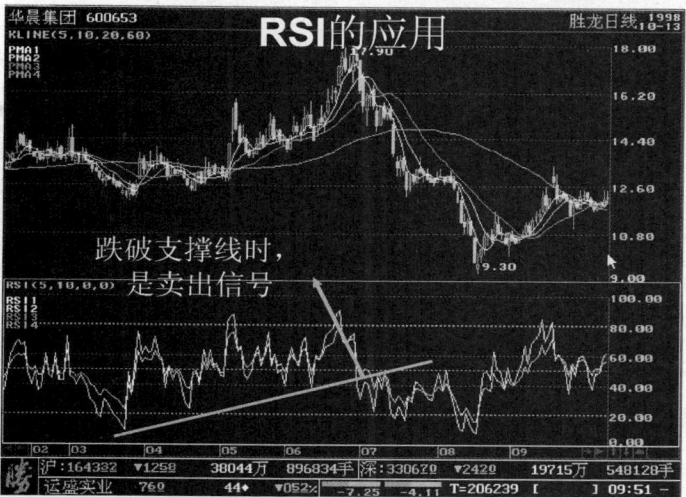

RSI的应用

跌破支撑线时，是卖出信号

RSI的应用

顶背离，卖出

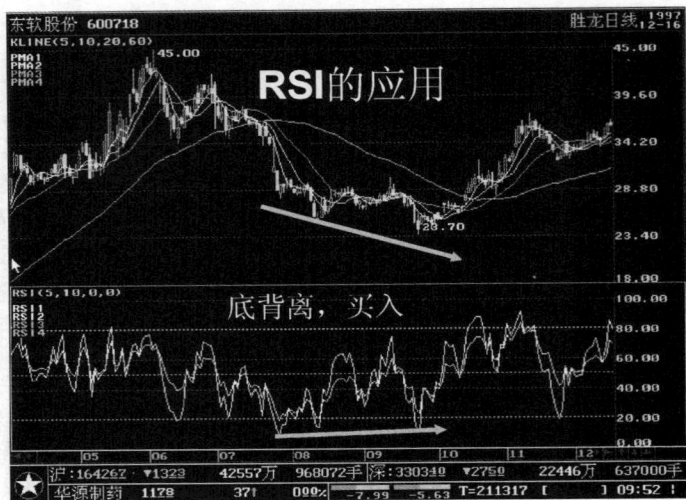

RSI的应用

底背离，买入

实训题

1. 请找出 MACD 指标的金叉点和死叉点。

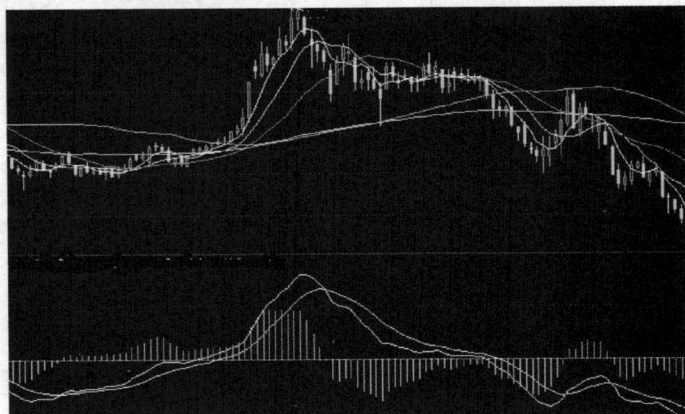

2. 请找出 KDJ 指标的金叉点和死叉点。

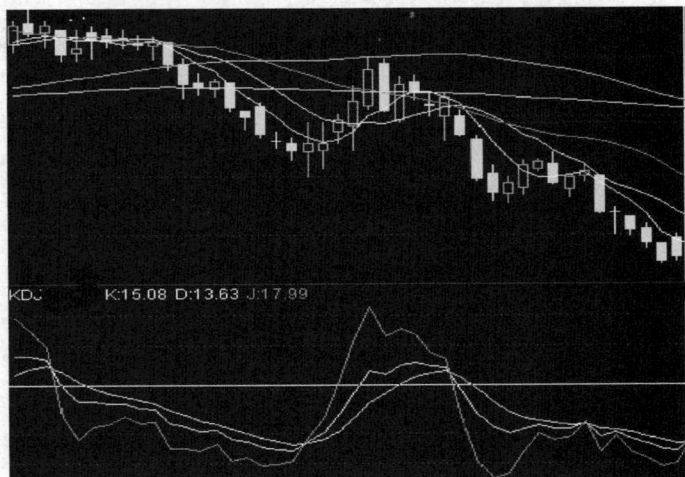

实训八

基本面分析　≫ ≫ ≫　≫

实训目的

掌握货币政策和财政政策对股市的作用;掌握股票的行业分析法;掌握股票的公司财务分析。

实训重点难点

货币政策和财政政策对股市的作用;股票的行业分析法;股票的公司财务分析。

实训内容

一、宏观分析

股市与国民经济发展是相互影响的,国民经济的发展以及影响国民经济发展的因素,都会对股市产生显著影响,主要有国民生产总值、货币供应量、失业率、通货膨胀率、利率、汇率、财政收支、国际收支、固定资产投资规模。

(一)财政政策分析

1.对证券市场有影响的财政政策

这些财政政策主要包括国家预算、税收、国债、财政补贴、财政管理体制和转移支付制度等。

2.分析财政政策对证券市场影响应注意的问题

(1)关注有关的统计资料信息,认清经济形势。从各种媒介中了解经济界人士对当前经济的看法以及政府有关部门主要负责人的日常讲话,分析其经济观点、主张,从而预见政府可能采取的经济措施和采取措施的时机。

(2)关注年度财政预算,从而把握财政收支总量的变化趋势,更重要的是对财政收支结构及其重点作出分析,以便了解政府的财政投资重点和倾斜政策。一般而言,受倾斜的产业业绩较有保障,该行业平均股价因此存在上涨的空间。

(3)在非常时期对经济形势进行分析,预见财政政策的调整,结合行业分析作出投资选择。通常,与政府订货密切相关的企业对财政政策极为敏感。

(4)在预见和分析财政政策的基础上,进一步分析相应政策对经济形势的综合影响(比如通货膨胀、利率等),结合上市公司的内部分析,研究个股的变化趋势。

(二)货币政策分析

货币政策对证券市场的影响,表现在以下几方面。

1. 利率

一般来说,利率下降时,股票价格就上升,而利率上升时,股票价格就下降。利率水平的变动直接影响到公司的融资成本,从而影响到股价;利率水平的变动也直接影响了投资者对股票的需求;利率还是人们借以折现股票未来收益、评判股票价值的依据。利率对股票价格的影响一般比较明显,市场反应也比较迅速。

2. 中央银行的公开市场业务

当政府倾向于实施较为宽松的货币政策时,中央银行就会大量购进有价证券,从而使市场上货币供给量增加。这会推动利率下调,降低资金成本,从而企业和个人的投资与消费热情高涨,生产扩张,利润增加,这又会推动股票价格上涨;反之,股票价格将下跌。之所以特别强调公开市场业务对证券市场的影响,还在于中央银行的公开市场业务的运作是直接以国债为操作对象,从而直接关系到国债市场的供求变动,影响到国债行市的波动。

3. 调节货币供应量

中央银行可以通过法定存款准备金率和再贴现政策调节货币供应量,从而影响货币市场和资本市场的资金供求,进而影响证券市场。

4. 选择性货币政策工具

为了实现国家的产业政策和区域经济政策,我国在中央银行货币政策通过贷款计划实行总量控制的前提下,对不同行业和区域采取区别对待的方针。一般说来,该项政策会对证券市场行情整体走势产生影响,而且还会因为板块效应对证券市场产生结构性影响。当直接信用控制或间接信用指导降低贷款限额、压缩信贷规模时,从紧的货币政策使证券市场行情呈下跌走势。

(三)收入政策分析

收入政策具有更高层次的调节功能,它制约着财政政策和货币政策的作用方向和作用力度,而且收入政策最终也要通过财政政策和货币政策来实现。

(四)国际金融市场环境对证券市场的影响

加入WTO之后,我国资本市场将逐步开放。目前人民币还没有实现完全自由兑换,同时证券市场将有限度地开放,因此,我国的证券市场是相对独立的,目前国际金融市场对我国证券市场的直接冲击较小。但由于经济全球化的发展,我国经济与世界经济的联系日趋紧密,因此,国际金融市场的剧烈动荡会通过各种途径影响我国的证券市场。

(五)股票市场的供求关系

从长期来看,股票的价格由其内在价值决定,但就中、短期的价格分析而言,股价由供求关系决定。无论是成熟股票市场还是新兴股票市场,都可以用供给曲线和需求曲线的变化来确定股价的变化轨迹。但不同的是,成熟股票市场的供求关系是由资本收益率引导的,也就是资本收益率水平对股价有决定性的影响;而像我国这样的新兴股票市场的股价在很大程度上由股票的供求关系决定,即由一定时期内股票的总量和资金总量的对比力量决定。

二、行业划分

(一)行业的一般特征分析

1. 行业的经济结构分析

行业基本上分为四种市场结构:完全竞争、不完全竞争或垄断竞争、寡头垄断、完全垄断。垄断程度越高的行业,其价格控制能力及获得超额利润能力越强。

2.经济周期与行业分析

上市公司对于经济周期的敏感程度反映在三个方面:首先反映在该行业的销售额上;其次反映在该行业的经济杠杆比率上(固定与可变成本比);最后反映在该行业的融资杠杆度上(债务占其资产的比率)。

3.行业生命周期

不同行业的投资特性不同,但行业本身的特性不是一成不变的,每一行业都会经历从创新、成长、成熟到衰退的这样一个周期,我们称之为行业生命周期。行业生命周期分为四阶段:开创期、扩张期、稳定期和衰退期。处于不同行业生命周期,则有不同的风险和收益的表现。

(1)创业阶段:新创产品和技术,此时选择特定的公司进行投资风险很大。

(2)成长阶段:某个产品已经建立了较稳定的市场,出现行业领导者。

(3)成熟阶段:该产品已经十分普及,设计成熟,生产过程对科学技术人员的依赖降低。

(4)衰退阶段:此时行业发展速度低于经济发展速度。

美国著名的基金经理彼得·林齐将公司分为6种类型:缓慢增长型、实力雄厚型、快速增长型、经济周期型、危机转变型、潜在价值型。

(二)影响行业兴衰的主要因素

技术进步、政府管理和社会习惯的改变会影响行业的兴衰。

(三)证券投资的行业选择

一般来说,在投资决策过程中,投资者应选择增长性的行业和在行业生命周期中处于成长期和稳定期的行业。

三、公司基本素质分析

公司基本素质包括很多,最重要的是公司治理结构分析、公司竞争地位分析、盈利能力及增长性分析和管理经营能力分析。

1.治理结构分析

治理结构的核心是如何配置和行使控制权;如何监督和评价董事会、经理人员和职工;如何设计和实施激励机制。

2.竞争地位分析

竞争地位分析主要表现在科技创新、经营管理方式、市场开拓力和占有率以及产品生命周期等方面。

3.盈利能力及增长性分析

4.经营管理能力分析

公司管理能力主要是管理人员素质、管理风格和理念、维持竞争地位的能力以及现代管理手段和方法。

四、公司财务分析

股票投资的财务分析,就是投资者通过对股份公司的财务报表进行分析和解释,来了解该公司的财务情况、经营效果,进而了解财务报告中各项的变动对股票价格的有利和不利影响,最终作出投资某一股票是否有利和安全的准确判断。因此,一般认为,财务分析是基本分析的一项重要组成部分。财务分析方法很多,主要有差额分析法和财务比率分析法。财务分析的对象是财务报表,财务报表主要包括资产负债表、财务状况变动表和利润及利润分配表。从这三种表中应着重分析以下四项主要内容。

1. 公司的偿还能力

分析该项目的目的在于确保投资的安全。具体从两个方面进行分析:一是分析其短期偿债能力,看其有无能力偿还到期债务,这一点须从分析、检查公司资金流动状况来进行判断;二是分析其长期偿债能力的强弱,这一点是通过分析财务报表中不同权益项目之间的关系、权益与收益之间的关系以及权益与资产之间的关系来进行检测的。

2. 公司的经营效率

这主要是分析财务报表中各项资金周转速度的快慢,以检测股票发行公司各项资金的使用效果和经营效率。

3. 公司的获利能力

公司利润的高低、利润额的增长速度是其有无活力、管理效能优劣的标志。作为投资者,在购买股票时,当然首先是考虑选择利润丰厚的公司进行投资。所以,分析财务报表,先要着重分析公司当期投入资本的收益性。

4. 公司扩展经营的能力

即成长性分析,这是投资者选购股票进行长期投资最为关注的重要问题。

总之,分析财务报表主要的目的是分析公司的收益性、安全性、成长性和周转性四个方面的内容。

实训题

根据下面案例评析货币政策对证券市场的影响。

央行发千亿定向惩罚性票据控制信贷增长过快

(记者 苏曼丽)在上调存款准备金率仅一天之后,央行 16 日向部分公开市场一级交易商发行了 1010 亿元定向央票,这是央行年内第四次发行定向央票,再次显示了央行回笼流动性和控制信贷过快增长的决心。

记者昨天从几位市场交易员处证实了这一消息。据悉,本次发行的定向票据期限 3 年,票面利率为 3.69%,昨天央行在公开市场发行的 3 年期央票中标利率为 3.71%,定向央票再次体现出惩罚的意味。据透露,此批票据的发行按照各银行 7 月的新增贷款量分配,包括建行 300 亿元、工行 270 亿元、中行 170 亿元、农行 120 亿元、民生银行 35 亿元等。

一名市场交易员表示,7 月份的信贷增长过猛,是促使定向票据出台的主要原因之一。7 月金融机构新增贷款 2314 亿元,这一增量约为 6 月份的两倍之多,前 7 个月的新增贷款已经达到去年全年新增贷款的近 90%,银行放贷冲动依然居高不下。央行在 8 月 15 日刚刚完成对准备金的收缴工作,回笼了 1800 多亿元。此外,银监会近期已经明确要求金融机构今年的贷款增速要控制在 15% 以内。

这是央行今年第四次发行定向央票,今年 3 月 9 日、5 月 11 日和 7 月 13 日分别发行了三期定向央票,规模均为 1010 亿元,期限 3 年。

(http://www.sina.com.cn,2007 年 8 月 17 日)

实训九

价值分析 ≫ ≫ ≫   ≫

实训目的

掌握股息贴现模型;掌握收入资本化法在普通股价值分析中的运用;掌握股息贴现模型的几种类型。

实训重点难点

收入资本化法在普通股价值分析中的运用;股息贴现模型的几种类型。

实训内容

由于投资股票可以获得的未来的现金流是采取股息和红利的形式,所以股票价值分析中的收入资本化法又称股息贴现模型(dividend discount model)。收入资本化法运用于普通股价值分析中的模型,又称股息贴现模型。股息贴现模型假定股票的价值等于它的内在价值,而股息是投资股票唯一的现金流。事实上,绝大多数投资者并非在投资之后永久性地持有所投资的股票,根据收入资本化法,卖出股票的现金流收入也应该纳入股票内在价值的计算。

一、收入资本化法在普通股价值分析中的运用

收入资本化法认为任何资产的内在价值取决于持有资产可能带来的未来的现金流收入的现值,判断股票价格高估抑或低估的方法也包括两类:

(1)计算股票投资的净现值。如果净现值大于零,说明该股票被低估;反之,该股票被高估。

(2)比较贴现率与内部收益率的差异。如果贴现率小于内部收益率,证明该股票的净现值大于零,即该股票被低估;反之,当贴现率大于内部收益率时,该股票的净现值小于零,说明该股票被高估。内部收益率(internal rate of return,简称 IRR)是当净现值等于零时的一个特殊的贴现率。

二、零增长模型

零增长模型是股息贴现模型的一种特殊形式,它假定股息是固定不变的。换言之,股息的增长率等于零。零增长模型不仅可以用于普通股的价值分析,而且适用于统一政府债

券和优先股的价值分析。

贴现现金流模型的公式如下：

$$V = \frac{D_1}{(1+k)^1} + \frac{D_2}{(1+k)^2} + \frac{D_3}{(1+k)^3} + \cdots + \frac{D_t}{(1+k)^t}$$

式中：V——股票的内在价值；

　　　D_t——在未来时期以现金形式表示的每股股利；

　　　k——在一定风险程度下现金流的合适的贴现率。

假定股息的增长率等于零，则股票的内在价格为 $V = \dfrac{D_0}{k}$。

零增长模型的应用似乎受到相当的限制，毕竟假定对某一种股票永远支付固定的股利是不合理的。但在特定的情况下，在决定普通股股票的价值时，这种模型也是相当有用的。尤其是在决定优先股的内在价值时，因为大多数优先股支付的股利不会因每股收益的变化而发生改变，而且由于优先股没有固定的生命期，预期支付显然是能永远进行下去的。

例如，假定某公司在未来无限时期支付的每股股利为 8 元，其公司的必要收益率为 10%，可知一股该公司股票的价值为 8/0.10＝80 元，而当时一股股票价格为 65 元，每股股票净现值为 80－65＝15 元，因此该股股票被低估 15 元，建议可以购买该种股票。

三、不变增长模型

贴现现金流模型的公式如下：

$$V = \frac{D_1}{(1+k)^1} + \frac{D_2}{(1+k)^2} + \frac{D_3}{(1+k)^3} + \cdots + \frac{D_t}{(1+k)^t} \qquad ①$$

式中：V——股票的内在价值；

　　　D_t——在未来时期以现金形式表示的每股股利；

　　　k——在一定风险程度下现金流的合适的贴现率。

如果我们假设股利永远按不变的增长率增长，那么就会建立不变增长模型。T 时点的股利为

$$D_t = D_{t-1}(1+g) = D_0(1+g)^t \qquad ②$$

用 $D_t = D_0(1+g)^t$ 置换公式①中的分子 D_t，得出

$$V = \sum_{t=1}^{\infty} \frac{D_0(1+g)^t}{(1+k)^t}$$

$$\quad = D_0 \sum_{t=1}^{\infty} \frac{(1+g)^t}{(1+k)^t} \qquad ③$$

运用数学中无穷级数的性质，如果 $k > g$，可知

$$\sum_{t=1}^{\infty} \frac{(1+g)^t}{(1+k)^t} = \frac{1+g}{k-g} \qquad ④$$

把公式 ④ 代入公式 ③，得出不变增长模型的价值公式

$$V = D_0 \frac{1+g}{k-g} \qquad ⑤$$

例如，中集 B（200039）估值分析（股利增长模型）。

根据股利增长模型，股票价值（V）受以下三个因素影响：

（1）D_1：未来一期的股利；

（2）r：投资者要求的投资回报率；

（3）g：股利增长率。

计算公式为 $V = D_1/(r-g)$。

分别分析三个变量：

1. D_{2008}：即 2008 年的股利

中集 2008 年的股利有这样几种可能：

（1）乐观估计，保持高红利，中集历年给出的最高红利就是派 5，$D_{2008} = 0.5$ 元。

（2）悲观估计，截止 2008 年 6 月，中集实现的每股收益只有 0.385 元，假定下半年保持相同盈利水平，则 2008 年每股收益将只有 0.77 元，按 30% 的分红比例，则 $D_{2008} = 0.23$ 元，按 40% 的分红比例，则 $D_{2008} = 0.31$ 元。

当然中集很可能是在最低和最高之间做出某种平衡的选择，所以在计算时，分别考虑四种情况，即 $D_{2008} = 0.2$ 元、$D_{2008} = 0.3$ 元、$D_{2008} = 0.4$ 元和 $D_{2008} = 0.5$ 元。

2. r：投资者要求的回报率

不同的投资者要求的回报率显然是不同的，考虑到现在较高的 CPI 水平以及投资者投资股市承担的巨大风险，将投资者要求的最保守的投资回报率定为 10%，并逐步提高，即分别考虑 $r = 10\%$，$r = 12\%$，$r = 15\%$ 和 $r = 20\%$ 四种情况。

3. g：股利增长率

理论上，g = 净资产收益率×（1-分红比例）

根据中集 2007 年度年报，其近三年净资产收益率分别为 2005 年是 29.38%，2006 年 23.08%，2007 年 19.89%，存在一个明显的下降趋势，而 2008 年上半年年报则显示其上半年的净资产收益率只有 7.11%，假定下半年保持相同增长水平，则全年净资产收益率约为 14.22%。如果按 40% 的分红比例，则有 $g = 8.5\%$。但从净资产收益率的持续下降看，要保持这么高的增长率似乎是有难度的。

中集 B(200039)历年的股利政策

年度	每股收益	分红派息	分红比例	平均分红比例
1994	1.05	10 送 4 派 4	0.381	14 年平均分红比例为
1995	1.11	10 送 3 派 3	0.270	28.17%，近 5 年平均分红
1996	0.9	10 送 3 派 1	0.111	比例为 33.53%
1997	0.628	10 送 1 派 3	0.478	
1998	0.664	10 派 2	0.301	
1999	0.757	10 派 2	0.264	
2000	1.34	10 派 2	0.149	
2001	1.6	10 送 5 派 5	0.313	
2002	0.91	不分配	0.000	
2003	1.08	10 转 6 派 3.8	0.352	
2004	2.37	10 转 10 派 5	0.211	
2005	1.32	10 转 1 派 3.8	0.288	
2006	1.06	10 转 2 派 4.3	0.406	
2007	1.19	10 派 5	0.420	

根据中集 2008 年 5 月通过的股票期权激励计划,其行权的条件是"行权前一年度公司归属于上市公司股东的扣除非经常性损益后的净利润较其上年增长不低于 6%",估计 $g=6\%$ 应该是一个基本可以实现的目标。

再分别考虑 $g=8\%$、$g=7\%$、$g=6\%$ 和 $g=5\%$ 四种情况。

现在每个变量都有了若干个估值,在不同估值下,计算出的 V 列示如下:

$g=8\%$		r			
		10%	12%	15%	20%
D_{2008}	0.2	10.00	5.00	2.86	1.67
	0.3	15.00	7.50	4.29	2.50
	0.4	20.00	10.00	5.71	3.33
	0.5	25.00	12.50	7.14	4.17

$g=7\%$		r			
		10%	12%	15%	20%
D_{2008}	0.2	6.67	4.00	2.50	1.54
	0.3	10.00	6.00	3.75	2.31
	0.4	13.33	8.00	5.00	3.08
	0.5	16.67	10.00	6.25	3.85

$g=6\%$		r			
		10%	12%	15%	20%
D_{2008}	0.2	5.00	3.33	2.22	1.43
	0.3	7.50	5.00	3.33	2.14
	0.4	10.00	6.67	4.44	2.86
	0.5	12.50	8.33	5.56	3.57

$g=5\%$		r			
		10%	12%	15%	20%
D_{2008}	0.2	4.00	2.86	2.00	1.33
	0.3	6.00	4.29	3.00	2.00
	0.4	8.00	5.71	4.00	2.67
	0.5	10.00	7.14	5.00	3.33

在不同的假定条件下,中集 B 的估值范围可以从最低的 1.33 元到最高的 25 元不等,包含了中集 B 上市以来的所有价格波动范围(最低 1.88 港币,最高 25.47 港币),所以市场永远是对的!

当然,中集的估值理论上应该只有一个,但是凭借有限的公开信息,无法判定 D_{2008} 到底能有多少,也无法预测中集的年增长率是高还是低,能够确定的只有自己要求的必要报酬率,当然这个值越高越好。

实训题

1. 在未来无限时期支付的每股股利为 8 元,必要收益率为 10%,运用公式零增长模型,

   (1)求该公司股票的价值。

   (2)设股票价格为 65 元,计算该股股票被低多少元?

2. 假如去年某公司支付每股股利为 1.80 元,预计在未来日子里该公司股票的股利按每年 5% 的速率增长。

   (1)计算下一年股利。

   (2)假定必要收益率是 11%,则该股票的内在价值是多少?

   (3)当今每股股票价格是 40 元,据计算结果判断是否高估,高估多少? 投资者该如何操作?

实训十

选股策略　　　≫ ≫ ≫　　≫

实训目的

掌握股票的价值分析；掌握股票的技术分析；掌握股票的投资组合应用。

实训重点难点

股票的价值分析；股票的技术分析；股票的投资组合应用。

实训内容

一、价值发现

运用市盈率、市净率和股息贴现模型和一些基本指标来发现价值被低估的个股。该方法由于要求分析人具有相当的专业知识，对于非专业投资者具有一定的困难，该方法的理论基础是价格总会向价值回归。

二、选择高成长股

该方法关注的是公司未来利润的高增长，采用这一价值取向选股，人们最倾心的是高科技股。

三、技术分析选股

技术分析是基于以下三大假设：一是市场行为涵盖一切信息；二是价格沿趋势变动；三是历史会重演。在上述假设前提下，以技术分析方法进行选股，通常一般不必过多关注公司的经营、财务状况等基本面情况，而是运用技术分析理论或技术分析指标，通过对图表的分析来进行选股。该方法的基础是股票的价格波动性，即不管股票的价值是多少，股票价格总是存在周期性的波动，技术分析选股就是从中寻找超跌个股。

四、立足于大盘指数的投资组合（指数基金）

完全参照指数的构成做一个投资组合，可以取得和大盘同步的投资收益。如果有一个与大盘一致的指数基金，投资者不需要选股，只需在看好股市的时候买入该基金，在看空股市的时候卖出。但我国还没有出现指数基金，投资者无法按此策略投资。

实训题

1. 下载广发证券至强版,选几只股票分析其分时走势、K 线分析、基本面。
2. 有一个风险规避型的投资者想投资,目标利润是股市的平均利润,请给出建议。

实训十一

股票投资决策方法　　≥ ≥ ≥　　≥

实训目的

掌握几种基本的股票投资决策方法；掌握不同类型股票的投资策略。

实训重点难点

股票的固定投入法；股票的"渔翁撒网"与"反式渔翁撒网"法；股票的顺势投资法；股票的摊平法。

实训内容

投资策略是指在投资种类选择的基础上，按照一定的决策方法来选择合适的投资时机。决策方法的正确与否，将会直接影响到企业股票投资的成败。对于选择股票买卖的时机，一般有两种基本策略，一是进取性策略，在较有把握预测股票市场变动的情况下，及时抓住股价变动的转折点进行买卖。另一种是防守策略，就是不受证券市场变动干扰，尤其在股票市场无法作出正确预测的情况下，设计一种入市或出市基点的机械式操作办法来买卖股票，这样便可以不用费脑筋，仍能获得较高的收益。

一、几种基本的股票投资决策方法

(一)固定投入法

固定投入法(金额平均法、平均资金投资计划、均价成本投资法)是投资者在一定时期对自己选择的股票投入固定量的资金，这样在股价下跌时买入的股数就多，而在股价上涨时买入的股数就少，使买入的总股数中低价股的数量大于高价股的数量，从而使投资者各期购入股票的平均成本低于股票的平均价格。

利用这种方法进行投资要求投资者要有一定的信心，在股价下跌时要敢于投资或不要急于抛出，如在股价下跌时投资者以低于平均成本的进价出卖股票，则会使该方法失去效力。采用该方法的好处是投资者只定期定额投资，不必考虑投资的时间问题，从而防止在高价时买进过多股票，在股价下跌时没有资金购进更多的股票；并且少量资金便可进行连续投入，享受股票长期增值的利益。

(二)方程式投资法

方程式投资法实际上是一种"证券组合"方法，它分为"固定金额计划"、"固定比率计划"和"变动比率计划"三种。

（1）第一种方法是指投资者应持有固定金额的股票。例如用15000元作投资，其中10000元购买股票，5000元购买债券。当股票价格上涨到11000元时，可卖掉1000元股票而购入债券，相反在股价下跌到9000元时则可卖掉1000元债券来补足股票。按这样程序自动轮番进行，确保证券组合金额的固定性。但其关键要确定这种组合中股票与债券所占金额，这主要根据投资者的投资偏好而定，但是计划一经确定，就不能因市价稍有涨跌就加以调整，这样会使该方法失效。

（2）第二种方法与第一方法的原理相似，只是将固定金额转化为固定比率，不过该计划在运用时更为灵活，更适应股票市场的周期变化。

（3）第三种方法是指在股价变动较大的情况下适当调整证券组合的比率。其实质是在股价明显上升时多出售股票，获得较大收益，适当减少股票比率。相反，在股市有下跌趋势时，抛出债券，而适度调高股票投资比率，这符合股票"贱买贵卖"原则。可见此方法的灵活性更大，但要根据具体情况作一定的控制，不能过于冒进。

（三）"渔翁撒网"法与"反式渔翁撒网"法

前者指投资者有选择地购入多种股票，哪一种或几种股票在价格上涨能获利时抛出哪种或那些股票。这种方法虽然一定时期收益能抵偿损失，但投资者可能在价格稍有上升时出卖，丧失了更大投资机会，反而将长期劣势股票持在手中。因为在实际中不可能指望各种股票轮番上涨。对这一点，许多投资者采用后一种方法，就是当哪一种或几种股票价格上升时，便多购入这些股票，这些股票价格不涨或下跌时便卖出，从而使手中长期持有优势股，保持较强的获利能力。使用这种方法时，一定要看准股票的趋势，一旦失误，可能造成较大的损失。这两种方法主要适用较短期的股票投资。

（四）顺势投资法

对于投资额较小的投资者，根据股票走势投资也不失为一种简便实用的方法，即在股市趋涨时买进，在股市趋跌时卖出。这种跟随大势的方法一般是相当保险的。然而股市变化扑朔迷离，有时短暂的上扬常被误认为涨势已到，但不久又很快回落；有时在涨势初期，又犹豫不决而错失良机，待要入市却已回落到边缘；也有在跌势中抛出，但已到回升边缘，结果卖了最低价。凡此种种，都说明顺势投资法同样应对股市走势作出合理判断。"顺势"是顺"股势"而不是顺"人势"，人买我买，人卖我卖，则会造成重大损失。

（五）摊平法

摊平法是采取分阶段数批买入或卖出的操作方法，分段买卖可补偿时机判断的误差，是投资人最大限度保护自身利益的一种简便而有效的操盘策略。摊平法有以下两种基本形式。

1. 平均操作法

平均操作法包括买平均高和买平均低，卖平均高和卖平均低。

买平均高是指投资者分阶段买进股票，即在股票上涨时先买进第一批，等到股价再上升一段后再分别买进第二、第三批。待其上演到一定价位后呈下跌时，将其抛出获利。买平均低则是指股票看跌时先买进一批，等到再跌一段后再买进第二、第三批。待股价回升时，将其抛出获利。

卖平均高是指投资人将自己的股票等额地分成数份，随股价的上涨而分期卖出；卖平均低则是指等额股份随股价的下跌而分期卖出。

2. 金字塔或倒金字塔操作法

该操作方法与平均操作法的区别仅在于分次买卖的资金(股票)份额是依次减少或依次增加的,包括金字塔高和金字塔低两种。

对应于买平均高和买平均低,是买金字塔高和买金字塔低。买金字塔高即第一次买入的数额最大,以后随市场价格的上升而依次降低,最后一笔最小并构成塔顶;买金字塔低,第一笔数额最小,构成塔顶,以后随着价格的下跌而逐笔买入,每一笔的数量均相应放大,最后一笔数额最大并构成塔底。

对应于卖平均高和卖平均低,是两个倒金字塔。卖倒金字塔高,是随着价格上涨,卖出数额也逐笔增加;卖倒金字塔低,则是随着价格下降,卖出数额逐笔变小。

二、不同股本规模股票的投资策略

1. 大型股票投资策略

大型股票是指股本额在12亿元以上的大公司所发行的股票。这种股票的特性是,其盈余收入大多呈稳步而缓慢的增长趋势。由于炒作这类股票需要较为雄厚的资金,因此一般炒家都不轻易介入这类股票的炒买炒卖。对应这类大型股票的买卖策略是:

(1)可在不景气的低价圈里买进股票,而在业绩明显好转、股价大幅升高时予以卖出。同时,由于炒作该种股票所需的资金庞大,故较少有主力大户介入拉升,因此可选择在经济景气时期入市投资。

(2)大型股票在过去的最高价位和最低价位上具有较强支撑阻力作用,因此其过去的高价位是投资者现实投资的重要参考依据。

2. 中小型股票投资策略

中小型股票由于炒作资金较之大型股票要少,较易吸引主力大户介入,因而股价的涨跌幅度较大。其受利多或利空消息影响股价涨跌的程度,也较大型股票敏感得多,所以经常成为多头或空头主力大户之间互打消息战的争执目标。对应中小型股票的投资策略是耐心等待股价走出低谷,开始转为上涨趋势,且环境可望好转时予以买进;其卖出时机可根据环境因素和业绩情况,在过去的高价圈附近获利了结。一般来讲,中小型股票在1～2年内,大多有几次涨跌循环出现,只要能够有效把握行情和方法得当,投资中小型股票获利大都较为可观。

三、不同发展速度下股票的投资策略

1. 迅速发展型股票的选择策略

迅速发展型公司是指开始时规模往往比较小,但活力强,年增长率在20%以上的公司。投资者如果选择恰当,可获得价格上涨十倍、几十倍,甚至上百倍的股票。

如果投资者要想买迅速发展型公司的股票,关键是要认真了解该公司在哪些方面能持续发展,是否能保持迅速发展型增长速度,要注意寻找资产负债情况良好、获利丰盈的公司。简言之,只要是迅速发展型公司,而且仍在继续发展,其股票就有利可图。但要注意,迅速发展公司不会永远迅速发展,诀窍在于要发现这些公司何时停止发展,什么原因停止发展,这在选择中有重要的参考意义。

当然,投资迅速发展型企业的股票有很大的风险,尤其是那些热情有余、资金不足的年轻企业,一旦资金不足就会出现麻烦,甚至会出现破产的格局。一旦出现这种情况,其股票价格就会出现下跌。

那么,何时抛售迅速发展型股票呢? 在这个问题上,最要紧的是不能错失有可能升值10倍的股票。另一方面,当公司分崩离析、盈利缩小时,投资者对股票所寄予的价格/收益比也会随之下降。投资者应该注意的是迅速发展期的第二阶段。

其他的抛售标志有:

(1)最近公司的营业情况令人失望。

(2)公司高级行政人员的离开或重要雇员转入与之相竞争的公司。

(3)一种股票在出售时,其 P/e 率为几十倍,而在后两年内,最为乐观的收益增长率为15％左右。

2.发展缓慢型公司股票的选择策略

发展缓慢型公司,其增长速度一般在10％以下,一般来说大型公司和陈旧型公司的增长速度都不是很高的。

发展缓慢型公司在其成长过程中也曾有过迅速发展的历史,而当其发展已经达到顶峰,或其能力不足,已无法利用机会时,其发展速度就会明显放慢。再者,当一种行业发展不景气时,这一行业的许多公司也就丧失了活力。

发展缓慢的公司总是定期付股息。公司想不出新办法用资金扩大生产时,就会慷慨地付股息。这是保持公司信誉的好办法,因为付股息还能证明企业是有收益能力的。

关于何时抛售发展缓慢型股票应根据投资者的投资策略而定。对于敢冒风险的短期投资者来说,一旦发现持有发展缓慢型股票时,应立即抛出,从而进行风险较大的迅速发展型股票的投资。而对保守型的长期投资者来说,因该类型的股票可避免投资的风险,而且可以从股息中获得利益,所以不一定要急于抛售。

3.稳健适中型公司股票的选择策略

稳健适中型公司的增长速度一般在10％～12％之间,多是一些大型公司。该类型公司的增长速度远比不上迅速发展型公司,但比发展缓慢型公司的增长速度要快。

如果投资者想买稳健适中型公司的股票,那么就不能指望该公司的投票在短时期有10倍或更多倍的收益。但是,稳健适中型大多是大型公司,其资产比较丰厚,可以在经济衰退和不景气的时候保护投资者的投资利益。因为这类公司一般不会破产,并有能力渡过危机,使公司恢复起来。投资者选择该种类型的股票,往往有一种安全感,但不能指望这类公司像迅速发展型公司股票那样,挣到几十倍的收益。

如果该种股票的价格超过了盈利基线,或盈利率远远超出正常范围,那么投资者可以考虑卖掉它,等到它的价格跌下来后再去买回来,或者用卖掉它的钱去买别的股票。

四、经济周期不同阶段下股票的投资策略

不同行业在整个经济周期里表现不一,当经济在低谷出现拐点,刚刚开始复苏时,石化、建筑施工、水泥、造纸等基础行业会最先受益,股价上涨也会提前启动。在随后的复苏增长阶段,机械设备、周期性电子产品等资本密集型行业和相关的零部件行业会表现优异,投资者可以调仓买入相关股票。在经济景气的最高峰,商业一片繁荣,这时可投资非必需

的消费品,如轿车、高档服装、奢侈品、消费类电子产品和旅游等行业。

五、不同生命周期下的投资策略

任何一个行业都有其发展周期,这种周期的长短不同,发展的过程不同,但是都必然要经历幼儿期、成长期、成熟期、衰退期。

1. 行业幼儿期

在这一阶段,新行业刚刚诞生或初建不久,只有为数不多的创业公司投资于这个新兴的产业。股市中的某些新能源产业就是处于行业幼儿期,虽然发展前景值得看好,但目前仍然存在一些问题,对于这类企业的投资具有一定的风险,因此比较适合投机资金的参与。

2. 行业成长期

在这一时期,行业的产品通过各种渠道以其自身的特点赢得了大众的认可,市场需求逐渐上升。行业的增长具有可预测性,行业的波动也较小。此时,投资者可以分享行业增长带来的收益。因此,处于这一时期的行业是最值得投资者参与的。

3. 行业成熟期

少数大厂商垄断了整个行业的市场,每个厂商都占有一定比例的市场份额,厂商之间的竞争逐渐从价格手段转向各种非价格手段。在行业成熟阶段,行业增长速度降到一个更加适度的水平。在某些情况下,整个行业的增长可能完全停止,其产出甚至下降。因此,投资者需要仔细鉴别才可以参与投资。

4. 行业衰退期

行业在经历了较长的稳定阶段后,就进入了衰退阶段。这主要是因为新产品和大量替代品的出现,使得原行业的市场需求减少,产品的销售量开始下降。对于处在衰退期的行业,投资者需要回避。

六、股票投资组合策略

股票投资组合策略是投资者依据股票的风险程度和年获利能力,按照一定的原则进行恰当的选股、搭配以降低风险的投资策略。股票投资组合策略的基本原则是:在同样风险水平之下,投资者应选择利润较大的股票;在相同利润水平的时候,投资者应选择风险最小的股票。

1. 分散投资

股票投资组合的核心和关键是有效地进行分散投资,因为通过分散投资,将投资广泛地分布在不同的投资对象上,可以降低个别股票风险而减少总风险。分散投资主要包括以下几点:

(1)投资行业的分散。即不集中购买同一行业企业的股票,以免碰上行业性不景气而使投资人蒙受损失。

(2)投资企业的分散。即不把全部资金集中购买某一企业的股票,即使企业业绩优良,也要注意适当的投资分散。

(3)投资时间的分散。可按派息时间错开选择投资,因为按照惯例,派息前股价往往会骤然升高,即使购买的某种股票因利率、物价等变动而在这一时间遭遇公共风险而蒙受损失,还可期待在另一时间派息分红的股票身上获利。

（4）投资地区的分散。由于各地的企业会因市场、税负和政策等诸多因素的影响，产生不同的效果，分开投资便可收到"东方不亮西方亮"的效果。

总之，只要在进行股票投资中能有效地进行投资组合，就能在降低风险的同时，获取较大的收益。

2.保守型投资组合策略

保守型投资组合策略是投资者以选择较高股息的投资股作为主要投资对象的股票组合策略。这种投资策略的主要依据是，由于将资金投向具有较高股息的股票，在经济稳定成长的时期，能够获取较好的投资回报，即使行情下跌，仍能够领取较为可观的股息红利。

保守型投资组合策略的资金分布是将80%左右的资金用于购买股息较高的投资股，以领取股息与红利，而只将20%左右的资金作投机操作。

保守型投资组合主要适宜于经济稳定增长时期采用，但在经济结构的转型与衰退期要谨慎使用。因为在经济结构的转型与衰退期，原先投资价值较高的投资股有可能由于经济结构的转型和行业不景气，使发行这些股票的公司获利大幅降低甚至是转盈为亏，这样就会使所持股票的价值大幅下降而使投资者蒙受损失。

3.投机型投资组合策略

投机型投资组合策略是投资者以选择价格起落较大的股票作为主要投资对象的股票组合策略。投机型投资组合的资金分布是将80%左右的资金用于购买价格波动频繁且涨跌幅度很大的股票，而将20%左右的资金用作买进其他比较稳定的投资股，或为准备再做追价与摊平用。由于这种组合方式的投机比重很大，故称作投机型投资组合策略。

采用投机型投资组合策略的投资者通常以"见涨抢进、见跌卖出"的追价方式买卖股票。由于此种方式的买卖进出较为敏感，故经常能在股价上涨之初，买到日后涨幅很高的黑马股票，给投资者带来极为可观的差价收益，而见跌卖出的结果，也能使股价持续下跌时，不至于亏损太多。

采用此种组合方式进行投资的人如判断正确，往往比其他组合方式收益更丰，但倘若判断失误，当刚追价买到某种股票时，股价却大幅下跌，或者是刚追价卖出，股价却迅速上涨，这种状况又极易给投资者带来惨重的损失。此外，采用投机型投资组合策略进出股市频繁，累计交纳的手续费和印花税的数额也较为可观，其操作成本就十分高昂。

投机型投资组合策略不适宜于初涉股市的投资者，中小额投资者应谨慎使用。

4.随机应变型投资组合策略

随机应变型机投资组合策略是投资者根据股市走向变化而灵活调整证券组合的投资策略。当判定股市走向看好时，则将资金的大部分投放在投资股上；而若认为股市走向是看跌时，则将大部分资金转入购买政府债券等风险较小的证券或持有现金以待买入时机。

随机应变型的投资组合可参考以下比例：在多头市场（即市场看好）时，有息投资股20%，有息领导股20%、投机股40%、债券或流动资金10%～20%之间；在空头市场（即市场看跌）时，有息投资股10%、投机股10%、债券和流动资金80%，投资者可根据市场变化情况随时调整比例。

随机应变型的投资组合策略具有机动灵活、能适应市场变动的特点，是一种较为证券投资者所推崇的投资组合策略。

5.股票投资期限选择策略

股票投资期限选择策略是投资者根据各种市场因素和投资期望值来合理确定持股时间长短的策略和方法。

股票作为一种永久性的有价证券是无所谓期限可言的。这里所讲的股票投资期限是指投资者持有某种股票的时间长短,可将投资分为长期(线)投资、短期(线)投资和中期(线)投资。

长期投资是指投资者在买进股票后,在短期内不转售,以便享受优厚的股东权益,只是在适当的时机才转售求利。长期投资者持有股票的时间最短为半年,有的长达几年、十几年乃至几十年,长期投资经常能够给投资者带来较好的利润回报。投资者在进行长期投资时,最主要的是要熟悉企业的历史与现状,尤其是企业的盈利能力及其派息情况。比较适合进行长线投资的股票应是该种股票发行公司的经营情况比较稳定和正常,预计在相当长时间内不会发生大的起落,且公司的派息情况大致匀称,股票的市场价格波动不大,大体走向是稳中有升。

短期(线)投资在很大程度上是一种投机买卖,所持股票的时间往往只有几天,甚至有时只有几个小时。投资者进行短期投资主要是利用股价差额来转售获利。短期投资的主要对象是市场价格不稳定且变化幅度较大的活跃型股票。由于短线投资是一种投机性很强和风险较大的投资活动,初涉股市的投资者最好不要使用。

中期(线)投资则是介于长短线投资之间的一种投资,一般持股时间在几个月以内。中期投资特别要注意选择时机,如果预计某家公司在几个月内有利好消息出现,那么这家公司的股票就是进行中期投资的最好选择。

对于某一个具体的投资者来讲,到底是选择长期投资还是选择中期或短期投资,则要依据投资者的预期目标和市场因素进行综合分析来最终确定。

实训题

1.如果一个投资者想采取股票的定额投资成本平均法来投资,该如何操作?

2.如果想采取渔翁撒网法,又该如何操作?

3.如果投资者投资的是蓝筹股,在股市兴衰各阶段应如何操作?

4.请说出风险规避型和风险爱好型的股票各自可采取什么样的投资策略?

《证券市场基础知识》
模拟试题及参考答案

一、单选题

1. 证券交易所所采取的交易的组织方式是( )。
   A. 经纪制 B. 代理制 C. 做市商制 D. 自助制

2. ( ),《中华人民共和国证券法》正式实施。
   A. 1998 年 7 月 1 日 B. 1999 年 7 月 1 日
   C. 1999 年 10 月 1 日 D. 2000 年 1 月 1 日

3. 融期货证券是一种( )。
   A. 商品证券 B. 凭证证券 C. 资本证券 D. 货币证券

4. 有价证券是( )的一种形式。
   A. 商品证券 B. 虚拟资本 C. 权益资本 D. 债务资本

5. 商品证券是证明持券人对其证券所代表的那部分商品具有( )的凭证。
   A. 所有权或使用权 B. 租赁权或转让权
   C. 收益权或处分权 D. 使用权或转让权

6. 资本证券主要包括( )。
   A. 股票、债券和基金证券 B. 股票、债券和金融期货
   C. 股票、债券和金融衍生证券 D. 股票、债券和金融期权

7. 有价证券具有( )的经济和法律特征。
   A. 产权性、收益性、变通性、风险性
   B. 产权性、收益性、变通性、非返还性
   C. 产权性、收益性、流动性、风险性
   D. 产权性、期限性、收益性、风险性

8. 资本市场是融通长期资金的市场,它又可以分为( )。
   A. 股票市场和债券市场 B. 中长期信贷市场和证券市场
   C. 证券市场和货币市场 C. 短期资金市场和长期资金市场

9. 世界上第一家股票交易所在( )成立。
   A. 纽约 B. 阿姆斯特丹 C. 伦敦 D. 巴黎

10. 中央银行在证券市场上买卖有价证券是在开展它的( )业务。
    A. 政策性 B. 投融资 C. 保值 D. 公开市场操作

11. 以银行等金融机构为中介进行融资的活动场所称为( )市场。

A. 资本　　　　　B. 货币　　　　　C. 间接融资　　　　D. 直接融资

12. 证券业协会性质上是一种（　　　）。

A. 证券监督机构　　　　　　　　B. 证券服务机构

C. 自律性组织　　　　　　　　　D. 证券投资人

13. 股票实质上代表了股东对股份公司的（　　　）。

A. 产权　　　　　B. 债券　　　　　C. 物权　　　　　D. 所有权

14. 记名股票和不记名股票的差别在于（　　　）。

A. 股东权利　　　B. 股东义务　　　C. 出资方式　　　D. 记载方式

15. 股票的未来收益的现值是（　　　）。

A. 清算价值　　　B. 内在价值　　　C. 账面价值　　　D. 票面价值

16. 公司清算时每一股份所代表的实际价值是（　　　）。

A. 票面价值　　　B. 账面价值　　　C. 清算价值　　　D. 内在价值

17. 在我国，国有股权行政管理的专职机构是（　　　）。

A. 国务院　　　　　　　　　　　B. 国有资产管理部门

C. 国有投资公司　　　　　　　　D. 资产经营公司

18. 优先股股息在当年未能足额分派时，能在以后年度补发的优股，被称为（　　　）。

A. 参与优先股　　　　　　　　　B. 累积优先股

C. 可赎回优先股　　　　　　　　D. 股息率可调整优先股

19. 股东大会是股东公司的（　　　）。

A. 权力机构　　　B. 法人代表　　　C. 监督机构　　　D. 决策机构

20. 债券具有票面价值，代表了一定的财产价值，是一种（　　　）。

A. 真实资本　　　　　　　　　　B. 虚拟资本

C. 财产直接支配权　　　　　　　D. 实物直接支配权

21. 国际债券的记价货币通常是（　　　），以便在国际资本市场筹集资金。

A. 外国货币　　　　　　　　　　B. 国际通用货币

C. 本国货币　　　　　　　　　　D. 本国货币或外国货币

22. 债券是由（　　　）出具的。

A. 投资者　　　　B. 债权人　　　　C. 代理发行人　　　D. 债务人

23. 债券代表其投资者的权利，这种权利被称为（　　　）。

A. 债券　　　　　B. 资金使用权　　C. 财产支配权　　D. 资产所有权

24. 贴现债券的发行属于（　　　）。

A. 平价发行　　　B. 溢价发行　　　C. 折价发行　　　D. 以上都不是

25. 按发行债券时规定的还本时间，在债券到期时一次全部偿还本金的偿债方式，被称为（　　　）。

A. 展期偿还　　　B. 满期偿还　　　C. 到期偿还　　　D. 部分偿还

26. 金融机构发行金融债券使得其资金来源（　　　）。

A. 减少　　　　　B. 增加　　　　　C. 不变　　　　　D. 以上都不是

27. 安全性最高的有价证券是（　　　）。

A. 国债　　　　　B. 股票　　　　　C. 公司债券　　　D. 企业债券

28. 债券和股票的相同点在于（　　　　）。
    A. 具有同样的权利　　　　　　　　B. 收益率一样
    C. 风险一样　　　　　　　　　　　D. 都是筹资手段

29. 投资基金通过发行基金单位集中的资金,交由（　　　　）管理和运作。
    A. 基金托管人　　　　　　　　　　B. 基金承销公司
    C. 基金管理人　　　　　　　　　　D. 基金投资顾问

30. 投资基金反映的是（　　　　）关系。
    A. 产权　　　　　B. 委托代理　　　　C. 债权债务　　　　D. 所有权

31. 投资基金的资金主要投向（　　　　）。
    A. 实业　　　　　B. 邮票　　　　　　C. 有价证券　　　　D. 珠宝

32. 封闭式基金的基金单位的交易方式是（　　　　）。
    A. 赎回　　　　　B. 证交所上市　　　C. 柜台交易　　　　D. 场外交易

33. 开放式基金的交易价格取决于（　　　　）。
    A. 基金总资产值　　　　　　　　　B. 供求关系
    C. 金净资产　　　　　　　　　　　D. 基金单位净资产值

34. 按照《基金管理暂行办法》的规定,基金管理人由（　　　　）机构担任。
    A. 证券公司　　　　　　　　　　　B. 保险公司
    C. 基金管理公司　　　　　　　　　D. 商业银行

35. 投资基金资产的名义持有人是（　　　　）。
    A. 基金投资者　　　　　　　　　　B. 基金管理人
    C. 基金托管人　　　　　　　　　　D. 基金监管人

36. 基金管理人与托管人之间的关系是（　　　　）。
    A. 所有人与经营者　　　　　　　　B. 经营与监管
    C. 持有与托管　　　　　　　　　　D. 委托与受托

37. 我国《投资基金管理暂行办法》规定,基金管理公司的最低实收资本为人民币（　　　　）元。
    A. 1000 万　　　　B. 3000 万　　　　C. 5000 万　　　　　D. 1 亿

38. 率先推出外汇期货交易,标志着外汇期货的正式产生的交易所是（　　　　）。
    A. 纽约证券交易所　　　　　　　　B. 芝加哥期货交易所
    C. 国际货币市场　　　　　　　　　D. 美国证券交易所

39. 美国国库券期货是采用指数报价的,该指数是（　　　　）。
    A. 100 与国库券年收益率的差
    B. 100 与和约最后交易日的 3 个月期伦敦银行同业拆借利率的差
    C. 100 与国库券年贴现率的差
    D. 100 与国库券年收益率的和

40. 美国长期国债期货可交割债券的剩余期限不少于（　　　　）。
    A. 15 年　　　　　B. 10 年　　　　　C. 30 年　　　　　　D. 20 年

41. 看涨期权的买方具有在约定期限内按（　　　　）买入一定数量金融资产的权利。
    A. 市场价格　　　B. 买入价格　　　　C. 卖出价格　　　　D. 约定价格

42. 看跌期权的买方对标的金融资产具有（　　　　）的权利。

    A. 买入　　　　　　　B. 卖出　　　　　　　C. 持有　　　　　　　D. 以上都是

43. 可在期权到期日或到期日之前的任一个营业日执行的期权是(　　　)。

    A. 美式期权　　　　B. 欧式期权　　　　C. 看涨期权　　　　D. 看跌期权

44. 认股权的认购期限一般为(　　　)。

    A. 2～10 年　　　　　　　　　　　　B. 3～10 年

    C. 两周到 30 天　　　　　　　　　　D. 3 个月到 1 年

45. 金融期货的交易对象是(　　　)。

    A. 金融商品　　　　　　　　　　　　B. 金融商品合约

    C. 金融期货合约　　　　　　　　　　D. 金融期权

46. 可转换证券实际上是一种普通股票的(　　　)。

    A. 长期看涨期权　　　　　　　　　　B. 长期看跌期权

    C. 短期看涨期权　　　　　　　　　　D. 短期看跌期权

47. 优先认股权实际上是一种普通股票的(　　　)。

    A. 长期看涨期权　　　　　　　　　　B. 长期看跌期权

    C. 短期看涨期权　　　　　　　　　　D. 短期看跌期权

48. 不得进入证券交易所交易的证券商是(　　　)。

    A. 会员证券商　　　　　　　　　　　B. 非会员证券商

    C. 会员承销商　　　　　　　　　　　D. 会员证券自营商

49. 世界上最早、最有影响的股价指数是(　　　)。

    A. 道琼斯股价指数　　　　　　　　　B. 恒生指数

    C. 日经指数　　　　　　　　　　　　D. 纳斯达克指数

50. 在计算股价指数时,先计算样本股的个别指数,再加总求算术平均数,这是股价指数计算方法中的(　　　)。

    A. 综合法　　　　B. 计算期加权法　　　　C. 基期加权法　　　　D. 相对法

51. 以货币形式支付的股息,称之为(　　　)。

    A. 现金股息　　　　B. 股票股息　　　　C. 财产股息　　　　D. 负债股息

52. 在公司章程中载明并获批准后,公司以一部分股本作为股息派发,称之为(　　　)。

    A. 现金股息　　　　B. 股票股息　　　　C. 财产股息　　　　D. 负债股息

53. 决定债权票面利率时无须考虑(　　　)。

    A. 投资者的接受程度　　　　　　　　B. 债券的信用级别

    C. 利息的支付方式和计息方式　　　　D. 股票市场的平均价格水平

54. 买入债券后持有一段时间,又在债券到期前将其出售而得到的收益率为(　　　)。

    A. 直接收益率　　　　　　　　　　　B. 到期收益率

    C. 持有期收益率　　　　　　　　　　D. 赎回收益率

55. 以下风险不属于系统风险的是(　　　)。

    A. 政策风险　　　　　　　　　　　　B. 周期波动风险

    C. 利率风险　　　　　　　　　　　　D. 信用风险

56. (　　　)是会员制证券交易所的最高权力机构。

    A. 会员大会　　　　B. 理事会　　　　C. 董事会　　　　D. 监察委员会

57. 根据我国《证券法》,对证券公司实行(   )管理。

    A. 分业   B. 混合   C. 综合   D. 分类

58. 证券公司客户的交易结算资金必须全额存入特定的(   ),单独立户管理。

    A. 金融机构   B. 证券公司   C. 工商银行   D. 商业银行

59. 证券公司开展经纪业务,应当置备统一制定的(   ),供委托人使用。

    A. 买卖成交报告单   B. 证券买卖委托书

    C. 指定交易协议书   D. 交割单

60. 证券公司管理的原则要求证券公司把(   )放在首位。

    A. 流动性   B. 盈利性   C. 安全性   D. 变现能力

61. 代理中央登记结算公司为证券的交易和发行提供登记、保管和结算服务的地方机构,被称为(   )。

    A. 中央登记结算公司   B. 地方登记结算公司

    C. 交易所   D. 交易中心

62. 根据我国《公司法》的规定,股份有限公司的法定代表人是(   )。

    A. 总经理   B. 监事长   C. 董事长   D. 公司内部自定

63. 发起人以工业产权、非专利技术作价出资的金额不得超过股份有限公司注册资本的(   )。

    A. 10%   B. 20%   C. 30%   D. 40%

64. 公司财产能够清偿公司债务时,其支付的顺序为(   )

    A. 缴纳所欠税款、职工工资和劳动保险费用、清算费用、清偿公司债务

    B. 清算费用、职工工资和劳动保险费用、缴纳所欠税款、清偿公司债务

    C. 清算费用、缴纳所欠税款、职工工资和劳动保险费用、清偿公司债务

    D. 职工工资和劳动保险费用、清算费用、缴纳所欠税款、清偿公司债务

65. 发起人持有的本公司股份,自公司成立之日起(   )年内不得转让。

    A. 1   B. 2   C. 3   D. 4

66. 通过证券交易所的证券交易,投资者持有一个上市公司已发行股份的(   )时,继续进行收购的,应当依法向该上市公司所有股东发出收购要约。

    A. 20%   B. 25%   C. 30%   D. 35%

67. 发行公司债券时,该公司的累计债券总额不得超过公司净资产的(   )。

    A. 40%   B. 50%   C. 60%   D. 70%

68. 证券的代销、包销期最长不得超过(   )。

    A. 90 天   B. 六个月   C. 九个月   D. 一年

69. 以募集设立方式设立股份有限公司的,发起人认购的股份不得少于公司股份总数的(   ),其余股份应当向社会公开募集。

    A. 15%   B. 20%   C. 30%   D. 35%

70. 职业道德是人们在各种职业活动中应该遵守的(   )。

    A. 职业纪律   B. 职业操守   C. 职业规范   D. 道德规范

二、多选题

1. 本身不能使持券人或第三者取得一定收入的证券称为(　　)。
　　A. 商业汇票　　　　B. 凭证证券　　　　C. 商品证券　　　　D. 无价证券

2. 未申请上市或不符合在证券交易所挂牌交易条件的证券称为(　　)。
　　A. 非挂牌证券　　　　　　　　　B. 非上市证券
　　C. 场内证券　　　　　　　　　　D. 场外证券

3. 有价证券按经济特征和法律特征划分可以有(　　)。
　　A. 增值性　　　　　B. 收益性　　　　C. 风险性　　　　D. 产权性

4. 证券市场的基本经济功能是(　　)。
　　A. 筹资　　　　　　B. 资本配置　　　C. 企业转制　　　D. 资本定价

5. 20 世纪 70 年代以来,世界证券市场出现了高度繁荣的局面,形成了(　　)的全新特征。
　　A. 证券交易快速化　　　　　　　B. 证券市场自由化
　　C. 金融证券化　　　　　　　　　D. 证券市场产业化

6. 享有优先认股权的股东可以有(　　)的选择。
　　A. 行使认股权认购新发行的股票
　　B. 将权利转让给他人
　　C. 不行使认股权而使其失效
　　D. 将权利向公司兑现

7. 根据股票的定义,股票的基本要素是(　　)。
　　A. 发行主体　　　B. 票面金额　　　　C. 持有人　　　　D. 股份

8. 无面额股票的特点是(　　)。
　　A. 可以明确表示每股所代表的股权比例
　　B. 发行或转让价格灵活
　　C. 便于股票分割
　　D. 为股票发行价格提供依据

9. 每股股票所代表的实际资产的价值,可称为(　　)。
　　A. 内在价值　　　B. 账面价值　　　C. 每股净资产　　　D. 股票净值

10. 股票的未来收益包括(　　)。
　　A. 股息收入　　　　　　　　　B. 资本利得
　　C. 股本增值收益　　　　　　　D. 清算价值

11. 普通股票的功能有(　　)。
　　A. 筹资功能　　　B. 投资功能　　　C. 投机功能　　　D. 保值功能

12. 普通股股东的义务有(　　)。
　　A. 遵守公司章程
　　B. 依其所认购的股份和入股方式缴纳股金
　　C. 除法律、法规规定的情形外不得退股
　　D. 必须参加每次的股东大会

13. 优先股的特征有(　　)。

A. 一般无表决权   B. 股息分派优先

C. 股息率固定   D. 剩余资产分配优先

14. 债券票面的基本要素有（   ）。

A. 票面价值   B. 偿还期限   C. 利率   D. 发行者名称

15. 影响债券偿还期限的因素主要有（   ）。

A. 债券票面金额   B. 资金使用方向

C. 市场利率变化   D. 债券变现能力

16. 债券的性质可以表述为（   ）。

A. 属于有价证券   B. 是一种真实资本

C. 是债权的表现   D. 是所有权凭证

17. 债券的特征有（   ）。

A. 偿还性   B. 安全性   C. 流动性   D. 收益性

18. 按计息方式分类，债券可以分为（   ）。

A. 单利债券   B. 复利债券

C. 累进利率债券   D. 贴现债券

19. 从债券发行日起，经过一定期限，按发行额的一定比例，陆续偿还，到债券期满时全部偿清。这种偿还方式属于（   ）。

A. 期中偿还   B. 展期偿还   C. 全额偿还   D. 部分偿还

20. 债券和股票的区别表现在（   ）方面。

A. 权利   B. 目的   C. 期限   D. 收益和风险

21. 政府债券与其他债券相比，主要特点有（   ）。

A. 流通性强   B. 收益稳定   C. 免税待遇   D. 安全性高

22. 国债按资金用途可以分为（   ）。

A. 赤字债券   B. 建设债券   C. 特种国债   D. 战争债券

23. 1981 年以来，我国发行的国债品种有（   ）。

A. 国库券   B. 财政债券

C. 国家重点建设债券   D. 保值政府债券

24. （   ）是不能流通转让的。

A. 基本建设债券   B. 保值债券

C. 财政债券   D. 特种债券

25. 公司债券作为公司为筹措资金而公开发行的一种债务契约，其特征为（   ）。

A. 契约性   B. 优先性   C. 风险性   D. 股权性

26. （   ）不属于抵押证券。

A. 信用公司债   B. 不动产抵押公司债

C. 收益公司债   D. 保证公司债

27. 债券是一种（   ）。

A. 真实资本   B. 虚拟资本   C. 有价证券   D. 收益凭证

28. 契约型基金的当事人有（   ）。

A. 管理人   B. 托管人   C. 投资者   D. 证券公司

29. 债券基金收益与市场利率的关系具体表现为（　　）。

A. 市场利率下降,基金收益下降　　　B. 市场利率上升,基金收益下降

C. 市场利率上升,基金收益上升　　　D. 市场利率下降,基金收益上升

30. 决定基金运作费率高低的因素有（　　）。

A. 基金规模　　B. 基金风险　　C. 基金表现　　D. 最低投资额

31. 作为一种成效显著的现代化投资工具,基金所具备的明显特点是（　　）。

A. 较高收益　　B. 分散风险　　C. 专家管理　　D. 规模效益

32. 契约型基金与公司型基金的区别在于（　　）。

A. 资金的性质不同　　　　　　　　B. 投资者的地位不同

C. 基金的营运依据不同　　　　　　D. 基金单位的价格决定依据不同

33. 汇率风险大致可分为（　　）。

A. 升水风险　　　　　　　　　　　B. 贴水风险

C. 商业性风险　　　　　　　　　　D. 金融性风险

34. 可转换证券的要素有（　　）。

A. 转换利率　　B. 转换比例　　C. 转化价格　　D. 转换期限

35. 期货价格的特点是（　　）。

A. 预期性　　　B. 隐秘性　　　C. 连续性　　　D. 权威性

36. 金融期货的功能主要有（　　）。

A. 投资功能　　　　　　　　　　　B. 套期保值功能

C. 筹资功能　　　　　　　　　　　D. 价格发现功能

37. 认股权证的三要素是（　　）。

A. 认股期限　　B. 认股价格　　C. 认股时间　　D. 认股数量

38. 存托凭证的优点为（　　）。

A. 市场容量大

B. 发行一级 ADR 的手续简单、发行成本低

C. 避开直接发行股票或债券的法律要求

D. 利息率较低

39. 可转换证券的特点为（　　）。

A. 市价变动频繁

B. 可转换成普通股

C. 有事先规定的转换期限

D. 持有者的身份随证券的转换而相应转换

40. 金融商品的基本特性为（　　）。

A. 同质性　　　B. 多样性　　　C. 价格的易变性　　D. 耐久性

41. 一般而言,（　　）是证券发行的主体。

A. 政府　　　　B. 企业　　　　C. 居民　　　　D. 金融机构

42. 会员制的证券交易所一般设立（　　）等机构。

A. 会员大会　　B. 董事会　　　C. 理事会　　　D. 监察委员会

43. 证券交易所的管理制度包括（　　）。

    A. 对证券上市公司的管理　　　　　　B. 对证券交易行为的管理

    C. 对场内证券交易商的管理　　　　　D. 对投资者的管理

44. 非系统风险包括(　　　)。

    A. 信用风险　　　　B. 经营风险　　　　C. 购买力风险　　　　D. 财务风险

45. 股息的具体形式包括(　　　)。

    A. 建业股息　　　　B. 负债股息　　　　C. 现金股息　　　　D. 财产股息

46. 证券交易所的会员大会的职权包括(　　　)。

    A. 制定和修改证券交易所章程

    B. 选举和罢免会员理事

    C. 审议和通过理事会、总经理的工作报告

    D. 审定对会员的接纳

47. 证券公司的作用主要有(　　　)。

    A. 媒介资金供需　　　　　　　　　　B. 构造证券市场

    C. 优化资源配置　　　　　　　　　　D. 促进产业集中

48. 属于证券服务机构的公司有(　　　)。

    A. 证券公司　　　　　　　　　　　　B. 证券登记结算公司

    C. 证券投资咨询公司　　　　　　　　D. 保险公司

49. 中央登记结算公司的职能为(　　　)。

    A. 中央登记　　　　B. 中央存管　　　　C. 中央结算　　　　D. 集中交易

50. 对注册会计师、会计师事务所、审计师事务所执行的证券期货相关业务实行监督管理的部门有(　　　)。

    A. 财政部　　　　　　　　　　　　　B. 证券监督管理委员会

    C. 中国人民银行　　　　　　　　　　D. 证券交易所

51. 在代理买卖业务中,证券公司应遵循的三大原则为(　　　)。

    A. 代理原则　　　　　　　　　　　　B. 效率原则

    C. 公开、公正、公平原则　　　　　　D. 勤勉原则

52. 证券市场监督的对象包括(　　　)。

    A. 证券发行人　　　　　　　　　　　B. 证券投资者

    C. 上市公司　　　　　　　　　　　　D. 证券中介机构

53. 在信息披露时的基本要求为(　　　)。

    A. 全面性　　　　B. 真实性　　　　C. 时效性　　　　D. 公正性

54. 证券投资咨询机构的从业人员不得从事(　　　)行为。

    A. 向客户提供买卖股票的咨询

    B. 代理委托人从事证券投资

    C. 与委托人约定分享证券投资收益或分担证券投资损失

    D. 买卖本咨询机构提供服务的上市公司的股票

55. 发起人可以用货币出资,也可以用(　　　)作价出资。

    A. 实物　　　　B. 工业产权　　　　C. 非专利技术　　　　D. 土地使用权

56. 公司合并可以采取(　　　)和(　　　)两种方式。

A. 吸收合并　　　B. 新设合并　　　　C. 吞并合并　　　　　D. 分立合并

57. 综合类证券公司可以经营( )。

A. 证券经纪业务

B. 证券自营业务

C. 证券承销业务

D. 经国务院证券监督管理机构核定的其他证券业务

58. 证券从业人员是指证券中介机构中的一些特定岗位的人员,可分为( )。

A. 专业人员　　　B. 专职人员　　　C. 管理人员　　　　D. 执业人员

59. 根据《证券从业人员资格管理暂行规定》,证券中介机构是指有关部门依据有关法规批准设立的可经营证券业务相关业务的( )。

A. 证券公司　　　　　　　　　　B. 信托投资公司

C. 证券投资咨询机构　　　　　　D. 证券清算、登记机构

60. 证券从业人员的资格类型有( )。

A. 证券承销从业资格　　　　　　B. 证券经纪从业资格

C. 证券自营资格　　　　　　　　D. 证券投资咨询从业资格

三、判断题

1. 证券的最基本特征是法律特征和书面特征。

2. 有价证券是虚拟资本的一种形式,有价格,也有价值。

3. 证券发行人是资金的供应者。

4. 间接融资是指通过银行所进行的资金融通活动。

5. 普通股票在权利义务上不附加任何条件。

6. 股份有限公司发行的股票,可以为记名股票也可以为无记名股票。

7. 股票代表了股东对股份公司的所有权,所以股票是物权证券。

8. B 股是外资股。

9. 股票发行可以实行折价发行。

10. 国有法人股的股权性质为国有股权。

11. 债券是体现债权债务关系的法律凭证。

12. 债券具有永久性的特征。

13. 债券的流动并不意味着它所代表的实际资本也同样流动。

14. 市场利率下跌,债券价格上升。

15. 无记名国债属于一种具有标准格式实物券面的债券。

16. 贴现债券是属于溢价方式发行的债券。

17. 复利债券的实际收益率总比单利债券的实际收益率高。

18. 以发行债券来筹资是金融机构的主动负债业务。

19. 所有政府发行的债券都叫国债。

20. 政府债券没有风险。

21. 在欧洲发行的债券就是欧洲债券。

22. 武士债券是外国债券。

23.龙债券是外国债券。

24.投资基金的资产由基金管理人保管。

25.基金的收益一定高于债券的收益。

26.基金资产的实际持有人是基金托管人。

27.契约性基金不是法人。

28.公司型基金的基金资产归基金公司所有。

29.开放式基金必须持有一定比例的现金资产。

30.开放式基金没有固定的期限。

31.开放式基金通常上市交易。

32.基金资产净值与基金单位价格的变化是完全一样的。

33.开放式基金的基金单位总数是固定的。

34.期权的卖方在一定期限内必须无条件服从买方的选择并履行成交时的允诺。

35.金融期货交易实行逐日结算制度。

36.可转换证券持有者的身份随着证券的转换而相应转换。

37.认股权证是普通股股东的一种特权。

38.认股权证的价格与剩余有效期长短成正比。

39.当市价低于认股权证约定的价格时,认股权证的价格为零。

40.优先股的价格波动小于相应的普通股股票的价格波动。

41.期货价格反映了市场对未来现货价格的预期。

42.备兑凭证只能以一种证券为标的物。

43.备兑凭证是期权的一种。

44.每日的开盘价由证券交易所确定。

45.会员大会是会员制证券交易所的决策机构。

46.系统性风险是不可以回避的,但可以分散。

47.股票发行的溢价部分应记入公司的股本。

48.股票股息实际上是当年留存收益的资本化。

49.美国的投资银行和英国的商人银行就是证券公司。

50.经纪类证券公司只可经营证券经纪业务。

51.证券信用评级的主要对象为普通股股票和债券。

52.场外交易市场的组织方式是经纪制。

53.公司制证券交易所的股票可以在本交易所上市交易。

54.优先认股权在多数情况下与债券或优先股共同发行。

55.基金运作费用是直接向投资者收取的。

56.股票的流动性是指股票可以自由地进行交易。

57.公司向其他公司投资的,除国务院规定的投资公司和控股公司外,所累计投资额不得超过本公司净资产的 50%。

58.公司可以设立子公司和分公司,但分公司具有法人资格,而子公司则不具法人资格。

59.股份有限公司的设立,必须经过国务院授权的部门或省级人民政府批准。

60.股份有限公司申请其股票上市,该公司股本总额不得少于人民币一亿元。

61. 设立股份有限公司,应当有五人以上的发起人,但对发起人是否在中国境内有住所并没有作要求。

62. 发起人向社会公开募集股份,应当由依法设立的证券经营机构承销,签订承销协议。

63. 修改公司章程必须经出席股东大会的股东所持表决权的半数以上通过才行。

64. 股票发行价格可以按票面金额,也可以超过票面金额,同样也可以低于票面金额。

65. 上市公司发行新股,应当符合公司法有关发行新股的条件,可以向社会公开募集,也可以向原股东配售。

66. 行政手段是证券市场监管的主要手段,约束力强。

67. 中国证券监督管理委员会是国家对全国证券、期货市场进行统一宏观管理的主管部门。

68. 股份公司的董事、经理和财务负责人应当兼任监事。

69. "三公"原则是证券业从业人员职业行为的原则。

70. 提供了正确的分析,使客户获得收益,证券业从业人员可以从中分享收益。

[参考答案]

一、单选题

1. A　2. B　3. B　4. B　5. A　6. C　7. C　8. B　9. B　10. D　11. C　12. C　13. D　14. D
15. B　16. C　17. B　18. B　19. A　20. B　21. B　22. D　23. A　24. C　25. B　26. B
27. A　28. D　29. C　30. B　31. C　32. B　33. D　34. C　35. C　36. B　37. A　38. C
39. C　40. A　41. D　42. B　43. A　44. B　45. C　46. A　47. C　48. B　49. A　50. A
51. B　52. B　53. D　54. C　55. D　56. A　57. B　58. A　59. B　60. C　61. B　62. C
63. B　64. B　65. C　66. C　67. A　68. A　69. D　70. D

二、多选题

1. BD　2. ABD　3. ABCD　4. ABD　5. BC　6. ABC　7. ACD　8. ABC　9. BCD
10. ABC　11. AB　12. ABC　13. ABCD　14. ABCD　15. BCD　16. AC　17. ABCD
18. ABCD　19. AD　20. ABCD　21. ABCD　22. ABCD　23. ABCD　24. BC　25. ABC
26. ACD　27. BC　28. ABC　29. BD　30. ACD　31. BCD　32. ABC　33. CD　34. BCD
35. ACD　36. BD　37. ABD　38. ABC　39. ABCD　40. ACD　41. ABD　42. ACD
43. ABC　44. ABD　45. ABCD　46. ABC　47. ABCD　48. BC　49. ABC　50. AB
51. ABC　52. ABCD　53. ABC　54. BCD　55. ABCD　56. AB　57. ABCD　58. AC
59. ABCD　60. ABD

三、判断题

1. 对　2. 错　3. 错　4. 对　5. 对　6. 对　7. 错　8. 错　9. 错　10. 对　11. 对　12. 错
13. 对　14. 对　15. 对　16. 错　17. 错　18. 对　19. 错　20. 错　21. 错　22. 对　23. 错
24. 错　25. 错　26. 错　27. 对　28. 对　29. 对　30. 对　31. 错　32. 错　33. 错　34. 对
35. 对　36. 对　37. 错　38. 对　39. 错　40. 对　41. 对　42. 错　43. 对　44. 错　45. 错

46.错　47.错　48.对　49.对　50.对　51.错　52.错　53.错　54.错　55.错　56.对
57.对　58.错　59.对　60.错　61.错　62.对　63.错　64.错　65.对　66.错　67.对
68.错　69.对　70.错

《证券交易》模拟试题及参考答案

一、单选题（请在下列题目中选择一个最适合的答案，每题 0.5 分）

1. 准确地说，（　　）是申请自营业务资格的证券经营机构应向证监会报送的文件。
   A. 机构批设机关颁发的《企业法人营业执照（副本）》
   B. 机构批设机关颁发的《经营金融业务许可证（副本）》
   C. 机构批设机关主要业务人员的《证券业从业人员资格证书》
   D. 国家证券管理机关颁发的《经营证券自营业务资格证书》

2. 公司一次配股发行股份总数不得超过该公司前一次发行并募足股份后其股份总数的（　　）。公司将本次配股募集资金用于国家重点建设项目、技改项目的，可不受此比例的限制。
   A. 20%　　　　　　　B. 30%　　　　　　　C. 40%　　　　　　　D. 50%

3. 按照（　　）划分，证券交易种类主要有股票交易、债券交易、基金交易以及其他金融衍生工具的交易。
   A. 交易品种的对象　　B. 交易规模　　　　　C. 交易场所　　　　　D. 交易性质

4. 为了促使资金流向国民经济最需要的地方，上市公司向股东配股募集资金的用途必须符合国家（　　）的规定。
   A. 货币政策　　　　　B. 财政政策　　　　　C. 产业政策　　　　　D. 价格政策

5. 可转换债券是指可兑换成（　　）的债券。
   A. 股票　　　　　　　B. 另一种债券　　　　C. 期货　　　　　　　D. 现金

6. 证券（　　）业务主要是指在每一营业日中，每个证券公司成交的证券数量与价款分别予以轧抵，对证券和资金的应收或应付净额进行计算的处理过程。
   A. 清算　　　　　　　B. 交割　　　　　　　C. 交收　　　　　　　D. 登记

7. 在年度报告中，对持股（　　）以上的法人股东，应介绍股东单位的法定代表人、经营范围及持有股份的质押情况。
   A. 2%　　　　　　　　B. 5%　　　　　　　　C. 8%　　　　　　　　D. 10%

8. 综合类证券公司以盈利为目的，并以自有资金和依法筹集的资金，用自己名义开设的账户买卖有价证券的行为是证券公司的（　　）。
   A. 经纪业务　　　　　B. 代理业务　　　　　C. 自营业务　　　　　D. 承销业务

9. 证券交易风险从证券公司的角度来看一般可分为（　　）。
   A. 证券自营业务风险、证券经纪业务风险
   B. 基本风险和非基本风险

C. 系统风险和非系统风险

D. 经营管理风险和政策法律风险

10.（　　）不是证券公司的监督检查机构。

A. 证券公司自身　　B. 投资者　　　　　C. 证券交易所　　　　D. 证券管理部门

11.（　　）属于明文列示的证券经营机构操纵市场行为。

A. 内幕人员利用内幕信息买卖证券或者根据内幕信息建议他人买卖证券

B. 证券业自律性组织作出对证券市场产生影响的虚假陈述

C. 证券经营机构自营买卖持有其 10% 以上股份的上市公司或其关联公司的股票

D. 以明示的方式,约定与其他证券投资者在某一时间共同买进或卖出某一种证券

12. 证券买卖双方在交易达成之后,于下一营业日进行证券和价款的收付,完成交收的交收
方式称为(　　)。

A. 当日交收　　　　B. 次日交收　　　　C. 例行日交收　　　　D. 特约日交收

13. 根据规定,目前我国用于证券回购的券种只能是国库券和经中国人民银行批准发行的
(　　)。

A. 地方债券　　　　B. 企业债券　　　　C. 国际债券　　　　D. 金融债券

14. 根据《公司法》的规定,股份有限公司的设立采取(　　)设立的原则。

A. 登记　　　　　　B. 行政许可　　　　C. 注册　　　　　　D. 协议

15. 下列不是新股上网竞价发行的优点的是(　　)。

A. 市场性　　　　　B. 连通性　　　　　C. 经济性　　　　　D. 公平性

16. 目前,我国对(　　)实行 T+3 交收方式。

A. A 股　　　　　　B. B 股　　　　　　C. 基金券　　　　　D. 债券

17. 经营 A 种股票、国债、债券及基金等买卖的席位,称为(　　)。

A. 普通席位　　　　B. 特别席位　　　　C. 代理席位　　　　D. 自营席位

18. 证券自营业务资格证书自证监会签发之日起(　　)内有效。

A. 半年　　　　　　B. 1 年　　　　　　C. 一年半　　　　　D. 2 年

19.（　　）是证券经营机构欲取得证券自营业务资格所应当具备的符合标准的条件。

A. 证券经营机构在近半年内没有严重违法违规行为

B. 证券经营机构的证券业务与其他业务统一经营、分账管理

C. 设有证券自营业务专用的电脑申报终端和其他必要的设施

D. 在近 1 年内未受到根据有关规定取消证券自营业务资格的处罚

20. 准确地说,(　　)是申请自营业务资格的证券公司应向证监会报送的文件。

A. 全部业务人员的"证券业从业人员资格证书"

B. 一半业务人员的"证券业从业人员资格证书"

C. 主要业务人员的"证券业从业人员资格证书"

D. 一半主要业务人员的"证券业从业人员资格证书"

21. 从处理方式来看,证券公司都以(　　)为对手办理清算与交割、交收。

A. 证监会　　　　　　　　　　　　B. 交易所或清算机构

C. 另一证券公司　　　　　　　　　D. 上市公司

22. 设某客户在上海证券交易所市场做国债回购交易,1998 年 7 月 1 日买入 201003 回购品

种,成交收益率为 7.5%,计算这笔交易的回购价(　　)

    A.100.583　　　　　B.120.012　　　　　C.113.651　　　　　D.124.862

23.假如某投资者在深圳证券交易所市场做国债回购交易,买入 14 天回购品种,到时这笔交易的回购价为 100.23 元,计算回购年收益率(　　)。

    A.5%　　　　　　　B.6%　　　　　　　C.7%　　　　　　　D.8%

24.证券交易双方在达成交易后,由双方根据具体情况商定,在从成交日算起 15 天以内的某一特定契约日进行交收的交收方式称为(　　)。

    A.当日交收　　　　B.次日交收　　　　C.例行日交收　　　　D.特约日交收

25.股票交易如果在证券交易所进行,可称为(　　)。

    A.柜台交易　　　　B.店头交易　　　　C.场外交易　　　　D.上市交易

26.在三级清算模式中,(　　)是由各地资金集中清算中心(各地清算代理机构)同本地证券经营机构办理的证券清算。

    A.一级清算　　　　B.二级清算　　　　C.三级清算　　　　D.四级清算

27.证券交易风险从证券经营机构的角度来看一般可分为(　　)。

    A.证券自营风险和代理买卖证券风险

    B.基本风险和非基本风险

    C.系统风险和非系统风险

    D.信用交易风险、交易差错风险、系统保障风险和其他风险

28.准确地说,(　　)是申请自营业务资格的证券经营机构应向证监会报送的文件。

    A.业务人员的《证券业从业人员资格证书》

    B.2/3 以上业务人员的《证券业从业人员资格证书》

    C.主要业务人员的《证券业从业人员资格证书》

    D.2/3 主要业务人员的《证券业从业人员资格证书》

29.证券的回购交易实际是一种以(　　)为抵押品拆借资金的信用行为。

    A.股票　　　　　　B.公司债券　　　　C.有价证券　　　　D.可转换债券

30.目前沪、深证券交易所的证券回购券种主要是(　　)。

    A.国债　　　　　　B.公司债　　　　　C.转债　　　　　　D.股票

31.证券交易所所撤销会员资格,须经(　　)审定。

    A.中国证监会　　　　　　　　　　B.地方证管办

    C.中国人民银行　　　　　　　　　D.交易所理事会

32.上市公司应当在配股缴款结束后(　　)个工作日内完成新增股份的登记工作,聘请有从事证券业务资格的会计师事务所出具验资报告,编制公司股份变动报告,并将上述两个报告报送中国证监会和证券交易所备案。

    A.10　　　　　　　B.20　　　　　　　C.30　　　　　　　D.15

33.《刑法》第(　　)条规定,编造、传播影响证券交易的虚假信息,或伪造、变造、销毁交易记录,扰乱证券交易市场,情节严重的将处以罚款并追究刑事责任。

    A.183　　　　　　　B.182　　　　　　　C.181　　　　　　　D.180

34.自营买卖上市证券具有吞吐量大、(　　)等特点。

    A.交易手续简单　　B.费时少　　　　　C.比较分散　　　　D.流动性强

35. 根据国家法律、法规规定,证券业从业人员不得买卖(　　)证券。
    A. 国债　　　　　　B. 股票　　　　　　C. 基金　　　　　　D. 企业债券

36. 对于(　　)方来说,在交易所回购交易开始时,其申报买卖部位为卖出(S)。
    A. 以券融资　　　　B. 以资融券　　　　C. 以券融券　　　　D. 以资融资

37. 下列不是证券经营机构的监督检查机构的是(　　)。
    A. 证券经营机构自身　　　　　　　　　B. 投资者
    C. 证券交易所　　　　　　　　　　　　D. 证券管理部门

38. 下列不属于股票交易中的竞价方式的是(　　)。
    A. 口头竞价　　　　B. 书面竞价　　　　C. 电脑竞价　　　　D. 间接竞价

39. 包含证券中央登记结算机构、异地资金集中清算中心(异地清算代理机构)、证券经营机构、投资者四方面的清算模式称为(　　)
    A. 一级清算模式　　　　　　　　　　　B. 二级清算模式
    C. 三级清算模式　　　　　　　　　　　D. 四级清算模式

40. 标准券是一种假设的回购综合债券,它是由各种债券根据一定的(　　)折合相加而成。
    A. 公式　　　　　　B. 折算率　　　　　C. 面值　　　　　　D. 现值

41. 从国际上来看,金融期货主要有三种。下面的(　　)不属于金融期货。
    A. 期权期货　　　　B. 外汇期货　　　　C. 利率期货　　　　D. 股票价格指数期货

42. 根据中国证监会的有关规定,证券公司自营买入任一上市公司股票按当日收盘价计算的总市值不得超过该公司已流通股总市值的(　　)。
    A. 5%　　　　　　　B. 10%　　　　　　C. 15%　　　　　　D. 20%

43. 证券买卖双方在交易达成后,按证券交易所的规定,在成交日后的某个营业日进行交收的交收方式称为(　　)
    A. 当日交收　　　　B. 次日交收　　　　C. 例行日交收　　　D. 特约日交收

44. 在三级清算模式中,(　　)是指由证券经营机构同其客户办理的证券清算。
    A. 一级清算　　　　B. 二级清算　　　　C. 三级清算　　　　D. 四级清算

45. 证券市场的高风险就是指市场风险。因此,市场风险又称为证券交易的(　　)。
    A. 系统风险　　　　B. 非系统风险　　　C. 基本风险　　　　D. 主要风险

46. 差额清算方式的主要优点是可以(　　)。
    A. 简化操作手续,提高清算效率
    B. 防止买空卖空行为的发生,维护交易双方正当权益,保护市场正常运行
    C. 防止在市场风险特别大的情况下净额交收会使风险积累
    D. 防范证券商的经营风险

47. 证券交易风险的监察包括(　　)
    A. 事先预警、实时监控、事后监察
    B. 制度建设、内部自查、行业检查
    C. 制度建设、实时监控、行业检查
    D. 事先预警、内部自查、事后监察

48. 债券主要有三大类,(　　)不属于这三大类。
    A. 个人债券　　　　B. 公司债券　　　　C. 金融债券　　　　D. 政府债券

49. 证券营业部的制度管理一般包括（　　　）。

　　A. 制度管理、设备管理、人员管理、财务管理

　　B. 岗位责任制度、业务操作制度、财务管理制度、安全保卫制度

　　C. 硬件管理、软件管理

　　D. 营业场地管理、电脑管理、通讯设备管理、其他设备管理

50. 不属于交易费用的是（　　　）。

　　A. 委托手续费　　　　B. 佣金　　　　　　C. 承销费　　　　　D. 过户费

51. 在折算率公布的方法上,上海证券交易所定于每季度（　　　）营业日公布下季度各现券品种折算标准券的比率。

　　A. 第一个　　　　　　B. 中间一个　　　　C. 倒数第二个　　　D. 最后一个

52. 清算是交割、交收的基础和（　　　）。

　　A. 保证　　　　　　　B. 后续　　　　　　C. 内容　　　　　　D. 完成

53. 证券服务部筹建期为（　　　）个月。

　　A. 3　　　　　　　　　B. 5　　　　　　　　C. 6　　　　　　　　D. 9

54. （　　　）不是经纪商的权利与义务。

　　A. 坚持了解客户原则　　　　　　　　　　B. 忠实办理受托业务

　　C. 为客户保密　　　　　　　　　　　　　D. 代理客户决策

55. 上市公司应在每个会计年度的前 6 个月结束后（　　　）内编制完成中期报告。

　　A. 60 日　　　　　　B. 30 日　　　　　　C. 90 日　　　　　　D. 120 日

56. 以券融资即债券持有人将手中持有的债券作为（　　　）以取得一定资金的行为。

　　A. 抵押品　　　　　　B. 保证金　　　　　C. 交换物　　　　　D. 本金

57. 下列不属于证券交易特征的是（　　　）。

　　A. 安全性　　　　　　B. 流动性　　　　　C. 收益性　　　　　D. 风险性

58. 在特殊情况下,证券公司（　　　）以他人名义设立的账户从事证券自营业务。

　　A. 可以使用　　　　　B. 可以借用　　　　C. 可以租用　　　　D. 也不能使用

59. 证券交易的竞价结果有三种可能,下列不可能的是（　　　）

　　A. 全部成交　　　　　B. 部分成交　　　　C. 不成交　　　　　D. 推迟成交

60. 从一定意义上来说,证券自营的市场风险就是通常所说的证券投资风险。这种风险往往通过主观的努力也很难避免。证券投资风险可以分为（　　　）。

　　A. 系统性风险和非系统性风险　　　　　　B. 基本风险和非基本风险

　　C. 政策风险和法律风险　　　　　　　　　D. 市场风险和非市场风险

61. 上海证券交易所和深圳证券交易所的组织形式都属于（　　　）。

　　A. 公司制　　　　　　B. 会员制　　　　　C. 合同制　　　　　D. 承包制

62. 目前,我国证券交易所的证券回购券种主要是（　　　）。

　　A. 国债　　　　　　　B. 股票　　　　　　C. 可转换债券　　　D. 基金证券

63. 按风险起因不同,代理买卖证券的风险主要包括（　　　）

　　A. 基本风险和非基本风险

　　B. 基本风险,经营管理风险

　　C. 信用交易风险、交易差错风险、系统保障风险和其他风险

　　D. 系统风险和非系统风险

64. 上市公司应在每个会计年度结束后( )日内编制完成年度报告。

　　A. 120　　　　　　　B. 60　　　　　　　C. 90　　　　　　　D. 150

二、多选题(请在下列题目中选择所有正确的答案,每题 0.5 分)

1. 证券经纪业务的特点有( )

　　A. 业务对象的同一性　　　　　　　B. 经纪业务的中介性

　　C. 客户指令的权威性　　　　　　　D. 客户资料的保密性

　　E. 获取佣金的盈利性

2. 上市公司向所上市的证券交易所、登记结算机构报送的用以确定配股运作办法的材料中
　　必须包括的是( )。

　　A. 股东大会同意本次配股的决议　　　B. 法律意见书

　　C. 中国证监会同意配股的函件　　　　D. 配股说明书

　　E. 配股承销协议书

3. 将回购的券种局限于国库券和一部分金融债券是由于这些债券本身具有( )特点决
　　定的。

　　A. 收益性　　　　B. 信誉高　　　　C. 流动性好　　　　D. 流通规模大

4. 在证券经纪关系中,客户是( )。

　　A. 委托人　　　　B. 受托人　　　　C. 授权人　　　　D. 代理人

5. 证券结算包括( )

　　A. 证券登记　　　B. 证券清算　　　C. 证券交割　　　D. 资金交收

6. 证券公司接受投资者委托后的申报竞价原则是( )。

　　A. 时间优先　　　B. 价格优先　　　C. 客户优先　　　D. 委托优先

7. 证券经纪商有( )作用。

　　A. 充当证券买卖的媒介　　　　　　B. 代替客户进行决策

　　C. 向客户融资融券　　　　　　　　D. 提供咨询服务

　　E. 稳定证券市场

8. 对证券营业部的业务经营及财务管理的稽核监督主要包括( )。

　　A. 经纪业务操作是否依法合规　　　C. 资金往来是否正常

　　C. 有否超范围或越权经营　　　　　D. 会计核算及财务管理是否合规

9. 我国禁止将回购资金用于( )

　　A. 固定资产投资　　B. 调剂寸头　　C. 期货市场投资　　D. 股本投资

10. 证券的柜台自营买卖( )。

　　　A. 通常交易量较小　B. 仅为债券买卖　　C. 费时较多　　　D. 比较集中

11. 下列情形属交易差错风险的是( )。

　　　A. 受托时因约定不明、证券公司审核凭证不慎而造成的风险

　　　B. 证券公司工作人员申报差错引起的风险

　　　C. 无权或越权代理而造成的风险

　　　D. 交割失误引起的风险

12. 证券回购清算的特点是( )。这是由回购交易的自身特性所决定的。

    A. 一次交易   B. 二次交易   C. 一次清算   D. 二次清算

13. 证券清算、交割、交收业务所遵循的原则包括( )。

    A. 净额清算原则   B. 差额清算原则

    C. 钱货两清原则   D. 款券两讫原则

14. 禁止任何金融机构以( )等方式从事证券回购交易。

    A. 租债券   B. 借债券   C. 租股票   D. 借股票

15. ( )是欲取得证券自营业务资格的证券经营机构应当具备的标准条件之一。

    A. 具有不低于 2000 万元人民币的净资本

    B. 具有不低于 2000 万元人民币的证券营运资金

    C. 具有不低于 2000 万元人民币的净营运资金

    D. 具有不低于 1000 万元人民币的净资产

    E. 具有不低于 1000 万元人民币的净资本

16. 证券营业部的业务差错，按业务性质可分为( )。

    A. 出纳差错   B. 交易差错   C. 事故性差错   D. 责任性差错

17. 上市公司应将年度报告备置于( )。

    A. 证券交易所   B. 公司所在地

    C. 有关证券经营机构营业网点   D. 以上皆是

18. 证券交易所的竞价结果可能有( )。

    A. 全部成交   B. 推迟成交   C. 不成交   D. 部分成交

19. 一笔回购交易涉及( )。

    A. 两个交易主体   C. 一个交易主体

    C. 二次交易契约行为   D. 一次交易契约行为

20. 按照规定公式,若要计算会员 T 日清算应收(付)金额,可能涉及( )项目。

    A. 派息款   B. 交易手续费   C. 印花税   D. 配股扣款

21. 下述说法正确的是( )。

    A. 自营业务是综合类证券公司一种以盈利为目的,为自己买卖证券,通过买卖价差获利的经营行为

    B. 在从事自营业务时,证券公司必须首先拥有资金或证券

    C. 作为自营业务买卖的对象,有上市证券

    D. 作为自营业务买卖的对象,有非上市证券

22. 我国目前的证券交易交收方式有( )。

    A. T+0   B. T+1   C. T+2   D. T+3

23. 我国上海证券交易所和深圳证券交易所的会员享有的权利有( )。

    A. 参加会员大会

    B. 有选举权和被选举权

    C. 对证券交易所事务的提议权和表决权

    D. 派遣合格代表入场从事证券交易活动

    E. 按规定转让交易席位

24. 现行的证券交易竞价方式有(　　)。

    A. 拍卖竞价   B. 招标竞价   C. 集合竞价   D. 连续竞价

25. 在证券经纪关系中,证券经纪商的权利与义务有(　　)。

    A. 认真与客户签订买卖证券的委托协议

    B. 坚持了解客户原则

    C. 忠实办理受托业务

    D. 接受客户全权委托

    E. 代客户保密

26. 下列属于证券交易的有(　　)。

    A. 房屋交易   B. 债券交易   C. 存货单交易

    D. 基金交易   E. 股票交易

27. 证券经营机构接受投资者委托后的申报竞价原则是(　　)。

    A. 时间优先   B. 价格优先   C. 客户优先   D. 委托优先

28. 根据规范证券回购业务的有关规定,我国回购交易的条件主要涉及(　　)。

    A. 证券回购的券种

    B. 证券回购的交易时间

    C. 以券融资方在回购期间存放的标准券数量

    D. 以资融券方在初始交易前须存入的资金数量

29. 在我国,证券登记结算机构设立应当具备的条件有(　　)。

    A. 自有资金不少于人民币 2 亿元

    B. 具有证券登记、托管和结算服务所必需的场所

    C. 主要管理人员和业务人员具有证券从业资格

    D. 中国证监会规定的其他条件

30. 清算、交割、交收中的禁止行为包括(　　)。

    A. 资金透支   B. 提取存款   C. 实物券欠库   D. 交收指令对盘

31. 证券回购交易的另一方面是(　　)暂时放弃相应资金的使用权,从而获得融资方的证券抵押权,并于回购期满时归还对方抵押的证券,收回融出资金并获得一定利息。

    A. 融券方   B. 资金供应者   C. 证券购入者   D. 资金贷出者

32. 发行日交收方式适用于(　　)。

    A. 证券买卖双方在交易达成后

    B. 上市公司分割股份并通知原股东更换新股

    C. 上市公司增资发行新股,原股东卖出其新股优先购股权

    D. 无法进行例行交收的客户

33. 按照规定公式,若要计算会员 T 日结算头寸余额,可能涉及的项目有(　　)。

    A. T 日存款   B. T 日提款   C. T+1 日存款   D. T+1 日提款

34. 在证券交易市场上,有一些以金融衍生工具为对象的交易,它们主要包括(　　)。

    A. 金融期货   B. 金融期权   C. 股票

    D. 债券   E. 存托凭证

35. 年度报告中的财务报告包括(　　)。

A. 比较式资产负债表　　　　　　　　　B. 财务状况变动表

C. 比较式利润表及利润分配表　　　　　D. 会计报表附注

E. 审计意见

36. 股权与债权过户的种类有（　　　）。

A. 交易性过户　　　　　　　　　　　　B. 同一账户明细账转户

C. 非交易性过户　　　　　　　　　　　D. 账户挂失转户

37. 证券交易所会员参加交易先要取得交易席位，取得普通席位的条件有（　　　）。

A. 具有会员资格　　　　　　　　　　　B. 具有高水平的进场交易人员

C. 具有一定量的证券买卖　　　　　　　D. 具有一定水平的证券交易分析师

E. 缴纳席位费

38. 根据有关规定，尚未公开的（　　　）信息属于内幕信息。

A. 发行人经营政策或者经营范围发生重大变化

B. 中国人民银行作出降低存贷款利率的决定

C. 发行人发生重大经营性或者非经营性亏损

D. 持有发行人 2% 的发行在外的普通股的股东，其持有该种股票的增减变化达到该种股票发行在外总额的 2% 以上的事实

E. 涉及发行人的重大诉讼事项

39. 在证券经纪关系中，客户是（　　　）。

A. 委托人　　　　B. 受托人　　　　C. 授权人　　　　D. 代理人

40. 针对证券公司自营风险，管理层可通过事先设立（　　　）等一系列指标来实施监控。

A. 资本充实率　　　B. 资产负债率　　　C. 资金周转率　　　D. 资产速动比率

41. 三级清算模式包含（　　　）。

A. 证券中央登记结算机构　　　　　　　B. 异地资金集中清算中心

C. 证券经营机构　　　　　　　　　　　D. 投资者

42. 根据有关规定，如果（　　　）是尚未公开的信息，那么属于内幕信息。

A. 发行人实施股票的二次发行

B. 发行人的 2/5 的董事发生变动

C. 发行人发生重大的投资行为和重大购置财产的决定

D. 发行人申请破产的决定

43. 证券交易的风险防范通常可从（　　　）等方面着手，以达到消除或减缓风险发生的目的。

A. 制度　　　　B. 监察　　　　C. 自律管理　　　　D. 岗位责任制

44. 证券交易所对于不履行义务的会员有权给予（　　　）处分或处罚。

A. 警告　　　　B. 罚款　　　　C. 通报　　　　D. 暂停参加场内交易

E. 取消会员资格

45. 在证券经纪关系中，委托人的权利和义务有（　　　）

A. 如实填写开户书和委托单并接受经纪商审查

B. 交存足额交易资金

C. 可全权委托经纪商代理交易

D. 接受交易结果

E.履行交割清算义务

46.证券交易风险的自律管理主要包括（　　）。

  A.制度建设   B.内部监察   C.行业检查   D.岗位责任制

47.按风险起因不同,证券经纪业务的风险主要包括（　　）。

  A.政策风险   B.基本风险

  C.系统保障风险及其他风险   D.经营管理风险

48.目前,深交所推出的债券回购品种比上交所推出的品种多,它们是（　　）。

  A.18天回购 B.63天回购 C.273天回购 D.4天回购

49.证券交易风险的监察主要包括（　　）。

  A.事先预警 B.实时监控 C.事后监察 D.行业检查

50.证券经纪业务的特点有（　　）。

  A.业务对象的同一性   B.证券经纪商的中介性

  C.客户指令的权威性   D.客户资料的保密性

51.在受理委托时,证券经营机构业务员应认真验对（　　）。

  A.本人工作证   B.本人居民身份证

  C.股票账户卡   D.资金账户卡

52.证券公司自营业务决策的自主性特点,表现在（　　）。

  A.交易行为的自主性   C.选择交易品种的自主性

  C.选择交易方式的自主性   D.选择交易价格的自主性

53.证券回购交易是指债券买卖双方在成交同时就约定于未来某一时间以某一价格双方再行反向成交。其实质内容是:（　　）以持有的证券作抵押,获得一定期限内的资金使用权,期满后则需归还借贷的资金,并按约定支付一定的利息。

  A.证券出售者 B.证券持有者 C.融资者 D.资金需求者

54.证券公司自营买卖上市证券具有（　　）的特点。

  A.吞吐量大 B.流动性强 C.高收益 D.高风险

55.系统性风险一般包括（　　）

  A.利率风险 B.购买力风险 C.政治风险 D.信用风险

56.证券营业部的客户服务主要包括（　　）。

  A.客户需求调查   C.对客户的一般化服务

  C.对客户的个性化服务   D.客户服务的创新

57.证券交易原则是反映证券交易宗旨的一般法则。在我国证券市场上,证券交易的原则有（　　）。

  A.公开   B.充分   C.公平

  D.公正   E.及时

58.上市公司年度报告中的公司简况主要包括（　　）

  A.公司注册地址、办公地址及其邮政编码

  B.公司法定代表人

  C.公司负责信息披露事务人员、联系电话、传真

  D.公司股票上市地、股票简称、股票代码

E. 公司法定中、英文名称及缩写

59. 证券交易的特征主要表现为证券的（　　　）。

A. 流动性　　　　　B. 投资性　　　　　C. 收益性

D. 风险性　　　　　E. 安全性

三、是非题

1. 系统保障风险的防范应从交易保障系统的条件、数量和质量等几个方面着手。

2. 证券经纪商与客户之间的关系是买卖关系。

3. 证券公司欲取得证券自营业务资格，应当具备的条件之一是：2/3 以上的高级管理人员和主要业务人员获得中国证监会颁发的"证券业从业人员资格证书"。

4. 在例行日交割、交收方式中，交割、交收的时间是由证券公司和投资者商定的。

5. 证券交易佣金全部是证券经纪商的业务收入。

6. 资金透支是交割中的禁止行为。

7. 证券公司在代理客户进行回购交易时产生的一切风险须由客户承担。

8. 从目前我国证券市场的实际情况来看，信用交易主要以融券方式为主。

9. 系统管理密码和数据库管理密码应分开管理，但可由同一人掌管。

10. 加强监管是禁止内幕交易的主要措施之一。

11. 证券营业部是证券公司经营各项业务的主要场所。

12. 个人投资者可以用化名开设资金账户和股票账户。

13. 债券回购交易的方式与股票交易的方式一致。

14. 证券交易风险的监察包括制度建设、内部自查和行业检查等几方面。

15. 公开原则的核心要求是实现市场信息的公开化。

16. 在证券公司资金不足时，只要保证支付，就可以暂时借用客户保证金。

17. 证券交易佣金全部是证券经纪商的业务收入。

18. 上海证券交易所规定，回购交易的委托数量必须是 10 万元整。

19. 证券登记结算机构对于重要原始凭证保存期应不少于 7 年。

20. 我国现有的两个证券交易所在刚开展债券回购业务时，其品种的设置就是标准化的。

21. 按规定用于证券回购的券种只能是国库券和中国人民银行批准发行的金融债券。

22. 在证券回购交易中，资金需求方要经过两次交易契约行为，而资金供给方只经过一次。

23. 我国国债回购目前采用 T＋0 回转交易和 T＋0 交割、交收。

24. 证券交易风险的制度防范包括事先预警、实时监控和事后监察等几个方面。

25. 证券公司欲取得证券自营业务资格，应当具备的条件之一是：证券专营机构具有不低于 1000 万元人民币的净资本和不低于 2000 万元人民币的净资产。

26. 证券经纪商可以将客户股票借给他人作担保物。

27. 证券公司拟设立的证券服务部与其归属的证券营业部可不在同一省级行政区。

28. 上海证券交易所目前的回购交易品种有六个。

29. 收益率在债券回购交易中对于以券融资方面而言代表其固定的收益，对于以资融券方面而言是其固定的融资成本。

30. 在证券经纪业务中，委托人享有权利，证券经纪商必须尽义务。

31. 证券经纪商可以将客户股票借给他人作担保物。

32. 证券公司在进行自营买卖时,可根据市场情况,自主决定价格。

33. 证券公司从事自营业务时,可在法规范围内依一定时间、条件自主决定其买卖证券的交易方式。

34. 证券交易的过户费是上市公司的收入。

35. 委托人在得到证券经纪商同意后可以透支。

36. 证券的柜台自营买卖通常交易手续简单、清晰、费时少,且多为债券买卖,因而具有吞吐量大的特点。

37. 收益的稳定性是证券公司自营业务的特点之一。

38. 作为证券投资咨询公司的业务之一,证券自营业务是指以盈利为目的并以客户的资金和自己的账户买卖有价证券的行为。

39. 在我国,证券登记结算机构的设立所应当具备的条件之一是:自有资金不少于人民币 2 亿元。

40. 与经纪业务相比较,自营业务在交易行为上具有非自主性。

41. 技术性差错指由于工作人员违反操作规程和劳动纪律,工作不负责任造成的差错。

42. 证券自营业务原始凭证以及有关业务文件、资料、账册、报表和其他必要的材料应至少妥善保存 5 年。

43. 为发行人进行审计的注册会计师属于内幕人员。

44. 信息技术人员可以兼职,但不得从事交易及清算等工作。

45. 在清算过程中,会发生财产实际转移,而交割或交收过程则不会。

46. 目前开展证券回购交易业务的主要场所为沪、深证券交易所及经国务院和中国人民银行批准的银行柜台交易市场。

47. 证券营业部是证券公司全资附属的法人机构,不得以合资、合作方式设立;但可以以承包和租赁方式经营。

48. 证券回购清算的特点是一次清算,二次交易,这是由回购交易的自身特性所决定的。

49. 非交易性过户要根据受让总数按当天收盘价缴纳规定标准的印花税。

50. 以券融资就是债券持有人将手中持有的债券作为抵押品以取得一定资金的行为。

51. 回购到期日前,客户应将融入资金本息划入融券者在该证券公司处开立的资金账户。

52. 证券公司一旦成为证券交易所会员,便自动取得了交易席位。

53. 证券服务部可以由证券公司和其他机构联营或委托经营。

54. 投资者出示了股票账户卡和资金账户卡,证券经纪商就应接受委托。

55. 如果发行人发生重大投资行为和重大购置财产决定的信息尚未公开,则该信息属于内幕信息。

56. 证监会及其派出机构的工作人员可开立股票账户。

57. 证券交易所管理人员可以开立股票账户。

58. 证券公司的经纪业务和自营业务都具有同样的风险性。

59. 买卖基金券是证券公司从事证券自营业务中的禁止行为。

60. 结算是证券清算、交割、交收业务应遵循的两条原则之一。

61. 客户的委托指令若未能全部成交,只要当日还未收盘,证券经纪商应继续执行指令。

62. 按照深圳证券交易所会员法人结算办理流程,会员法人要选定结算银行,开立资金往来账户。

63. 证券从业人员可以开立国债、基金账户。

64. 证券公司委托其他证券公司代为买卖证券的,属于操纵市场行为。

65. 证券从业人员可以买卖经批准发行的国债、基金。

66. 证券公司进行自营买卖,其负债总额与净资产之比不得超过10∶1。

67. 委托单出现上下联不一致时,可按上联执行委托。

参考答案

单选题

1. B　2. B　3. A　4. C　5. A　6. A　7. D　8. C　9. A　10. B　11. D　12. B　13. D
14. B　15. D　16. B　17. A　18. B　19. C　20. C　21. B　22. A　23. B　24. D　25. D
26. B　27. A　28. C　29. C　30. A　31. D　32. B　33. C　34. D　35. B　36. B　37. B
38. D　39. C　40. B　41. A　42. D　43. C　44. C　45. C　46. A　47. A　48. A　49. B
50. C　51. D　52. A　53. A　54. D　55. A　56. A　57. A　58. D　59. D　60. A　61. B
62. A　63. C　64. A

多选题

1. B;C;D　2. A;B;C;D;E　3. B;C;D　4. A;C　5. B;C;D　6. A;C　7. A;D;E
8. A;B;C;D　9. A;C;D　10. A;B　11. A;B;C;D　12. A;D　13. A;B;C;D
14. A;B;C;D　15. B;E　16. A;B　17. A;B;C;D　18. A;C;D　19. A;C;　20. A;B;C;D
21. A;B;C;D　22. B;D　23. A;B;C;E　24. C;D　25. A;B;C;E　26. B;D;E　27. A;C
28. A;C;D　29. A;B;C;D　30. A;C　31. A;B;D;　32. B;C　33. A;B　34. A;B;E
35. A;B;C;D;E　36. A;C;D　37. A;E　38. A;B;C;E　39. A;C　40. A;B;C;D
41. A;B;C;D　42. A;B;C;D　43. A;B;C　44. A;B;C;D;E　45. A;B;D;E　46. A;B;C;D
47. A;C;D　48. B;C;D　49. A;B;C　50. B;C;D　51. B;C;D　52. A;B;C;D　53. B;C;D
54. A;B;C;D　55. A;B;C　56. B;C;D　57. A;C;D　58. A;B;C;D;E　59. A;C;D。

是非题

1. 是　2. 非　3. 是　4. 非　5. 非　6. 非　7. 非　8. 非　9. 非　10. 是　11. 非　12. 非
13. 非　14. 非　15. 是　16. 非　17. 非　18. 非　19. 非　20. 非　21. 是　22. 非　23. 非
24. 非　25. 是　26. 非　27. 非　28. 是　29. 非　30. 非　31. 非　32. 是　33. 是　34. 非
35. 非　36. 非　37. 非　38. 非　39. 是　40. 非　41. 非　42. 非　43. 非　44. 非　45. 非
46. 非　47. 非　48. 非　49. 是　50. 是　51. 非　52. 非　53. 非　54. 非　55. 是　56. 非
57. 非　58. 非　59. 非　60. 是　61. 是　62. 是　63. 是　64. 非　65. 是　66. 是　67. 非

股市常用名词解释

1. 上市公司   指依法公开发行证券(股票),并在获得证券交易所审查同意其股票在证券交易所挂牌交易的股份有限公司。

2. 异地上市公司   指到中国香港、美国等上市的股份公司。上市的股份公司同时在两个或两个以上证券交易所挂牌上市的,称为两地上市或者三地上市。

3. 买壳上市   指一家优势企业通过收购债权、控股、直接出资、购买股票等收购手段以取得被收购方(上市公司)的所有权、经营权及上市地位。

4. 借壳上市   上市公司的母公司通过将资产注入上市的子公司中,来实现母公司的上市,叫作借壳上市。例如,强生集团取代浦东强生等。

5. 上市公司的信息披露   上市公司必须按照中国证监会及证交所的规定和要求将公司发生的重要事项,以适当途径向管理部门报告或向社会公布,以保证市场监管的有效进行。与一般企业不同,上市公司的投资者是社会公众。投资者购买证券(股票)的目的是分享公司业绩增长的成果,从而获得资金的增殖。为了对投资风险和收益做出合理判断,进行正确的投资选择,投资者必须了解和掌握上市公司的经营、管理状况、资金投向和使用情况等信息。

6. 上市公司的财务会计报表   包括上市公司资产负债表、利润表、现金流量表以及股东权益增减变动表、应交增值税明细表、利润分配表,还有分部门利润和资产表等。由于财务会计报表反映公司经营成果,反映公司未来的报酬和风险,因此它是投资者决定买卖证券(股票)的重要依据。我国目前规定投资基金每周末公布一次单位基金的资产净值,上市公司每年都要公布一次财务报表。

7. 暂停上市或终止上市   我国证券法规定:上市公司有下列情形之一的,由证券交易所决定暂停其股票上市交易:(1)公司股本总额、股份分布等发生变化不再具备上市条件;(2)公司不按照规定公开其财务状况,或者对财务会计报告做虚假记载,可能误导投资者;(3)公司有重大违法行为;(4)公司最近三年连续亏损;(5)上市规则规定的其他情形。

我国证券法规定:上市公司有下列情形之一的,由证券交易所决定终止其股票上市交易:(1)公司股本总额、股份分布等发生变化不再具备上市条件,在证券交易所规定的期限内仍不能达到上市条件;(2)公司不按照规定公开其财务状况,或者对财务会计报告做虚假记载,且拒绝纠正;(3)公司最近三年连续亏损,在其后一个年度内未能恢复盈利;(4)公司解散或者宣布破产;(5)证券交易所上市规则规定的其他情形。

8. 总市值   指在特定时间内,证券交易所挂牌交易全部股票按当时市场价格计算的证券总值。

9. 成交量(额),也称为交易量(额)   指证券买卖双方实际交易的数量或者金额。交易量用数量单位表示(股、手),也有用交易金额表示(A 种股票用人民币表示;上海 B 股用美元表示;深圳 B 股用港元表示)。另外,交易量或成交量按日期来划分,就有某日、某周、某月、某年成交量。

10. 交易单位   买卖证券每次成交数量不得少于一个最低交易单位。我国沪、深证交所规定股票每一百股为一个交易单位(也叫一手),不足一个交易单位的称为零股,零股可以卖出,但不可以买进。基金以每百股为一个交易单位,债券以每千股为一个交易单位。

11.换手率,也称周转率　指在一定时间内交易市场中证券转手买卖的频率,是反映股票流通性强弱的指标之一。证券换手率的高低,可以给人们的启示有:(1)换手率高意味着投资者购买该证券的意愿高,成交活跃,是当时的"热门股",反之,就成为"冷门股"。(2)换手率高说明其流通性好,买进或卖出比较容易。(3)某只证券在盘落一段时间之后,其换手率突然上升,成交量放大,可能昭示有投资者在大量买进,价格可能会随之上扬;如果某只证券持续攀升了一个时期之后,换手率突然上升,可能意味着有获利的筹码要急于套现离场,其价格可能会逐步下跌。

12.市价委托,也称为随行就市委托　指委托人要求证券公司(券商)按交易市场当时的价格买进或卖出证券,证券商以最有利的价格为委托人成交。

13.限价委托　委托人要求证券公司(证券商)按照委托人限定的价格买进或卖出证券,证券商必须按限价或低于限价买进证券,或按照限价或高于限价卖出证券。如当日不成交,委托报单将自动失效。

14.证券买卖交易的基本原则　价格优先,时间优先。证券交易过程中,由于投资者众多,他们所下的买卖指令,在价格和时间方面总是存在差异,电脑交易系统就根据在当时条件下,谁愿意出更高的价格买进或愿意出更低的价格卖出,就先行受理交割;另外,如果投资者之间所下的买进或卖出价格相同时,电脑交易系统就按照他们所下指令的时间先后顺序受理交割。

15.停板(涨停板与跌停板)　我国证券交易所规定,对股票和投资基金委托和交易价格实行涨停板与跌停板限制,即当日委托及交易价格的涨跌幅度不得超过前一交易日收市价的10%,带有 ST 的股票不得超过 5%,四舍五入。属于下列情形之一的,首个交易日没有价格涨跌限制:(1)首次公开发行上市的股票和封闭式基金;(2)增发上市的股票;(3)暂停上市后恢复上市的股票;(4)交易所认定的其他情形。

16.牛市　指股票市场前景看好,股票价格和价格指数在一段时间里持续上升的行市。

17.熊市　指股票市场前景看淡,股票价格和价格指数在一段时间里持续下跌的行市。

18.多头　指投资者预计未来股票价格将上涨,愿意以目前价格买进一定数量的股票,等待所买进的股票价格上涨后,高价卖出,达到赚取差价利润的投资行为,其特点是先买后卖的投资行为。

19.空头　与多头相反,指投资者预计未来股票价格将下跌,愿意以目前价格卖出手中持有的股票,以等待股票价格下跌后,再低价买进,达到套取差价利润的投资行为,其特点是先卖后买的投资行为。

20.利多(消息)　对多头有利,能刺激股价上涨的各种信息,如国家银根放松、国民经济增长加速、股份公司经营情况得到改善以及国家出台推动和刺激股市回升的各种政策规定等。

21.利空(消息)　对空头有利,能促使股价下跌的各种信息,如国家银根紧缩、国民经济衰退、股份公司经营情况恶化以及国家出台抑制股市上涨的各种政策规定等。

22.盘整　指股价经过一段急剧上涨或下跌后,开始小幅度波动,多空双方力量对比相当,进入相持阶段。股指上下两难,股价波动幅度较小,变动幅度在不超过 2%的行市。

23.反弹　指股价在下跌趋势中因下跌过快而回升的价格调整现象,其回升幅度一般小于下跌幅度。

24.反转　指股价经过较大幅度的下跌以后,正开始新一轮大幅上涨行情的现象。

25.回调　指股价在上升过程中出现的短期小幅回落的现象。

26.建仓　指投资者开始(分批)买进看涨的股票的行为。

27.平仓　指投资者在股票市场上卖出手中的股票的行为。

28.斩仓(割肉)　投资者在买进股票后,因行情看淡,股价下跌,为了避免遭受更大损失,便低价卖出手中持有的股票的行为。

29.满仓　指投资者把所有证券账户里的资金用来购买股票的持仓状况。

30.空仓　指投资者已经全部卖出证券账户里的股票的持仓状况。

31.套牢　指投资者预计股价上涨而买进股票,然而股价却不涨反跌,又不愿意将股票低价卖出,只好被动等待的现象。

32.踏空　指投资者因看淡股市,把所持有的全部股票全部卖掉后,股价却出现持续大幅度上涨行情,使之未能分享到股市上涨带来收益的现象。

33.坐轿　指预计股价将要上涨,投资者先行买进股票,让别人去抬(追)高股价,等到股价大涨后卖出股票,自己可以轻松赚大钱的现象。

34.跳水　指股价迅速下滑,形如跳水,跌幅很大,超过前一交易日的最低价很多的现象。

35.填权　指股票因分红送股或低价配股实施后,理论上形成的价格缺口,在后来的行情发展中由于股价上升而得以填补的现象。

36.趁低买进　指趁着股价走低时买进的投资行为。

37.逢高卖出　指投资者选择在股价处于高位时,卖掉股票的行为。

38.内盘　以买入价成交,按买入成交数量统计加入内盘。

39.外盘　以卖出价成交,按卖出成交数量统计加入外盘。若外盘数量大于内盘则表明说明买方力量较强;若内盘数量大于外盘则表明卖方力量较强。

40.护盘　指机构投资者为了维持当前股价,防止股价继续下滑而大量购买股票的行为。

41.洗盘　指机构投资者故意卖出手中的一些股票,来打压股价,制造恐慌气氛,迫使那些意志不坚定的中小散户投资者卖出手中的股票,然后趁机大量低价买进,以达到减轻将来拉升股价压力的目的的行为。

42.抢盘　指多头力量强大,买盘劲头强大,股票短期内供不应求,股价节节升高的行为。

43.散户　指投资额较少,资金额达不到证券交易所要求的中户标准的个人投资者(中户的资金额标准各地不尽相同,一般在30万元以上)。

44.中户　指投资额在30万元以上,100万元以下的证券个人投资者。

45.大户　指投资额在100万元以上的证券个人投资者。

46.机构投资者　指以基金公司或企业名义投资于证券(股票)的投资者,这些机构投资者通常拥有雄厚的资金作后盾。

47.追涨　指投资者对股市或某个股票价格的上升趋势充满信心时,对价格正在不断上升的股票,进行主动地追高买进的行为。

48. 杀跌　指投资者对股市或某个股票价格的下跌趋势坚信不疑时,对价格正在持续下跌的股票,进行主动地低价抛售的行为。

49. QFII　是 qualified foreign institutional investor(合格的境外机构投资者)的英文首字缩写。在经批准的投资额度内,可以投资已上市的股票、债券和投资基金。

50. "T+1"交收制度　我国自 1995 年 1 月 1 日起,为了保证股票市场的稳定,防止过度投机,股市实行"T+1"交收制度:当日买进的股票,要等到下一个交易日才能卖出,同时对资金仍实行"T+0",即当日回笼的资金马上可以使用。目前适用于我国的 A 股、基金和国债交易。

51. 股权分置改革　是指我国的上市公司由于历史原因存在着非流通股与流通股两类股票,这两者除了持股成本的差异和流通权不同之外,赋予每份股份的其他权利均相同,就称为股权分置。股权分置影响证券市场预期的稳定和价格发现功能,使公司治理缺乏共同的利益基础,成为完善资本市场基础制度的一个重大障碍。股权分置改革的本质是把不可流通的股份变为可流通的股份,真正实现同股同权。目前该项改革已经基本顺利完成。

52. 电话委托　指把计算机系统与普通电话网络联结起来,构成一个电话自动委托交易系统,投资者通过普通的双音频电话,按照该系统发出的指示,借助电话机上的数字和符号键输入委托指令,以完成证券买卖的一种委托方式。

53. 网上交易　是指通过互联网平台,进行证券行情浏览并委托交易的方式。随着互联网的普及,自 2000 年以后逐步成为投资者主要的交易方式之一。

参考文献

1. 深圳君信商务咨询有限公司.《股票投资权威理论》.海天出版社,1993

2. 安妮.《看盘与操作》. 海天出版社,1996.7

3. 周正庆.《证券知识读本》.中国金融出版社,1998.5

4. 陈共.《证券市场基础知识》.中国人民大学出版社,1997.9

5. 陈共.《证券投资分析》.中国人民大学出版社,1997.9

6. 崔勇.《证券市场基础知识》.企业管理出版社,2001.1

7. 金鸣.《炒股高招 888》.经济管理出版社,2001.1

8. 中国证监会培训中心.《股民学校初级教程》.百家出版社,2002.

9. 韦克.《巴菲特怎样选择成长股》.中国财经出版社,2002.5

10. 严渝军.《证券投资与管理》.中国对外经济贸易出版社,2002.7

11. 沈家庆.《股票实务与操作》.高等教育出版社,2003.4

12. 崔勇.《证券业从业资格考试模拟试题集》.企业管理出版社,2003.

13. 黎航.《股市操练大全》.三联书店上海分店,2006.6

14. 史蒂夫·尼森.《股票 K 线战法》.宇航出版社,2007.2

15. 杨怀定.《要做股市赢家》.南京大学出版社.2007.4

16. 一阳.《短线天王 1》.时代图文证券商城,2007.6

17. 麦基尔.《漫步华尔街——股市历久弥新的成功投资策略》.中国社会科学出版社,2007.6

18. 金士发.《炒股四要》.中国致公出版社,2007.9

19. 佚名.《如何选股》.新郎股票网,2007.10

20. 陈容.《短线是金》.企业管理出版社,2008.1

21. 中国证券业协会.《证券业从业人员资格考试统编教材》.中国财政经济出版社,2008.6

22. 吕栋.《股票价值估算与投资方法》.中国经济出版社,2008.10

23. 井中月.《中集 B(200039)估值分析(股利增长模型)》.和讯网,2008.10

24. 任贺.《不同类型股票的投资策略》.58165 股票网,2008.11

25. 佚名.《量比道破个股天机》.华锐股票网,2008. 12

26. 湖南财富网编辑部.《如何综合运用量比与换手率?》.湖南财富网,2009.3

27. 佚名.《股票买卖技巧大全》.E 书吧,2009.3

28.《海南日报》,2009 年 5 月前

29. www.sac.net.cn(中国证券业协会网站)2009 年 5 月前

30. news.baidu.com(新闻—财经—股票专栏),2009 年 5 月前

31. www.lhzq.com(联合证券有限责任公司),2009 年 5 月前

32. www.zqjjr.com(证券经纪人协作网),2009 年 5 月前